Süßes zur Weihnachtszeit

Schwarz-Weiß Kokosschnitten
Kaffeekekserl

Ingrid Pernkopf

Süßes zur Weihnachtszeit

Kekse · Punsche · Stollen · Pralinen · Zelten

Mit Fotos von
Kurt-Michael Westermann
und Ingrid Pernkopf

Pichler Verlag

Dank

Dieses Buch widme ich „meiner Familie", welche im Mittelpunkt meines Lebens steht. Ohne ihren Rückhalt wäre es kaum möglich, die notwendige Zeit für meine Arbeit aufzubringen.
Mein besonderer Dank gilt vor allem meinem lieben Mann Franz sowie meinen beiden Kindern Michael und Claudia mit Schwiegersohn Michael, meinen vier Enkelkindern Katharina, Maximilian, Konstantin und Sebastian und meiner Mutter Anna Rainer. Sie alle geben mir die nötige Kraft, sind mir Stütze und Antriebsmotor zugleich.
Ohne meine Mitarbeiter aus der Küche unseres Gasthofs Grünberg in Gmunden würden die Rezepte nicht so perfekt abgestimmt sein. Vielen Dank für das unermüdliche Ausprobieren und Nachbacken der Rezepte. Hierbei darf ich vor allem Andrea Dechant stellvertretend für alle hervorheben.
Ein besonderer Dank gilt meinen beiden langjährigen Freunden Gerlinde und Peter Fischer aus Altmünster, die mir mit fachmännischem Rat und Lektorat bei allen meinen Werken zur Seite standen und vor Drucklegung diese nochmals gelesen haben.
Ein weiteres Dankeschön gebührt:
· allen Freunden, Wirtekollegen/innen, Köchen/innen, Lieferanten, Betrieben und all jenen, die ihre Rezepte zur Verfügung gestellt haben,
· der Gmundner Keramik-Manufaktur für das Bereitstellen des Geschirrs
- den Mitarbeiten des sehr familiär geführten Verlages, welche in bewährter Weise für die Drucklegung dieses Buches verantwortlich zeichnen
· Bruno Wegscheider für die großartige Umschlag- und Buchgestaltung sowie für seinen unermüdlichen Einsatz und das Bemühen, dem Buch eine besonderen Note zu verleihen, und zwar zur Freude aller Leser
· in großem Maße vor allem Prof. Christoph Wagner – ohne ihn gäbe es meine Bücher nicht
· und nicht zuletzt unseren Gästen: denn erst sie erfüllen den Gasthof mit Leben und bestärken mich immer wieder in meiner Arbeit!

Ich danke allen für Ihre Freundschaft und die gute Zusammenarbeit.

Bildnachweis

Ingrid Pernkopf: 21 (großes Bild), 26, 29, 30, 35, 36, 39, 41, 51, 54, 56, 61, 62, 64, 65, 69 o., 75, 87, 88, 103 u., 106, 107, 112, 115, 117, 118 o., 120, 136, 146, 147, 149, 154, 155, 157, 158 o.,164, 175, 190, 193, 194 o., 198 o.
Gerd Fessler: 18, 57, 76
Hannes Lubinger: 19
Robert Oppeneder, München: 20

Alle übrigen Fotos stammen von Kurt-Michael Westermann

Impressum

ISBN: 978-3-85431-498-1

LEKTORAT: Christine Dobretsberger
BUCHGESTALTUNG: Bruno Wegscheider

BILDBEARBEITUNG: Pixelstorm, Wien
DRUCK UND BINDUNG:
Druckerei Theiss GmbH,
St. Stefan im Lavanttal

Inhalt

Einleitung

Backen aus Leidenschaft und Tradition!
Das Backen ist wohl eine der größten Leidenschaften von mir.
Schon als Kind stand ich mit Begeisterung in der Küche, wenn Großmutter und ebenso meine Mutter die köstlichsten Rezepte, hier vor allem zu speziellen Feiertagsanlässen oder Brauchtumstagen, backten.
Das Backen beschränkte sich bereits dazumal nicht nur auf Ostern oder Weihnachten.
Es gab und gibt viele Anlässe bzw. eine Fülle von unterschiedlichsten Rezepturen, bei denen Backwaren ein willkommener Wegbegleiter, sowohl süß wie auch pikant, sind.
Zum Hobby gehört natürlich auch das Sammeln von Rezepten, vor allem von alten.
So ist in den letzten Jahren ein ganzes Füllhorn entstanden und es bereitet mir große Freude, diese „Schätze" bzw. das Wissen um diese mit Ihnen teilen zu dürfen.
Was wäre die Weihnachtszeit ohne Kekse, und so beginnen meine „ersten Backtage" bereits Ende November. Das Wetter ist zumeist nicht allzu einladend, also ideal, um sich in die Küche zu begeben und sich in das „Backvergnügen" zu stürzen.
Der Lebkuchenteig wird bereits angesetzt, Stollen oder Früchtebrot werden zubereitet.
Wie bereits erwähnt: Viele Rezepte sind überliefert, wurden jedoch mitunter auf heutige Bedürfnisse sowie Materialien abgeändert.
Wer der Meinung ist, Kekse machen dick, dem möchte ich entgegenhalten, dass man alles „in Maßen genießen" sollte. Für mich zählen Kekse zu den „Genussmitteln" und da ist auch „ein klein wenig Sünde" erlaubt.
Kekse eignen sich sehr gut zum Verschenken. Als kleines Mitbringsel oder nur als kleine Aufmerksamkeit gedacht, erfreut man damit gleichermaßen Gäste wie auch Freunde.
Wer sich bewusst die Zeit nimmt, etwas „Selbstgemachtes" herzustellen, bringt hierbei die besondere Wertschätzung für den Beschenkten zum Ausdruck.

Sie sollten keine Bedenken haben, wenn Kekse einmal nicht so perfekt aussehen. Dies unterscheidet sie von der üblichen Massenware.
Natürlich kann schon mal da und dort ein kleiner „Patzer" passieren. Lassen Sie sich nicht entmutigen. Beim nächsten Mal wird das Ergebnis bereits ansprechender sein. Das Ausprobieren gehört einfach zum „Backalltag" dazu.
Vor allem die jüngere Generation möchte ich zum Backen anregen. Was gibt es Schöneres, wenn Ihre Kinder in der Backstube mithelfen können und so wertvolles Brauchtumsgut vermittelt bekommen. Das gemeinsame Arbeiten ist zugleich wiederum der Grundstein für späteres Traditionsbewusstsein. Wer von uns erinnert sich nicht gerne an die Zeit des „Kekserlausstechens", die herrlichen Düfte und natürlich auch an das „verborgene Naschen" beim Tunken der Kekse.
Nachdem ich nach dem Erscheinen meines ersten Buches immer wieder von vielen Backprofis bezüglich Einkaufstipps angesprochen wurde, finden Sie im vorliegenden Fachwerk eine weitere Ergänzung dazu.
Das Einkaufen von speziellen Zutaten kann mitunter schwierig sein. Leider sind manche Backzutaten nur im Großhandel erhältlich.
So hat mir auf meine Bitte hin Herr Reimer von der Firma Süwag in Wien zugesagt, dass er auf Wunsch hin gerne auch Backutensilien besorgen wird, die vielleicht momentan noch nicht in seinem Sortiment vorhanden sind. Für dieses Entgegenkommen bedanke ich mich im Namen meiner Leser recht herzlich!

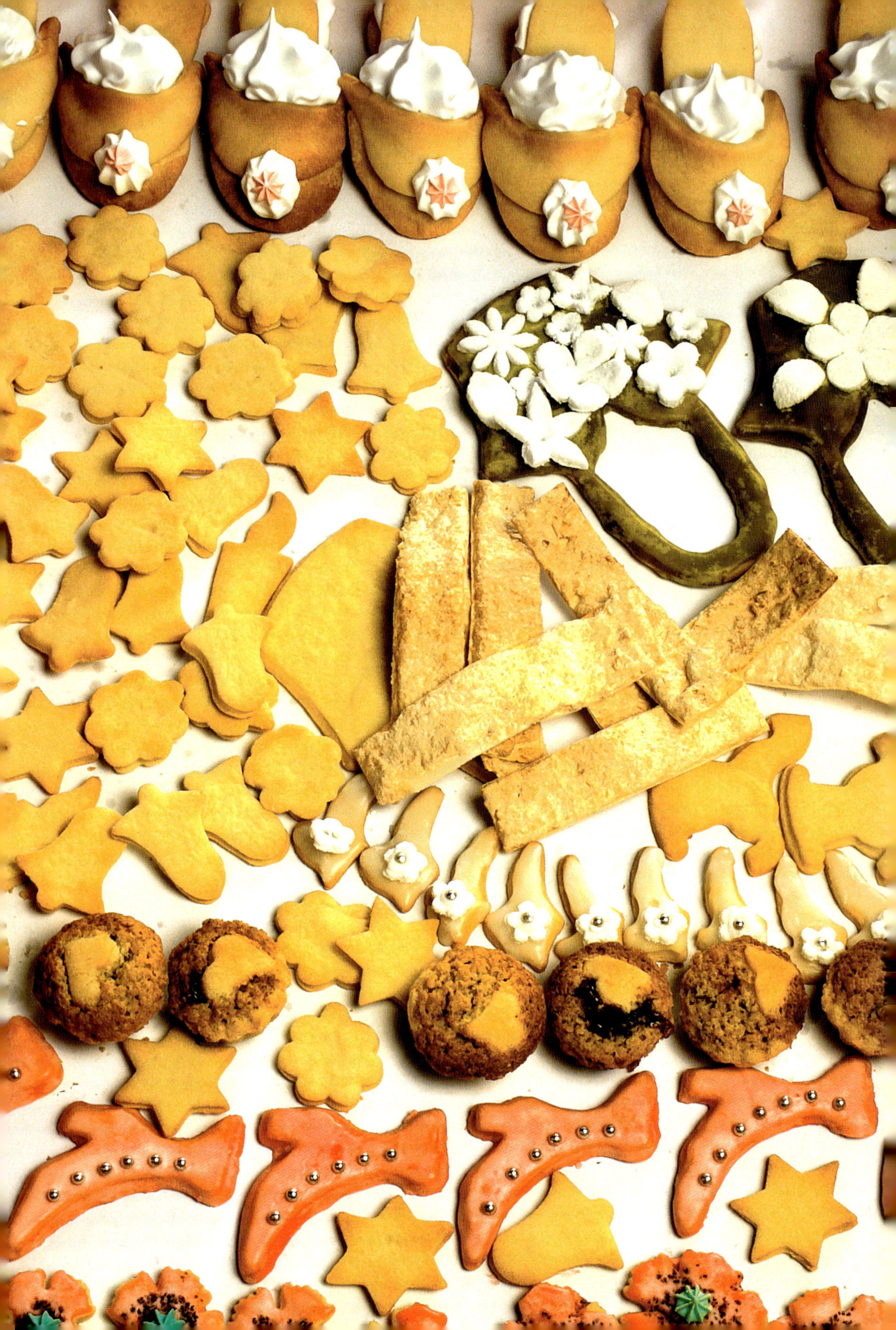

Wer meine Back- und Kochsendungen kennt, weiß, dass ich leidenschaftlich gerne Arbeitsgeräte sammle, die das Backen oder Kochen erleichtern oder verkürzen. Zu den Fototerminen für dieses Buch wurde mir eine Vielzahl an Dekorations-, Verzierungs- und Keramikutensilien zur Verfügung gestellt. Dafür möchte ich allen einen großen Dank aussprechen.
Wie auch in meinen vorangegangenen Büchern stellten mir auch diesmal wieder Freunde, Verwandte, Bekannte, Gäste und Kollegen ihre Rezepte zur Verfügung.
Bitte lassen Sie sich ob der vielen Tipps und Anregungen nicht verwirren. Sie entstammen meiner langjährigen Erfahrung und ich möchte sie einfach zum Anregen und Ausprobieren weitergeben. Vielleicht ist auch für den Profi das eine oder andere mit dabei.

Mein Motto beim Backen lautet seit jeher, wer nicht wagt und einfach Unbekanntes ausprobiert, kann auch kaum gewinnen. Aus Fehlern, die mitunter passieren, lernt man.
Ich bin im Laufe meiner langen Berufspraxis übrigens nicht zuletzt durch Missgeschicke auf verschiedene wichtige (Back-)Details gestoßen.
Bei der Herstellung von Teigen und Massen bedarf es auch einer gewissen Grundausstattung an Arbeitsgeräten. Um beispielsweise Zucker richtig zu kochen, ist es empfehlenswert, sich ein spezielles Thermometer anzuschaffen, um die exakte Temperatur messen zu können.
Oft sind es wirklich nur ein paar einfache Hilfsmittel, welche die Zubereitung und das Backen wesentlich erleichtern. Alle meine Tipps für bestimmte Gerätschaften sollen lediglich als Anregungen verstanden werden.
Sämtliche Rezepte wurden von mir sorgfältig erarbeitet und ausprobiert und sind zumeist mengenmäßig klein gehalten. Auf diese Weise lassen sich mehrere Sorten zum Verkosten zubereiten.

Bei Rückfragen stehe ich wie immer gerne mit Rat und Tat zur Verfügung.

Tel: 0699/1/7 7700 71
E-Mail: i.pernkopf@hotmail.com

Ich wünsche Ihnen gutes Gelingen und verbleibe
mit freundlichen Grüßen

Ingrid Pernkopf

Hinweis: Für die Richtigkeit der Angaben sowie ein perfektes Gelingen können allerdings weder ich noch der Verlag eine Garantie bzw. Haftung übernehmen.
Videofilme über Keksbacken sind auf meiner Homepage (www.gruenberg.at) abrufbar.
Es besteht auch die Möglichkeit, DVDs unter www.btv.cc zu erwerben.
An dieser Stelle ein herzliches Dankeschön dem gesamten Team von BTV Vöcklabruck.
Sie haben mir durch die Filmproduktion die Möglichkeit gegeben, den Zusehern viele Tipps und Ratschläge mitzuteilen.

Anmerkungen

Da verschiedene Kekssorten unterschiedlich groß geformt werden, ist eine genaue Angabe der Stückzahl nicht möglich. Grundsätzlich sollten Kekse möglichst klein gehalten werden. Ich addiere alle Zutaten und rechne dann wie folgt um, damit ich eine ungefähre Stückzahl annehmen kann: Kekse aus Mürb- und Gewürzteig wiegen zwischen 5–8 g, Makronen und Busserl ca. 5 g.
Gelingt eine Rezeptur einmal nicht ganz nach Ihren Vorstellungen, lassen Sie sich dadurch keinesfalls entmutigen. Weniger gelungene Kekse können in Rum oder Fruchtsaft getränkt oder auch mit Marmelade vermischt, zu Punschkugerln verarbeitet werden. Sie können trockene Kekse auch zu Bröseln reiben und als Apfelstrudel- oder Weichselstrudelfülle oder als süße Brösel für Topfenknödel und andere Fruchtknödel verwenden.

1 cl = 10 ml	**1 Esslöffel Flüssigkeit entspricht ca. 1 cl**
1 dl = 100 ml	**1 Mokkalöffel = ca. 4 g**
1 großes Schnapsglas = 4 cl	**1 Kaffeelöffel = ca. 6 g**
1 kleines Schnapsglas = 2 cl	**1 Esslöffel = ca. 16 g**

Tipps zur besseren Handhabung

- Mürbteige nicht lange im Voraus zubereiten. Am besten lassen sie sich nach ca. 2–3 Stunden Kühlzeit, noch nicht ganz fest durchgekühlt und gehärtet, verarbeiten.
- Wenn der Teig schon länger gekühlt wurde, lasse ich ihn vor der Verarbeitung einige Zeit bei Zimmertemperatur rasten. Ist er nämlich zu fest, lässt er sich nur sehr schwer ausrollen. Wenn notwendig, knete ich ihn nochmals kurz durch.
- Teige sollten Sie immer mit Folie abgedeckt oder gut verschlossen im Kühlschrank rasten lassen, da sie sehr schnell Gerüche annehmen.
- Wenn Sie dem Teig Salz beimengen, lösen Sie dieses immer im Ei oder Dotter auf.
- Die Butter lässt sich am besten verarbeiten, wenn sie zwar eher kühl, aber nicht zu fest ist. Daher nehme ich sie ca. 2 Stunden vor der Verarbeitung aus dem Kühlschrank.
- Wenn der Mürbteig schnell durchkühlen soll, dann drücken Sie ihn flach und legen ihn im Kühlschrank auf einen Teller oder ein Blech. Wenn es noch schneller gehen soll, dann ab damit ins Tiefkühlfach.
- Mürbteig nie zu lange kneten, damit er nicht „brandig" wird. Das Fett tritt aus und verändert die Bindung des Teiges.
- Wenn ein Teig zu brüchig ist, menge ich entweder zuerst 1 Dotter, dann eventuell auch noch Eiklar oder etwas Schlagobers bei. Der Teig verliert dadurch jedoch an Qualität und wird eher fest.
- Ist der Teig sehr klebrig, rolle ich ihn immer zwischen zwei Backmatten oder einem aufgeschnittenen Vakuumsack aus. Man kann den Teig auch mit einem strumpfüberzogenen Rollholz ausrollen. Dadurch benötigt man auch weniger Mehl zum Ausrollen. Zudem wird dem Teig nicht zusätzlich Mehl beigemengt.

- Klebt der Teig, dann hilft die Zugabe von ein wenig Mehl oder von gemahlenen Nüssen.
- Größere Teigmengen vermenge ich immer im Rührkessel mit dem Knethaken. So wird der Teig durch die Handwärme nicht zusätzlich erweicht. Durch zu langes Bearbeiten kann jedoch auch hier der Teig „brandig" werden. Weiters gibt es bei der Küchenmaschine einen Aufsatz zum Fleischwolf, der zusätzlich eine Arbeitserleichterung bringt. Wenn der Teig durch den Lochaufsatz gedrückt wird, entstehen Stangerl oder Sterne, die man beliebig in Form bringen kann. Glatte Mürbteige, Sandteige, aber auch Teige mit sehr fein geriebenen Nüssen (wie Vanillekipferlteig) kann man damit in Form bringen.
- Immer etwa gleich große Gebäckstücke auf ein Blech geben, damit die einen nicht zu viel an Hitze abbekommen und die anderen zu hell bleiben.
- Beim Ausrollen der Teige sollte man nicht zu viel Mehl auf die Arbeitsfläche geben. Es gelangt beim Zusammenkneten des überschüssigen Teiges unter die Masse und verändert die Struktur. Daher nach dem Ausrollen das überschüssige Mehl mit einem Mehlbesen oder breitem Pinsel abkehren.
- Verarbeiten Sie Mürbteig niemals auf einer warmen Arbeitsplatte.
- Wenn Sie ein Ei verquirlen, den Mürbteig damit bestreichen und vor dem Backen 20 Minuten stehen lassen, ergibt das eine schön glänzende Oberfläche. Etwas Zucker oder Salz beigemengt, gibt zusätzlich Geschmack.
- Beim Ausrollen des Teiges die Fläche anstelle des Mehls mit Haselnuss- oder Mandelblättchen bestreuen. Dies ergibt eine zusätzliche Geschmacksaufwertung und eine bessere Optik.

Glasuren & Dekorationen
Garnieren & Verzieren
Füllungen
Gewürzmischungen

Glasuren & Dekorationen

Gelatinezucker für Dekorationen

Zutaten: 1 Blatt Gelatine • 20 ml Wasser • 13 g Glukose • ca. 350 g Staubzucker, fein gesiebt

Gelatine mindestens 10 Minuten in reichlich kaltem Wasser einweichen und ausdrücken. In einem Topf mit 20 ml Wasser erwärmen und auflösen. Nun in diese Flüssigkeit so viel Staubzucker einmengen, bis daraus eine kompakte Knetmasse entsteht, die sich zum Modellieren und Ausrollen besonders eignet.

Fertige Masse auf einer mit Stärkemehl bestreuten Arbeitsfläche 1,5–3 mm dick ausrollen und beliebig mit Keksausstechern ausstechen, mit Schablonen ausschneiden oder mit der Schere zurechtschneiden. Die fertigen Teile gut trocknen lassen. Nach dem vollständigen Aushärten kann die Masse ausgarniert, bemalt und verziert werden.

So fertigt man auf einfache und problemlose Weise Schau- und Dekorationsstücke, die sehr lange haltbar sind. Die oben angeführte Rezeptur ist klein gehalten.

Hier einige Verarbeitungshinweise

- Die Arbeitsfläche sollte gut gereinigt sein und frei von Nuss- oder Teigbröseln, da diese, einmal in den Teig gedrückt oder vermischt, sichtbar bleiben.
- Nur kleine Mengen, die sofort bearbeitet werden, auf die Arbeitsfläche legen, zumal die Masse schnell austrocknet.
- Wird die Masse schon während des Formens etwas trocken, die Hände zum Bearbeiten mit Wasser befeuchten.
- Die Masse kann auch mit Lebensmittelfarben eingefärbt werden. Auch diese Dekorationsstücke kann man mit diversen Zuckerperlen, Ornamenten etc. verzieren.
- Die fertige Masse kann in luftdicht verschlossenen Gläsern, in Zellophan oder in diversen Behältern längere Zeit gelagert, jederzeit entnommen und verarbeitet werden. Sollte die Masse einmal zu trocken sein, kann man noch etwas Wasser zugeben und wieder durchkneten.
- Die Dekorationsstücke sind zwar genießbar, jedoch wegen ihrer Härte eher weniger empfehlenswert. Auch bei längerer Lagerzeit sind sie eher nicht mehr zum Verzehr gedacht.
- Massa Ticino (im Fachhandel erhältlich) kann ebenso als Dekoration genommen werden.

Gummiarabikum

Ist eine Substanz aus einer Akazienart (siehe Glossar Seite 234), die zum Abglänzen von Marzipanfrüchten, Lebkuchen und Bonbons verwendet wird.

Zutaten: 20 g Gummiarabikumpulver • 100 g Wasser

Gummiarabikumpulver und Wasser in einem Topf verrühren und auf ca. 100–105 °C (Thermometer) aufkochen. Noch heiß mit einem Pinsel auf die Gebäckstücke auftragen.

Trocknet schnell ab, klebt nicht und verleiht dem Gebäck einen wunderschönen Glanz. Verwende ich sehr gerne bei Lebkuchen!
Die Menge ist klein bemessen, kann aber beliebig vergrößert werden.

Kristallisierte Blüten

Dieses Rezept stammt von Edith von Payr

Ziel ist es hierbei, frische Blüten haltbar zu machen und als Dekor oder Garnitur zu verwenden (für Torten, Kuchen, Dessertteller, Eisbecher, Pudding, Kekse, süße Pasteten etc.).

Zutaten: Diverse essbare frische Blüten und Blütenblätter (Veilchen, Rosen, Minze, Melisse, Flieder, Schnittlauchblüten, Borretschblüten, Lavendelähren etc.) Gummiarabikum • Wasser • Feinkristallzucker zum Bestreuen

Gummiarabikum mit kaltem Wasser anrühren und nur so viel zugeben, dass es sich gerade auflöst. Auf die vorbereiteten Blätter und Blüten mit einem feinen Pinsel auf allen Seiten bestreichen (oder darin eintauchen). Danach in Feinkristallzucker wenden bzw. gut damit bestreuen, abschütteln und auf Backpapier trocknen lassen. Dies dauert ca. 2–3 Tage. In Schraubgläsern aufbewahrt, sind kristallisierte Blüten ca. 1 Jahr haltbar.

Variante: Blüten mit leicht angeschlagenem Eiweiß gänzlich bepinseln, auf allen Seiten mit Zucker bestreuen und im warmen Backrohr bei leicht geöffneter Tür trocknen.

Schokoladeglasur

Dieses Rezept stammt von Edith von Payr

Zutaten: 200 g Haushaltsschokolade oder Kochschokolade, grob zerkleinert 130 g helle oder dunkle Schokolade (am besten in Linsenform, ansonsten grob zerkleinert) • 100–130 g dunkle Fettglasurmasse • 100 g Ceres oder Kokosfett

Alles in eine Schüssel geben und langsam über einem Wasserbad schmelzen lassen. Die Glasur soll allerdings nicht mehr als 30–35 °C (Thermometer) erreichen, dabei mehrmals durchrühren.

Die Schokolade sollte grob zerkleinert werden, da sie sich dadurch schneller schmelzen lässt. Übrig gebliebene Glasur mit Klarsichtfolie abdecken und beim nächsten Gebrauch wieder schmelzen. Man kann auch noch einige Tropfen Aromaöl oder -essenzen einrühren.

Hat man ein Wasserbad mit Temperaturregelung zur Verfügung, dann alles zusammen einfüllen, auf 35 °C einstellen, abdecken und so lange erhitzen, bis die Schokoladeglasur die richtige Temperatur erreicht hat.

Schokoladeglasur – Variante

Zutaten: 200 g dunkle Kuvertüre • 100 g Fettglasurmasse • 30–50 g Ceres od. Kokosfett

Alle Zutaten schmelzen und weiterverwenden.

Orangen-Schokolade-Glasur

Dieses Rezept stammt von Edith von Payr

Zutaten: 150 g dunkle Kuvertüre • 20 g Kokosfett • 100 g Orangenmarmelade passiert • 20 ml Orangenlikör oder -schnaps

Schokolade schmelzen und mit den übrigen Zutaten vermengen. Glatt abrühren und z.B. Orangenlaibchen bzw. beliebige Kekse damit bestreichen.

Dekorschmuck aus Tragant

Dieses Rezept stammt von Linus Feller; www.springerle.com

Über die italienische Handelsstadt Venedig gelangte der Tragant im Mittelalter zu unseren Zuckerbäckern. Dieses so genannte „Zuckerzeug" wurde ein wichtiger Bestandteil der traditionellen Zuckerbäckerkunst im 16., 17. und 18. Jahrhundert. Tragant ist zäh, erstarrt rasch und hat die Eigenschaft, jede noch so zarte Vertiefung des Modelreliefs getreu wiederzugeben. Bei königlichen Tafelaufbauten, vielen figürlichen Darstellungen und als Christbaumschmuck blieb Tragant über Jahrhunderte eine hervorragende edle Dekorationsmasse.

Rezept für Tragant

Zutaten: 1 gehäufter Teelöffel (5 g) Tragantpulver • 1 schwach gehäufter TL (4 g) Gummiarabikum • 8 TL (4 cl) Rosenwasser • 2 Eiweiß • 650–700 g Staubzucker (oder Puderzucker), fein gesiebt • 130–150 g Stärkemehl (Maizena)

Rosenwasser, Tragantpulver und Gummiarabikum in einem verschließbaren Glas anrühren und über Nacht quellen lassen (nicht im Kühlschrank). Diese Masse am nächsten Morgen mit Eiweiß in der Küchenmaschine gut rühren. Dann Staubzucker und Stärkemehl durchsieben, mischen und einrühren (möglichst mit dem Knethaken). Das ergibt eine recht zähe Masse.
Gegebenenfalls weiter Staubzucker und Stärkemehl von Hand einkneten, bis der Teig nicht mehr klebt. Ein Stück davon abschneiden, den Rest in einer gut verschließbaren Schüssel aufbewahren, damit er nicht trocknet.
Backbrett mit einem Gemisch aus 2/3 Puderzucker und 1/3 Stärkemehl stauben, 5–8 mm dick auswalken. Diese Fläche ebenfalls leicht stauben und mit Model ausarbeiten. Mit einem Strohhalm ein kleines Loch für das Aufhängebändchen machen. Der Rest lässt sich wieder ganz glatt zusammenkneten. Falls der Teig etwas trocken ist, die Hände leicht anfeuchten und den Teig zusammenkneten.
Die ausgeformten Stücke auf ein gestaubtes Holzbrett legen und ca. 8 Tage an der Luft trocknen lassen.

Hinweis

- Dies ist eine etwas größere Rezeptur, zum Probieren eventuell 1/2 Menge zubereiten.
- Anstelle von Rosenwasser kann auch Wasser verwendet werden, dies riecht jedoch nicht so edel.

Schuhe, Igel etc.

Dieses Rezept stammt von Edith von Payr

Für die Schuhe den Mürbteig (1:2:3) ca. 2 mm dick ausrollen und Sohlen ausschneiden. Aus dem Mürbteig kleine Kugeln zu Absätzen formen, für den Rist 2 Monde ausstechen, mit Wasser zusammenkleben, über eine Keramik- oder Metallform legen und backen. Evtl. mit rosa oder weißer Zuckerglasur überziehen und mit Perlen verzieren. Die Schuhe eignen sich sehr gut als Hochzeitsdekoration.

Hinweis: Keramikformen für Schuhe, Igel etc. werden auf Bestellung von Lotte Stocker (siehe Adressverzeichnis) wunschgemäß gefertigt und versendet.

Tipp: Hiervon sollte man gleich mehrere bestellen, damit man sie auf einmal backen kann.

Igel werden auf die gleiche Weise hergestellt. Beliebigen Mürbteig für den Boden in Igelform ausstechen (hierfür eine entsprechende Keramikform verwenden). Für den Körper den Teig in die Igelform drücken und mitsamt der Keramikform backen. Ausgekühlt den Hohlkörper mit einer beliebigen Nuss- oder Mohnfülle oder einer festeren Canache füllen (d. h. den Igelkörper innen füllen). Nun den gefüllten Körper mit einem gebackenen Keks abdecken, mit Schokolade überziehen, Mandelstifte in die noch halbweiche Schokolade stecken und 2 Silberperlen als Augen eindrücken.

Zuckerblumen

Dieses Rezept stammt von Edith von Payr

Zutaten: 6 Blätter Gelatine • 300–400 g fein gesiebter Staubzucker (zweimal sieben, eventuell mit der Küchenmaschine zusätzlich reiben oder cuttern)

Gelatine in kaltem Wasser ca. 10 Minuten einweichen, ausdrücken und in einem Topf warm auflösen. Mit dem Zucker händisch zu einer geschmeidigen Masse verkneten (wie Knetmasse). Masse sofort in Frischhaltefolie einpacken, da sie sehr schnell austrocknet und brüchig wird.

Arbeitsfläche mit Feinkristallzucker bestreuen und die Masse sehr dünn ausrollen. Figuren oder Blumen ausstechen und eventuell mit Zuckerperlen (siehe Foto oben) verzieren. Oder mit Lebensmittelfaserstiften (oder mit Lebensmittelfarbe und Pinsel) bemalen. Die Masse kann auch mit Lebensmittelfarbe eingefärbt werden, dazu die Farbe in die aufgelöste Gelatine einrühren.

Immer nur kleine Mengen entnehmen und verarbeiten. Gut verpackt ist die Masse 1 Woche im Kühlschrank haltbar. Ausgefertigt und getrocknet bis zu einem halben Jahr haltbar – dann allerdings gut verschlossen lagern.

Tipps

- Fertige Blumen oder Blätter im feuchten Zustand über eine Flasche, Kante oder Rolle legen und so trocknen lassen.
- An der Luft oder im warmen Rohr bei eingehängter Tür oder offenem Zug trocknen lassen.
- 3 oder 4 verschieden große Blüten übereinander setzen und vor dem Trocknen mit einem Kochlöffelstiel zusammendrücken.
- Dünne Schnüre ausrollen und zu einer Kordel, Schleife oder zu einem Zopf flechten oder drehen und trocknen lassen.
- Ebenfalls als Verzierung für Torten, Kuchen, Lebkuchen, Kekse etc. geeignet.
- Man kann auch Ziffern oder Buchstaben ausstechen und dekorativ auf das jeweilige Gebäckstück auflegen.
- Eignet sich – für besondere Anlässe – auch als Tischdekoration.

1

2

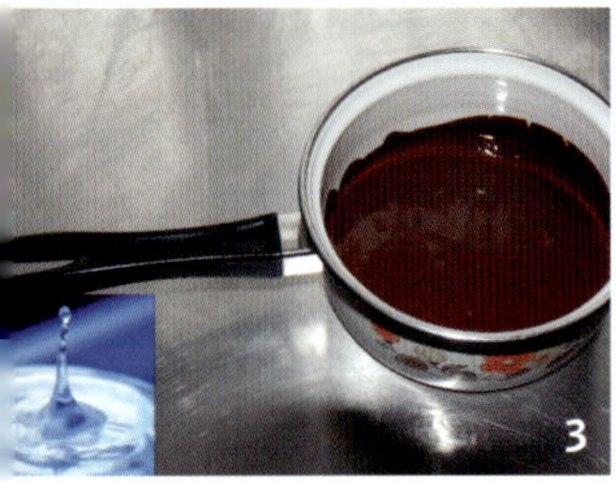
3

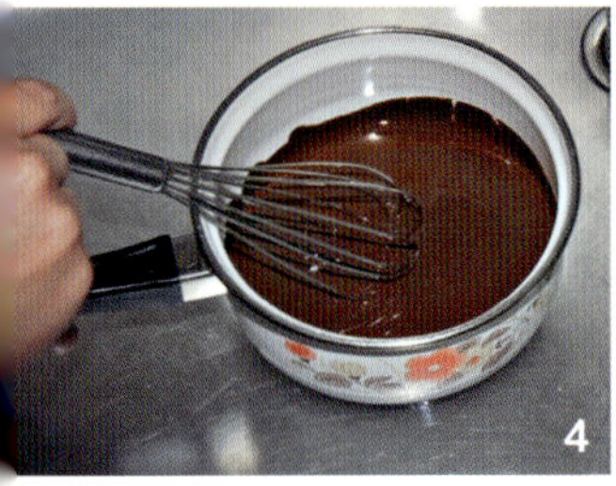
4

5

Kuvertüre richtig vorkristallisieren (temperieren) für den privaten Gebrauch

Diese Methode stammt von Gerd Fessler; www.fessler.at

- Kuvertüre in ein trockenes Gefäß geben (1).
- Im Herd (Ofen) bei ca. 50 °C schmelzen (2).
- Die geschmolzene Kuvertüre ins kalte Wasserbad stellen, darauf achten, dass kein Wasser in die Kuvertüre gelangt (3).
- Unter konstantem Rühren (ohne Pause) auf eine Temperatur von ca. 28–29 °C bringen. Diese ist erreicht, wenn die Kuvertüre eine feste Struktur aufweist (4).
- Anschließend mittels Heißluftfön (oder Haarfön) unter ständigem Rühren auf ca. 30–32 °C erhitzen (je nach gewünschter Konsistenz der Kuvertüre). Nun ist die Kuvertüre fertig für die Anwendung. Halten Sie ab jetzt die Temperatur bei der Verarbeitung konstant, diese sollte immer bei ca. 31 °C liegen (5).

Für qualitativ hochwertige Kuvertüre entnehmen Sie die perfekte Verarbeitungstemperatur der Verpackung. Fertige Produkte für ca. 2 Stunden in den Kühlschrank stellen und anschließend an einem kühlen Ort (Weinkeller etc.) lagern.

Alle Rezepte mit Wiener Fondant stammen von Frau Reimer, Firma Süwag, Wien

Fondant zum Bestreichen

100 g Wiener Fondant (pulverisiertes Fondant, im Fachhandel erhältlich) und 16 g Wasser (50 °C) verrühren und auf ca. 40–50 °C erwärmen.

Fondant zum Tunken

100 g Wiener Fondant und 18 g Wasser (50 °C) verrühren und auf ca. 40–50 °C erwärmen, je nach Wunsch Zugabe von Lebensmittelfarbe und Aromen.

Spritzglasurmasse

100 g Wiener Fondant und 12 g Wasser (50 °C) verrühren und auf ca. 40–50 °C erwärmen

Sacherglasur

Zutaten: 100 g Wiener Fondant • ca. 23 g Wasser • 40 g Kuvertüre

Wiener Fondant und Wasser verrühren und auf ca. 40 °C erwärmen. Anschließend die erwärmte (noch besser geschmolzene) Kuvertüre (40 °C) mit dem Fondant auf ca. 40–50 °C erwärmen.

1

2

3

4

5

6

7

Temperieren mit der Mikrowelle

Diese Methode stammt von Hannes Lubinger; www.konditorei.lubinger.at

Kuvertüre muss für einen optimalen Glanz und ein rasches Absteifen speziell behandelt werden. Hier eine Methode von einem Fachmann. Am einfachsten funktioniert es mit Kuvertüre in Linsenform, aber auch klein gehackte Kuvertüre kann verwendet werden.

- 2/3 der gesamten Linsen (Linsen im Fachhandel erhältlich, siehe Glossar Seite 235) oder fein gehackte Kuvertüre in einer Plastikschüssel in der Mikrowelle (bei 30 % Leistung, sonst kann der Zucker in der Schokolade verbrennen, immer wieder kontrollieren) auflösen. Dauer: ca. 10 Minuten (1+2).
- Nach 10 Minuten umrühren und erneut auf 40 °C erwärmen. Hier ist es ratsam, ein Thermometer zu verwenden, um die richtige Temperatur zu erreichen (3).
- Mit dem restlichen Drittel der Linsen die bereits aufgelöste Kuvertüre „impfen". Das heißt: Nun das verbliebene Drittel Linsen in die aufgelöste Kuvertüre mengen und 3 Minuten stehen lassen, bis die Kuvertüre auf 32 °C abgekühlt ist. Wenn die Schokolade zu kalt sein sollte, einfach für ca. 1 Minute in der Mikrowelle (30 % Leistung oder Auftaustufe) nachwärmen (4).
- Es sollten immer noch kleine Schokoladestücke in der Kuvertüre sichtbar sein. Sollte alles gelöst sein, und eine Temperatur von 32 °C erreicht worden sein, kann man die „Messerspitzenprobe" machen (5+6).

Am sichersten ist es, einfach noch Linsen beizumengen.

- Mit dem Stabmixer (sollte starke Leistung haben) die noch nicht gelösten Stücke mixen (7).

Hinweis: Durch die Drehbewegung entsteht Wärme. Nur so lange mixen, bis sich die Stücke gelöst haben. Dabei nicht zu viel Luft einschlagen.

- Die Schokolade muss nach dem Mixen 32 °C haben. Wird sie zu warm, sind alle Kristalle zerstört, die für einen schönen Glanz verantwortlich sind (8).
- Nun die richtige Konsistenz und Temperatur überprüfen. Hierfür mit der Palettenspitze in die Schokolade eintauchen, Palette seitlich halten und am Rand der Schüssel abschlagen, gerade richten und den Rücken der Palette abstreifen. Diese Probe nennt man „Messerspitzenprobe". Nach kurzer Zeit erkennt man an den Rändern der Palette, durch leichte Schräghaltung, ob die Schokolade die richtige Temperatur hat. Der Fachmann spricht von einer perfekten Kristallisation (9+10).
- Eine schöne Schokoladenprobe bedeutet: Sie trocknet schnell ab und hat einen schönen Glanz (11).
- Gebäckstücke eintauchen und am Rand der Schüssel abstreifen. Auf ein Backpapier (oder Silikonmatte) absetzen und aushärten lassen. Dauer: ca. 30 Minuten (12+13).
- Wenn man sehr lange mit der Schokolade arbeitet, immer leicht mit einem Industriefön (oder einen leistungsstarken Haarfön) auf 32 °C nachwärmen. Vorsicht: Nicht zu stark erhitzen, sonst schmelzen alle Kristalle und man muss wieder mit dem Temperieren beginnen (14).

Diese Arbeitsmethode und Behandlung von Kuvertüre wurde Ihnen von Konditormeister *Hannes Lubinger* aus Freistadt nähergebracht. Sie ist anfangs vielleicht etwas aufwändiger, aber das Resultat und der Geschmack rechtfertigen die Mühe.

8

9

10

11

12

13

14

Garnieren & Verzieren

Der Drache

aus dem Buch „Marzipan ART von Hannes Lubinger; www.konditorei.lubinger.at

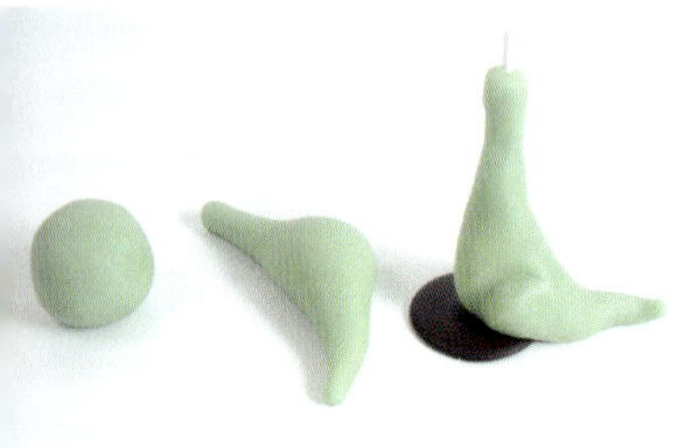

Technik: Mehrteiler

- Aus einer durchgefärbten grünen Kugel Körper nach Anleitung formen
- auf Lollystäbchen aufspießen
- Oberschenkel einkerben
- kleine Kugel in der Mitte teilen
- je einen Tropfen formen
- flachdrücken und zweimal einschneiden
- Füße ansetzen und Zehen einkerben
- Aus kleinen flachgedrückten gelben Tropfen die Panzerplatten aufsetzen
- mit dem großen U-Holz die Bauchschuppen versetzt eindrücken
- aus einer Kugel eine Birne formen und mit dem Rücken des Modelliermessers die Lippen drücken
- die Lippe mit dem Modelliermesser einschneiden
- Nasenlöcher und Augen mit dem kleinen Augenholz stechen
- Zähne aus weißer Modelliermasse formen
- Ohren, Flügel und Zunge verleihen den letzten Schliff

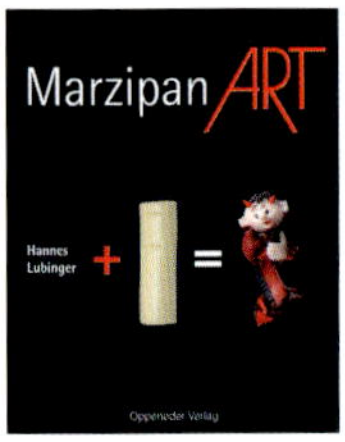

Ganz oben:
Marzipanfiguren von Adrea Dechant
Links: Marzipanrose
Oben: Silvesterkeks

Füllungen

Fondant-Schoko-Füllung

Zutaten: **200 g weicher Fondant • 80 g weiße Kuvertüre oder Schokolade 20 g Kokosfett (oder Ceres) • ca. 60 g weiches oder zerlassenes Kokosfett (oder Ceres) 30–40 g Kokoslikör • (Malibu), ersatzweise Orangenlikör oder Mandellikör**

Fondant, Kuvertüre und Kokosfett zusammen in einer Schüssel über dem Wasserbad oder in der Mikrowelle (immer wieder rühren und kontrollieren, dass die Schokolade nicht anbrennt) auf ca. 50 °C erwärmen, in eine Schüssel geben und mit dem Handmixer rühren.
Ca. 60 g weiches Kokosfett nach und nach in die warme Masse einschlagen, kalt rühren und mit Alkohol aromatisieren. Kekse damit füllen (Königsbusserl etc.).

Marmeladen-Buttercreme

Dieses Rezept stammt von Edith von Payr

Zutaten: **400 g Marmelade (Sorte nach Geschmack, empfehlenswert wäre passierte Marmelade oder Gelee, am besten hausgemacht) • 100 ml Wasser 1 Pkg. Vanillepuddingpulver • 250 g Butter • 200 g Staubzucker**

Puddingpulver in Wasser anrühren und mit der Marmelade in einem Topf zu Pudding kochen. Dies funktioniert auch in der Mikrowelle. Hierfür alle Zutaten zusammenrühren, in die Mikrowelle stellen, nach ca. 2 Minuten umrühren und nochmals 2–3 Minuten kochen (je nach Leistung der Mikrowelle). Sobald der Pudding eine feste Konsistenz aufweist, herausnehmen, überkühlen lassen und löffelweise mit der schaumig gerührten Butter-Zuckermasse vermischen und ebenfalls schaumig aufschlagen.

Man kann den heißen Pudding auch in eine Rührschüssel geben und – etwas überkühlt – die in kleine Stücke geschnittene Butter einrühren und schaumig schlagen.

Orangen-Marzipan-Fülle

Zutaten: **70 g Rohmarzipan • 70 g Orangeat, sehr fein gehackt oder faschiert 15 g Orangenlikör**

Rohmarzipan durch die feine Wiege drücken, mit Orangeat und dem Likör nach und nach vermengen (damit keine Klumpen entstehen). Ist die Masse zu fest, eventuell mit etwas Läuterzucker (siehe Seite 235) oder Sirup verdünnen. Jeweils 2 Kekse mit dieser Füllung zusammensetzen. Bei größeren Füllmengen die Masse in einen Spritzsack geben und auf die Kekse dressieren.
Eventuell noch 20–30 g fein gesiebten Staubzucker untermengen.

Fruchtfüllungen

Diese Rezepte stammen von Frau Reimer, Firma Süwag, Wien

Für die Apfelfüllung: **11–12 g Saftbinder (im Fachhandel erhältlich)**
30 g Zucker • 40 g Wasser • 60 g Apfelsaft • 500 g vorgedünstete oder frische Apfelstücke

Saftbinder mit Zucker vermischen, in die Flüssigkeit einrühren und die Äpfel untermengen. Mit beliebigen Obsttorten bereiten.

Für die Fruchtmarkfülle: **6–9 g Saftbinder • 20 g Zucker • 100 g Fruchtmark**

Saftbinder mit Zucker mischen und mit dem Fruchtmark verrühren.

Für die Fruchtsaftfüllung: **10–11 g Saftbinder • 20–25 g Zucker**
100 ml Fruchtsaft

Saftbinder mit Zucker vermischen und mit einem Schneebesen unter den Fruchtsaft rühren.

Diese Füllungen eignen sich für Blätterteiggebäck und Mürbteigtascherl.

Gewürzmischungen

Magenzucker

Dieses Rezept stammt von Andrea Dechant

Zutaten: **300 g Feinkristallzucker • 60 g Wasser • 40 g Himbeersirup**
4 Teebeutel Schwarztee • 20 g Rum (54 % oder 80 %) • Prise Zimt und Nelken (oder selbst hergestellte Gewürzmischung)

Wasser in einem Topf aufkochen, Tee dazugeben, ca. 10 Minuten ziehen lassen, Teebeutel herausnehmen, gut ausrücken. Zucker und Sirup in den Topf geben und bis 110 °C aufkochen. Von der Kochstelle nehmen, Rum und Gewürze einrühren und so lange rühren, bis die Masse milchig wird. Kurz bevor diese fest wird, auf ein geöltes oder mit Silikon ausgelegtes Blech 1/2–1 cm dick aufstreichen und trocknen lassen. Vor dem Aushärten in beliebig große Stücke schneiden oder brechen.
Nett verpackt ein ideales kleines Geschenk!

Zum Süßen von Tee, Punsch, Glühwein und ebenso zum Ansetzen von Likören (Nussschnaps, etc.) verwenden.

Zusätzlich mit Malven- oder Hagebuttentee etc. einfärben. Diese dann gleich anfangs zum Schwarztee geben.

Gewürzmischungen

Hier finden Sie einige Anregungen für Ihre persönlichen Mischungen. Kreieren Sie Ihr Lieblingsrezept und variieren Sie dieses je nach Vorrat, Geschmack und Verwendung. Gewürzmischungen, die für Getränke und Punsche verwendet werden, mit etwas Läuterzucker und/oder Wein/Fruchtsaft aufkochen und einige Zeit abgedeckt ziehen lassen. Beim Abfüllen unbedingt durch ein feines Sieb oder einen Kaffeefilter filtern, damit keine Trübstoffe zurückbleiben.

Honiglebkuchengewürz

Zutaten: **25 g Zimt • 5 g Gewürznelken • 5 g Piment • 25 g Anis 9 g Korianderkörner • 2 g Muskatnuss**

Alle Gewürze (ganz oder gemahlen, je nach Vorrat) in einer Küchenmaschine fein cuttern oder vermahlen, gut verschlossen aufbewahren.
Nach Belieben Sternanis, Ingwer, Kardamom oder getrocknete Vanilleschote beimengen.

Lebkuchengewürz 1

Zutaten: **70 g Zimt • 25 g Nelken • 35 g Ingwer • 35 g Fenchelsamen 35 g Korianderkörner • 35 g Anis • 15 g Muskatnuss**

Alle Gewürze (ganz oder gemahlen, je nach Vorrat) in einer Küchenmaschine fein cuttern oder vermahlen, gut verschlossen aufbewahren.
Kann auch unter Weihnachtspunsch, Apfelpunsch, Orangenpunsch, Kompotte, Sirupe, Liköre oder weihnachtliche Marmeladen, Apfel- und Birnengerichte sowie Gelees etc. gemengt werden. Man nimmt, je nach Geschmack, ca. 20–25 g Gewürzmischung für 1 kg Lebkuchenteig. Auch Mürb- und Spritzteigen verleiht man damit eine besondere Note.
Eventuell zusätzlich Sternanis, Kardamom, Pimentkörner oder getrocknete Vanilleschote einmengen (man kann auch nur die Schale verwenden, das Mark anderwärtig verwerten, daher ausgekratzte Schoten niemals wegwerfen).
Muskatnuss (ganz) oder Zimtstangen vor dem Cuttern grob zerkleinern.

Spekulatiusgewürz

Zutaten: **33 g Zimt • 2 g Macisblüte • 3 g Korianderkörner • 5 g Kardamomkapseln 5 g Pimentkörner • 20 g getrocknete Vanilleschote**

Alle Gewürze (ganz oder gemahlen, je nach Vorrat) in einer Küchenmaschine fein cuttern oder vermahlen, gut verschlossen aufbewahren.
Man könnte auch noch eine Prise weißen Pfeffer, Nelken, Sternanis oder Ingwer beimengen oder eine fein geriebene getrocknete (unbehandelte) Orangen- oder Zitronenschale. Ebenfalls empfehlenswert: fein gemahlene Apfelschalen. Diese bereite ich immer auf Vorrat zu. Wenn ich beispielsweise Äpfel für einen Apfelstrudel schäle, trockne ich die Apfelschalen sofort an einem warmen Ort (oder im Dörrgerät). Danach die Schalen fein mahlen.

Elisengewürz

Zutaten: **50 g Zimt • 7,5 g Gewürznelken • 5 g Kardamom • 7,5 g Piment 20 g Vanilleschote • Prise Muskatnuss**

Alle Gewürze (ganz oder gemahlen, je nach Vorrat) in einer Küchenmaschine fein cuttern oder vermahlen, gut verschlossen aufbewahren.
Zusätzlich noch fein geriebene unbehandelte Zitronen-, Orangen- oder Limettenschalen untermischen. Ebenfalls empfehlenswert: fein gemahlener Ingwer, Safran, Muskatnuss oder -blüte, aber auch selbst getrocknete Apfelschalen.

Variante: mit Kakaopulver einfärben.
Für etwas Schärfe noch gemahlenen Pfeffer oder eine Prise Chili hinzufügen.

Die Gewürzmischungen finden auch Verwendung für: Punsche, Glühweine, Winterbowlen, Rumtopf, Liköre (Nuss-, Gewürz-, Apfel-, Birnenlikör etc.); auch Mürb-, Lebkuchen- und Spritzteigen werden diese beigemengt.

Einen äußerst aromatischen Zucker erhält man, indem Gewürzmischungen mit Feinkristall-, Gelb-, Rohr- oder fein zerstoßenem Kandiszucker vermischt werden.

Gewürzmischungen können gleichfalls zum Einkochen und Einlegen von Früchten und Obst, für Marmeladen oder für Gelees verwendet werden.

Eine Linzer- oder Nusstorte erhält durch die Beigabe einer speziellen Gewürzmischung ebenfalls ihren typischen bzw. weihnachtlichen Charakter.

Selbst Aufläufe, Buttermischungen wie auch Cremen werden in unterschiedlichem Maße geschmacklich beeinflusst.

Würzmischungen prägen natürlich auch Gerichte von Rind oder Wild, Wildsaucen und Rotkraut bzw. eignen sich zum Ansetzen und Verfeinern von aromatischen Essigsorten und Ölen.

Glühmostgewürz

Dieses Rezept stammt von Karl Dirnberger, Österreichische Bergkräutergenossenschaft, Hirschbach

Zutaten: **Nelke 25 % • Zimtbruch 25 % • Apfelspalten 25 % • Rosenblüte 7 % Orangenblüte 7 % • Saflorblüte 5 % • Kornblumenblüte 3 % • Ringelblumenblüte 3 %**

Würzmischungen dieser Art können sowohl für Apfelmost als auch Mischmost oder Wein genommen werden. Mit Apfelsaft zubereitet, schmeckt es auch als alkoholfreies Getränk hervorragend.

Rezeptur für 400 g Gewürzmischung: **100 g Nelke • 100 g Zimtbruch 100 g Apfelspalten • 28 g Rosenblüten • 28 g Orangenblüten • 20 g Saflorblüten (enthalten einen gelblich-orangen Farbstoff, ähnlich dem Safran; der Most erhält dadurch eine intensive Farbe, kein Geschmacksträger) • 12 g Kornblumenblüten (Schmuckblüte zur optischen Verschönerung) • 12 g Ringelblumenblüten (Schmuckblüte, geringer Anteil an Farbstoffen)**

Die Gewürze und Blüten werden gemischt. Danach je nach Geschmack in heißem Most, Wein oder Apfelsaft ziehen lassen.
Auch zum Ansetzen von Likören oder Punsch geeignet.

Backen mit Kindern

Backen mit Kindern ist eine sehr spannende Angelegenheit. Durch ihre enorme Phantasie und Kreativität entstehen oft viele lustige Kekse und Backgebilde. In diesem Buch finden Sie Rezepte, deren Zubereitung Kindern erfahrungsgemäß sehr viel Spaß macht (siehe Kapitel „Klassiker": Bunte Smarties-Kekse, Kathis bunte Mürbteigaugen etc.). Lustig sind natürlich viele unterschiedliche Ausstecher wie z. B. verschiedene Tiere, mit denen man einen Zoo oder Bauernhof zusammenstellen kann. Aber auch Bäume, Autos, Sterne oder Monde eignen sich hervorragend.

Sie können den kleinen Zuckerbäckern und Zuckerbäckerinnen auch einfach Teigräder, Kochlöffel, Pinsel, Gabeln und andere Dinge in die Hände geben, damit sie beliebige Formen und Muster anfertigen können. Selbstverständlich sollten die Kinder auch küchengerecht vorbereitet und eingekleidet werden. Eine Kochschürze ist für jedes Kind ein ganz wichtiges Utensil, eventuell können sich die Miniköche noch eine Kochmütze aufsetzen. Vorsichtshalber sollten beim Backen mit Kindern Backhandschuhe verwendet werden. Kleinere Kinder sollten grundsätzlich vom Backrohr fern gehalten werden. Sinnvoll und spaßig ist es, eine Zeitbackuhr zu verwenden, die klingelt, wenn das Gebäck fertig ist.

Lassen Sie Ihre Kinder beim Backen nie alleine. Gönnen Sie sich und Ihren Kindern diese Zeit und freuen Sie sich gemeinsam über die gelungenen Werke. Teilen Sie die verschiedenen Arbeiten altersgemäß auf. Kinder bis zu vier Jahren beschäftigen sich gerne mit Teigkneten und Verzieren, größere mögen auch schon etwas anspruchsvollere Tätigkeiten wie z. B. Teigabwiegen oder Teigezubereiten. In Apotheken gibt es große Spritzen (200 ml), mithilfe derer die Kinder z. B. Buttercremen auftragen können.
Trauen Sie Ihrem Kind ruhig etwas zu!

Backen Sie mit Ihren Kindern zur Abwechslung auch einmal salziges Knabbergebäck (z. B. zum Vatertag). Hübsch verziert und verpackt ist Gebäck ein sehr persönliches Geschenk.
Lebkuchen eignen sich ebenfalls sehr gut zum Verschenken bzw. als Christbaumschmuck. Ein Lebkuchen-Knusperhäuschen ist natürlich die Krönung des gemeinsamen Backens. Zudem können Ihre Kinder die selbst fabrizierten Kekse in den Kindergarten oder in die Schule mitnehmen.

Zum Verzieren der Gebäckstücke eignen sich Zuckerperlen, Gummibären, Smarties, Hagelzucker, Nüsse, Schokostreusel, Rosinen (oder andere getrocknete Früchte), Mandelblättchen, Lebensmittelfarbe, Zuckerglasur oder Fondant, Marzipan, kandierte Kirschen, Schokoladeblättchen oder -glasur. Zum Füllen verwende ich meist diverse Buttercremen mit Fruchtgeschmack, aber ohne Alkohol.

Für kleinere Kinder zum Basteln und Ausprobieren verwende ich gerne eine Knetmasse, da ja Teige nicht so lange bearbeitet werden sollen und ich Lebensmittel nicht als Spielzeug verwende.

Mit viel Freude und Spaß sind meine Enkelkinder und eine Freundin beim Kekse backen. Auf kindergerechte Arbeitshöhe achten, Bänke werden zu Kindertischen umgerüstet, eventuell Kinderstühle bereit stellen.
Praktischer Tipp für die Kleinen: Spritzsack oben mit Klammer versehen, durch diese Verschlussmethode kann der Teig oben nicht ausrinnen und erleichtert somit den Kindern die Handhabung.

Bild links unten: Konstantin, Katharina, Franziska Gusenbauer, Maximilian und Sebastian Klosterer.

Meine Enkelkinder dürfen all meine Keks- und Backutensilien verwenden und sind damit sehr kreativ.
Die Ornamente aus Knetmasse können immer wieder zusammengeknetet werden. Besonders schöne Stücke kann man trocknen und als Geschenk für Opa, Tanten und Freunde verwenden. Nach dem Üben fertigen wir dann einfache Figuren aus Marzipan zum Verzehren an. Gerade an Regentagen oder kalten Wintertagen eine gelungene Abwechslung für die ganze Familie. Als Anregung für Figuren verwende ich gerne das „Marzipanbuch" von meinem Freund Hannes Lubinger. Hier wird in einfachen Schritten das Fertigen von Figuren gezeigt. Das Buch in Verbindung mit der Knetmasse ist auch eine gute Übungsanleitung für Konditoren und Zuckerbäckerlehrlingen.

Knetmasse für Kinder zum Basteln

Nicht zum Verzehr geeignet.

Zutaten: **400 g glattes Weizenmehl oder 200 g Weizenstärke und 350 g Mehl gemischt 200 g feines Salz • 30 g Alaunpulver, in Apotheken erhältlich, bindet Wasser und hält somit geschmeidig • 500 ml kochendes Wasser • 20 g Speiseöl • Lebensmittelfarbe (in Wasser anrühren, man kann auch Eierfarbe oder flüssige Farbe verwenden)**

Alle trockenen Zutaten vermischen, heißes Wasser und Öl dazugeben, zuletzt die angerührte Lebensmittelfarbe untermischen und alles gut durchkneten. Wenn der Teig klebt, noch etwas Mehl unterkneten, wenn er zu wenig geschmeidig erscheint, Öl oder Wasser beimengen.

Diese Masse lässt sich wie Mürbteig gut ausrollen, beliebig ausstechen, färben, verzieren, formen, durchdrücken, rollen, spachteln, in Modeln eindrücken, mit Marzipanwerkzeug, Kinderbesteck oder -werkzeug bearbeiten, mit Stempelmuster verzieren etc.
Masse immer gut verschlossen aufbewahren (Plastiksackerl, Schraubdeckelgläser), getrocknet lassen sich die fertigen Werke bemalen und lackieren.

Die Knetmasse fördert die Motorik der Kinder und regt sie dazu an, ihre Phantasie spielen lassen. Für die kleineren Kinder dient die Knetmasse fast ausschließlich als Drückmaterial, doch größere Kinder können verschiedenste Gegenstände daraus formen: Kugeln für Ketten, Obst, Gemüse, Kuchen, Geschenkanhänger, Christbaumschmuck, Blumen, Geschirr für Puppen, Figuren, Tiere.

Kathis bunte Mürbteigaugen

Zutaten für den Mürbteig: **140 g Mehl, glatt • 90 g Butter • 50 g fein gesiebter Staubzucker oder Feinkristallzucker • etwas abgeriebene Zitronenschale oder Zitronenschalenpulver • 1 Dotter • Prise Salz • 10 g Vanillezucker**
1 Ei zum Bestreichen • viele, viele bunte Smarties zum Dekorieren

Alle Zutaten für den Mürbteig mit einem Knethaken in einer Rührschüssel oder auf einer bemehlten Arbeitsfläche verarbeiten. Mit Klarsichtfolie abgedeckt 2–3 Stunden im Kühlschrank rasten lassen. Mürbteig auf bemehlter Arbeitsfläche oder zwischen zwei Backmatten nicht zu dünn ausrollen. Beliebige Formen ausstechen, auf ein vorbereitetes Backblech setzen und eventuell mit verdünntem Ei bestreichen. In die Mitte der Kekse 1–2 Smarties setzen und ein wenig andrücken. Im vorgeheizten Backrohr bei 165–175 °C ca. 10 Minuten auf Sicht hellbraun backen.
Auf die Idee mit den Smarties brachte mich meine kleine Enkeltochter Katharina, als wir für einen Fototermin den Teig verarbeiteten. Sie drückte die Smarties mit großer Begeisterung in den Teig.

Bunte-Smarties-Kekse

Zutaten: **100 g zimmerwarme Butter • 100 g fein gesiebter Staub- oder Feinkristallzucker • 2 Eier • 140 g Mehl, glatt • 80 g Mini-Smarties • Prise Salz etwas abgeriebene Zitronenschale oder Zitronenschalenpulver**

Butter mit Zucker schaumig rühren. Eier, Salz und Zitronenschale dazugeben und nochmals kurz aufschlagen. Mehl und Smarties untermengen. Masse in einen Spritzsack mit glatter Tülle füllen und kleine Busserl auf ein vorbereitetes Backblech spritzen. 20 Minuten kühl stellen. Im vorgeheizten Backrohr bei 165–175 °C 11–13 Minuten auf Sicht hellbraun backen.

Hinweis: Die Spritztülle muss größer als die Smarties sein, damit man diese auch durchdrücken kann.

Desserts – Kuchen, Schnitten & Gebäck

Brandteigkrapfen

Ein Familienrezept von Traudl Wolfschwenger und Familie Pauker

Zutaten: **250 ml Wasser • 50 g Butter • 125 g Weizenmehl, glatt • 3–4 Eier (je nach Größe) • Prise Salz • 1 TL Vanillezucker • 1 Msp. Backpulver**

Wasser mit Butter aufkochen, das gesiebte Mehl einmengen und so lange rühren, bis sich die Masse glatt von Kochlöffel und Kasserolle löst. Nach dem Auskühlen nach und nach Eier hinzumengen, wobei jedes Ei glatt verrührt werden soll. Der Teig darf nicht zu dünn sein, meist genügen 3 Eier. Hat der Teig bereits Glanz, wird das 4. Ei zurückbehalten. Zum Schluss werden Vanillezucker und Backpulver eingerührt. Danach die Masse in einen Spritzsack mit glatter oder gezackter Tülle füllen und auf ein vorbereitetes Backblech kleine Bällchen setzen. Im vorgeheizten Backrohr bei ca. 180–200 °C ca. 30 Minuten backen. Die Krapfen sollten nach dem Backen noch 10–15 Minuten im ausgeschalteten, leicht geöffneten Rohr bleiben.

Für die Fülle: **500–750 ml geschlagenes Obers (je nach Belieben mit Vanillezucker oder etwas Zucker gesüßt oder mit Zimt aromatisiert)**

Für den Überguss: **300 g Schokolade • 300 g Zucker • 20 g Reismehl 20 g Butter • 600 ml Wasser**

Schokolade wird mit Zucker, Reismehl und Wasser zugestellt und so lange gekocht, bis der letzte Tropfen eines eingetauchten Kochlöffels einen dünnen Faden zieht. Nun rührt man die Butter ein und stellt die Sauce kalt. Krapfen halbieren, füllen und mit Schokosauce übergießen oder verzieren. Unter die Sauce eventuell eine Gewürzmischung mengen und abschmecken. Sehr gut passt auch ein Schuss Rum. Brandteigkrapfen können auch mit einer Vanillecreme gefüllt werden.

Punschkrapferl

Dieses Rezept stammt von Edith von Payr

Zutaten: **6 Eier • 180 g Zucker • 240 g Weizenmehl, glatt**

Für die Glasur: **600 g Staubzucker, fein gesiebt • 80–100 ml Wasser**

Eier mit Zucker schaumig schlagen und Mehl unterheben. Auf ein vorbereitetes Backblech streichen und bei 200 °C ca. 10–12 Minuten hellbraun backen. Fingerprobe: Finger in die Masse drücken, der Teig darf nicht mehr nachgeben bzw. keine Fingerabdrücke hinterlassen. Sobald die Masse ausgekühlt ist, 4 cm dicke Scheiben ausstechen. Restliches Biskuit zerbröseln und mit Marillenmarmelade, geschmolzener Schokolade (evtl. nicht aufgebrauchte Schokoladeglasur), Rum und Zucker vermengen und zu Türmchen stapeln (hierfür Polokalrohre oder Metallrohre schneiden lassen). Darin zuerst einen Biskuitboden einlegen, 1 EL Fülle daraufgeben, den 2. Boden auflegen und andrücken. Im Tiefkühlschrank ansteifen lassen.
Für die Glasur Staubzucker und Wasser mindestens 15 Minuten in der Küchenmaschine auf mittlerer Stufe rühren. Nun die Krapferl mit Marillenmarmelade (mit etwas Wasser und Zucker gekocht) bepinseln und mit Zuckerglasur übergießen. Hierfür die Krapfen auf ein Gitter stellen und die Glasur darübergießen (restliche Glasur kann man weiterverwenden).
Diese Glasur eignet sich auch zum Überziehen von Torten oder Keksen.
Man kann sie zusätzlich mit Zitrone, Kaffee oder Himbeersaft aromatisieren oder mit Lebensmittelfarbe einfärben. Hierfür allerdings die Flüssigkeitsmenge von der Wassermenge abziehen. Zum Überziehen eignet sich ebenso Fondant.

Lebkuchenauflauf mit Punschsauce

Zutaten für Auflauf: **110 g Butter • 50 g Feinkristallzucker • 6 Dotter 6 Eiklar • 60 g Feinkristallzucker • 120 g Lebkuchenbrösel • 50 g helle Biskuitbrösel je 1 g Zimt, Nelken und Lebkuchengewürz • 80 g glattes Weizenmehl**

Butter mit Feinkristallzucker und Dotter schaumig rühren. Eiklar und Kristallzucker zu steifem Schnee schlagen. Lebkuchen- und Biskuitbrösel gemeinsam mit Gewürzen und Mehl abwechselnd unter die Dottermasse rühren. Zuletzt Schnee unterheben.

Eine Variante: **20 g Zitronat, 30 g Orangeat und 50 g Rosinen** in etwas Rum einweichen und ebenfalls unter die Masse mischen.

In mit Fett ausgepinselte und mit Kristallzucker bestreute Formen füllen, diese in eine Wanne mit heißem Wasser stellen (Wasserbad) und bei ca. 150–160 °C (je nach Ofenart und Größe der Formen) ca. 30–45 Minuten backen.

Kann auch im Dampfgarer bei 100 °C gegart werden.

Anstelle der Biskuitbrösel kann man auch Keksbrösel nehmen

Zutaten für Punschsauce: **125 ml Rotwein • 125 ml Orangensaft • 80 g Zucker 20 ml Zitronensaft • 15 g Puddingpulver (oder Stärkemehl)**

Rotwein mit Orangensaft, Zucker und Zitronensaft aufkochen. Mit 15 g angerührtem Puddingpulver binden. Dazu Puddingpulver mit etwas Wasser, Fruchtsaft oder Rotwein anrühren und mit einem Schneebesen in die kochende Flüssigkeit zügig einrühren, bis die Sauce leicht eingedickt ist. Noch einmal aufkochen lassen.
Überkühlt eventuell noch mit Rum, Weinbrand oder Orangenlikör (bzw. mit Zimt und Lebkuchengewürz) abschmecken.

Ebenso passend: Mit 130 g gemischten frischen Früchten und Beeren ergänzen und mit 10 ml Rum oder anderen Spirituosen verfeinern.

Rosenkuchen

Zutaten: **2 Eier • 20 g Feinkristallzucker • Prise Salz • 80 g Milch • 40 g Wasser 120 g Weizenmehl, glatt • evtl. etwas Vanillezucker und eine Prise Zimt (oder Lebkuchengewürz)**

Alle Zutaten mit einem Schneebesen in einer Schüssel zu einem sehr weichen Teig verrühren, die Masse abdecken und im Kühlschrank mindestens 1 Stunde rasten lassen.
In einem nicht zu hohen Topf Öl auf ca. 180 °C erhitzen (sehr gut eignet sich hier eine Krapfenpfanne, eine kleine Fettwanne oder Friteuse mit Thermostat). Das Spezialeisen ins heiße Öl tauchen, darin erhitzen und dann direkt in den Teig tunken. Der Teig darf aber nur bis zum Rand reichen. Sofort in das heiße Fett eintauchen. Wenn die Kuchen etwas Farbe genommen haben, vom Eisen lösen und fertig backen. Eventuell mit einem spitzen Messer vom Eisen lösen, mit einem Lochschöpfer herausnehmen und auf einem Küchenpapier abtropfen lassen. Mit Staubzucker oder „süßem Schnee" (Spezialzucker, der auf dem heißen Gebäck nicht schmilzt) bestreuen. Kann warm oder kalt serviert werden.

Rosenkuchen werden leider nicht mehr sehr oft gebacken, da es die dafür speziellen Eisen selten zu kaufen gibt (siehe Einkaufstipp Seite 244).

Dieser Teig ist sehr ergiebig und man erhält ca. 30 Stück.

Bleibt Teig übrig, kann man ihn auch in einer Palatschinkenpfanne fertig backen.

Diese kleinen Kuchen eignen sich nicht nur zum Knabbern, sondern auch als Unterlage bei Eisdesserts oder als Schüsserl für Röster oder Beeren.

Die Zuckermenge kann etwas reduziert oder durch Diabetikerzucker ersetzt werden.

Lässt man den Zucker gänzlich weg und würzt stattdessen mit Salz (evtl. auch mit Kräutern), können die Kuchen als Beigabe zu Ragouts (mit Preiselbeeren), zu Käse oder als Vorspeise (mit Chutney gefüllt) gereicht werden.

Savarins

Sie werden aus Germteig hergestellt, in Ringformen gebacken und mit heißer oder kalter Flüssigkeit getränkt. Dadurch werden sie sehr saftig.

Zutaten: **180 g Weizenmehl, glatt • 1/2 Packung Trockenhefe • 80 g zerlassene Butter • 30 g Zucker • Prise Salz • 1 Ei • 1 Dotter • ca. 90 g warme Milch**
1 unbehandelte Zitronen- oder Orangenschale, ersatzweise in Pulverform

Milch mit Zucker und Trockenhefe verrühren. Alle anderen Zutaten in eine Schüssel geben, Hefemilch dazuleeren, gut vermengen und zu einem glatten, zähflüssigen Teig abschlagen. Teig in einen Spritzbeutel mit glatter Tülle füllen und in Silikonformen (oder in leicht ausgebutterte, bemehlte Metallformen) bis zur Hälfte eindressieren. Ca. 30 Minuten gehen lassen und bei 165 °C ca. 15 Minuten (je nach Größe der Form) backen. Aus der Form nehmen und mit einer aromatischen Wein- oder Fruchtsaftmischung tränken. Eventuell aprikotieren und mit Fondant glasieren.

Tränke 1: **250 ml Rotwein • 70 g Feinkristallzucker • Prise Zimt und Nelken, gemahlen • 20 ml Zitronensaft • 20 ml Orangensaft**

Tränke 2: **250 ml Weißwein • 60 g Feinkristallzucker • 20 g Honig**
40 ml Orangensaft • 20 ml Amaretto (und etwas Bittermandelöl)

Tränke 3: **250 ml Weißwein • 100 g Zucker • 50 ml Orangensaft • 60 ml Weinbrand**

Tränke 4: **250 ml Weißwein (oder Most) • 50 g Zucker • 70 ml Rum**
10–20 ml Zitronensaft

Wein mit Zucker und Gewürzen aufkochen, etwas einkochen lassen, überkühlt mit Alkohol vermischen und je nach Bedarf noch süßer oder würziger abschmecken. Hier sind Ihrer Phantasie keine Grenzen gesetzt (z. B.: etwas Rumtopfflüssigkeit, Kompottsäfte, selbst angesetzte Blütensirupe). Durch das Einkochen wird die Flüssigkeit aromatischer. Für Kinder mit beliebigen Fruchtsäften marinieren. Mit Vanillecreme, Kompotten, frischen Früchten, Schokoladesauce, Apfelmus etc. beliebig garnieren und servieren.

Zusätzlich noch mit heißer Marmelade bestreichen oder dünn mit Fondant überziehen. Weiters – wie bei Sandkuchen – noch Rosinen oder andere kandierte oder getrocknete klein geschnittene Früchte einmengen. Savarins nehmen viel Flüssigkeit auf und können je nach Jahreszeit (z. B. weihnachtlich) abgeschmeckt werden. Mit Eis, frischen Früchten, Rumtopffrüchten, Beerenragouts oder mit Röster und Obers servieren. Lassen sich gut vorbereiten und ungetränkt tiefkühlen.

Rosis gefüllter Hauspudding auf Waldbeersauce

Dieses Rezept stammt vom Seegasthof Hoisn, Gmunden

Zutaten für Biskuitfülle: **60 g Kristallzucker • 75 g Mehl, glatt • 50 g Haselnüsse, gerieben • 3 Eier • 4 cl Rum • Erdbeermarmelade**

Für den Pudding: **1/2 l Milch • 100 g Kristallzucker • 3 Eidotter • 25 g Maisstärke 1/2 Vanilleschote**

Für die Waldbeersauce: **150 g gemischte Beeren (Himbeeren, Erdbeeren, Johannisbeeren, Heidelbeeren und Brombeeren) • 70 g Kristallzucker 4 cl Himbeerbrand • 1/4 l Obers, geschlagen**

Biskuitfülle: Eidotter schaumig rühren, Eiklar mit Zucker zu Schnee aufschlagen. Dottermasse, Mehl und Nüsse unter den Eischnee heben. Auf ein befettetes Backblech streichen und bei 200 °C ca. 15 Minuten backen. Danach in kleine Würfel schneiden und mit Rum und Erdbeermarmelade vermischen.

Für die Waldbeersauce die Beeren mit Zucker einkochen und Himbeerbrand dazumengen.

Für den Pudding 2/3 der Milch mit der Vanilleschote aufkochen, etwas abkühlen lassen. 1/3 der Milch kalt mit Maisstärke, Zucker und Dotter anrühren, zügig in die warme Milch einrühren, aufkochen lassen. Puddingmasse zur Hälfte in Formen gießen, Biskuitfülle daraufgeben und mit dem restlichen Pudding auffüllen. Gut kühlen. Auf Teller stürzen und mit Waldbeersauce und Schlagobers anrichten.

Schokoladen-Verführung gebacken, gefroren und heiß

Die nachfolgenden drei Rezepte stammen von Barbara van Melle

Dies ist mein liebstes Schokoladedessert. Die Kombination von gefrorener, heißer und gebackener Schokolade finde ich unwiderstehlich. Es klingt aufwändiger, als es ist.
Das Wichtigste ist die Verwendung hochwertiger Schokolade.

Schokoladeparfait

Nehmen Sie für dieses Parfait nur die beste Schokolade mit hohem Kakaoanteil, mindestens 75 Prozent. Die Aromen und die sanfte Bitterkeit der Schokolade harmonieren ganz ausgezeichnet mit dem zarten Orangenduft.

Zutaten: **250 ml Obers • 4 Eidotter (pasteurisiert) • 4 EL (ca. 60 g) Feinkristallzucker 1 Pkg. Vanillezucker • 100 g dunkle Schokolade • 2 EL Orangenlikör (Grand Marnier)**

Die Schokolade in grobe Stücke brechen und in einen kleinen Topf geben, diesen auf einen größeren Topf stellen, der mit heißem Wasser gefüllt ist. Der Boden des Topfes darf das Wasser nicht berühren. Das Wasser erhitzen und die Schokolade vorsichtig schmelzen. Bitte Vorsicht, sie darf nicht wärmer als ca. 30 °C werden. Machen Sie die Fingerprobe: Die Schokolade darf sich nicht heiß anfühlen.

In einer Schüssel Eidotter mit Feinkristallzucker und Vanillezucker aufschlagen, die Masse soll dickflüssig und cremig gelb werden. Dann die Schokolade einrühren. Schlagobers schlagen und unter die Schokolademasse ziehen.

Eine Parfait- oder Terrinenform mit Klarsichtfolie auslegen, die Parfaitmasse einfüllen. Mindestens 6 Stunden ins Tiefkühlfach stellen. Vor dem Servieren können Sie die Form ganz kurz in heißes Wasser tauchen, das Parfait lässt sich dann einfacher aus der Form lösen.

Schokoladeplätzchen

Zutaten: **25 g dunkle Schokolade • 60 g Mandeln, blanchiert und gerieben 110 g Kristallzucker • 1 Eiweiß • 1 Pkg. Vanillezucker**

Das Backrohr auf 160 °C vorheizen. Die Schokolade wie für das Parfait vorsichtig schmelzen.

In einer Schüssel die geriebenen Mandeln, Zucker, Vanillezucker, Eiweiß sowie die Schokolade verrühren. Falls der Teig zu weich ist, ungefähr 15 Minuten im Kühlschrank rasten lassen. Dann mit einem Teelöffel kleine Plätzchen auf ein mit Backtrennpapier ausgelegtes Backblech setzen. Lassen Sie genügend Abstand zwischen den Plätzchen, sie fließen sonst ineinander.
Hinweis: Auf ein Backblech passen 16 Plätzchen.
Im Backrohr bei 160 °C ca. 10 Minuten backen, auskühlen lassen und erst dann vom Papier lösen.

Beim Anrichten schneide ich das Parfait in Scheiben, stecke ein Plätzchen obenauf und stelle ein kleines Glas mit heißer Kardamomschokolade auf den Teller.

Heiße Schokolade mit Kardamom

Zutaten: 400 ml Milch • Trinkschokolade • 1/2 TL Kardamom

Ich verwende Trinkschokolade aus Spanien von Enric Rovira. Sie enthält bereits ein wenig Maisstärke, die sie – so wie es die Italiener und Spanier lieben – dickflüssig und cremig macht. Dieses Produkt macht die Zubereitung ganz einfach. Sie erhitzen die Milch, geben nach Anleitung die Schokolade bei, fügen Kardamom dazu und kochen alles unter kräftigem Rühren einmal auf. Wenn Sie Trinkschokolade ohne Maisstärke verwenden, dann rühren Sie in 1/8 l Milch die Maisstärke glatt, kochen die übrige Milch nach Anleitung mit der Trinkschokolade und dem Kardamom auf und rühren die Maisstärke ein. Rund 1 Minute weiterkochen.
Füllen Sie danach pro Person 50 ml Trinkschokolade in kleine Gläschen.

Süße Waffeln

Dieses Rezept stammt von Irene Lechleitner aus dem 3-Sonnen-Hotel in Serfaus

**Zutaten: 4 Eier • 80–100 g Feinkristallzucker • 200 ml Milch • 200 g Weizenmehl, glatt • 1/2 Pkg. Backpulver • 200 ml Öl • Prise Vanillezucker • Spritzer Rum
Öl zum Ausstreichen des Waffeleisens • Staubzucker zum Bestreuen**

Eier mit Zucker schaumig rühren, nach und nach Milch, Mehl, Backpulver, Vanillezucker, Rum und zuletzt Öl dazurühren. Ein Waffeleisen vorheizen, mit Öl einstreichen, Teig eingießen, Eisen schließen und die Waffeln nacheinander hellbraun backen. Herausnehmen, anrichten und mit Staubzucker bestreut servieren.

Garnitur: Beeren- oder Weichselragout, Röster, Fruchtsaucen, Vanille- oder Schokoladesauce. Mit heißer, selbst gemachter Marmelade bepinseln und mit leicht geschlagenem Obers servieren.

Variationsmöglichkeit: Man kann 10–20 g Mehl durch fein gesiebten Kakao ersetzen. Sie können den Waffeln durch ein zusätzliches Gewürz (Zimt, Nelken, Anis, Lebkuchengewürz) einen anderen Geschmacksakzent verleihen.

Tipp: Füllen Sie nicht zu viel Teig in das Waffeleisen, da dieser noch aufgeht und sonst herausrinnt. Verwenden Sie einen Schöpfer, der auf die Fassungsmenge abgestimmt ist. So haben Sie immer die gleiche Teigmenge zur Verfügung.

Flaumige Topfenknödel mit Nuss-Butterbröseln & Schokolade-Kirschragout

Dieses Rezept stammt von Johann Parzer Orther Stub'n, Gmunden

Zutaten für 10 Personen

Für die Topfenknödelmasse: **1 kg Topfen, gut ausgepresst • 90 g Butter 150–200 g Zucker • 4 Eier • Prise Salz • 180 g entrindetes, klein gewürfeltes Weißbrot 70 g Mehl frisch geriebene Zitronenschale oder Zitronenschalenpulver**

Für die Nuss-Butterbrösel: **130 g Semmelbrösel (oder Keksbrösel – gegebenenfalls dann aber Zuckermenge reduzieren oder gänzlich weglassen) 130 g Haselnüsse, gerieben • 70 g Butter • 25 g Bourbon Vanillezucker 40 g Zucker • Zimt, gemahlen (evtl. etwas Lebkuchengewürz dazumengen)**

Für das Schokolade-Kirschragout: **500 g entsteinte Weichseln (ersatzweise aus dem Glas oder tiefgekühlt) • 150 g Zucker • 330 g Rotwein • 70 g Bitterkuvertüre • 25 g Vanillepuddingpulver • 50 g Kirschwasser • etwas Zimt, gemahlen Dessert-Streuzucker**

Zubereitung der Topfenknödelmasse: Frischen Topfen in ein Tuch einschlagen, etwas beschweren und die überschüssige Molke auspressen. Am Schluss sollte 1 kg Topfen übrig bleiben. Zimmerweiche Butter schaumig schlagen, Zucker dazugeben, nach und nach die Eier mitschlagen, Aromen dazugeben. Weißbrot in den Butterabtrieb geben und zuletzt das Mehl einrühren. Butterabtrieb und Topfen vermengen und ca. 4 Stunden rasten lassen.

Zubereitung der Nuss-Butterbrösel: Nuss-Butterbrösel im Ofen mit der Butter bei ca. 165 °C ca. 10 Minuten knusprig braun rösten, dabei mehrmals umrühren, damit sie nicht anbrennen. Überkühlen lassen und mit Zucker, Vanillezucker und Zimt abschmecken.

Zubereitung des Schokolade-Kirschragouts: Für das Kirschragout Zucker leicht karamellisieren und mit Rotwein ablöschen. Angestocktes Karamell aufkochen, Kirschen und Zimt einrühren. Bitterkuvertüre in heißem Weichselfond schmelzen und weiterkochen. Puddingpulver mit Kirschwasser glatt rühren und Weichseln damit abbinden.

Anrichten: Um gleich große Knödel zu erhalten, empfiehlt es sich, mit einem Eisportionierer die Masse abzudrehen und rund zu formen. Die Knödel in leicht wallendem Wasser, welches mit Salz, Vanille und Rum parfümiert wurde, so lange kochen, bis sie an der Oberfläche schwimmen. Abtropfen lassen, in den Bröseln wälzen und mit Schoko-Kirschragout und Minze anrichten. Mit Dessert-Streuzucker bestreuen.

Tipp: Die Knödel lassen sich problemlos einfrieren. Bei Bedarf einfach ins kochende Wasser geben und so lange kochen, bis sie an der Oberfläche schwimmen. Je nach Saison mit Kompott oder Röster servieren.

Kuchen, Schnitten & Gebäck

Baumkuchen

Dieses Rezept stammt von Konditormeister Gerhart Hinterwirth aus Gmunden

Zutaten: **200 g weiche Butter • 120 g Marzipan • Prise Salz
2 g Zitronenschalenpulver oder etwas frisch geriebene Zitronenschale • 1/2 TL Zimt
Prise Kardamom • 10 g Vanillezucker • 20 g Glukose oder Honig • 8 Dotter
8 Eiweiß • 170 g Feinkristallzucker • 80 g Weizenmehl, glatt • 80 g Stärkemehl
evtl. Schokoladeglasur zum Tunken**

Butter mit Marzipan, Salz, Zitronenschale, Zimt, Kardamom, Vanillezucker und Glukose in eine Schüssel (oder Rührkessel der Küchenmaschine) geben und schaumig rühren. Nach und nach die Dotter unterrühren und weiter schaumig rühren. Eiweiß mit Zucker sehr steif schlagen und mit Mehl und Stärkemehl unter den Abtrieb mengen.
Auf ein vorbereitetes Backblech (mit Rand) mithilfe einer Winkelpalette oder einer Tortenschaufel eine dünne Schicht Teig gleichmäßig aufstreichen. Im vorgeheizten Backrohr (Oberhitze) bei 180 °C auf der obersten Schiene unter Aufsicht hellbraun backen. Aus dem Backrohr nehmen, die nächste Schicht aufstreichen und wieder backen. So fortfahren, bis die ganze Masse aufgebraucht ist.
Abgekühlt die Schnitten in kleine Rechtecke, Quadrate, Dreiecke oder in Rhomben schneiden und in Schokoladeglasur tunken. Oder noch heiß mit gut verrührter Marillenmarmelade bestreichen und mit Fondant oder Schokoladeglasur glasieren.

Ist ein herrliches Gebäck und der Aufwand lohnt sich!

Kann zusätzlich mit Lebkuchengewürz und etwas Bittermandelöl gewürzt werden.
Anstelle von Zitronenschalen Orangenschalen verwenden.

Gut verschlossen aufbewahren, damit die Kuchenstücke nicht austrocknen.

Tipp: Eventuell nach dem Aufstreichen der Schichten jeweils vor dem Backen etwas Zucker aufstreuen. Dies gibt dem Kuchen ein zusätzliches Karamellaroma. Baumkuchen in dünne Scheiben geschnitten zum Auslegen von Formen, die mit Parfait oder Mus gefüllt werden.

Blätterteig

Blätterteig ist einer meiner Lieblingsteige, weil er so vielseitig eingesetzt werden kann. Die Zubereitung ist auf meiner Homepage nachzusehen.
Bei Erstversuchen ist die unten angeführte Rezeptmenge empfehlenswert. Zur Bevorratung gleich doppelte Menge bereiten.

Zutaten für den Vorteig: **450 g glattes Weizenmehl (oder feines Dinkelmehl)** **50 g zerlassene Butter • Prise Salz • 250 ml lauwarmes Wasser • 1 cl Essig** **Mehl für die Arbeitsfläche**

Für den Fettziegel: **450 g zimmertemperierte Butter • 50 g Mehl, glatt**

Für den Vorteig sämtliche Zutaten in einer Küchenmaschine mit Knethaken gut abkneten, herausnehmen und mit den Handballen rund schleifen (formen). Mit einem Messer kreuzweise einschneiden, mit einem feuchten Tuch (oder mit einer Schüssel) abdecken und ca. 20 Minuten rasten lassen. Für den Fettziegel Butter mit Mehl ebenfalls im Kessel mit Knethaken (oder händisch) gut vermengen und zu einem Ziegel formen. Dann den Vorteig auf einer bemehlten Arbeitsfläche wie ein Kleeblatt ausrollen, Fettziegel darauflegen und einschlagen. Wieder ausrollen und zu einer einfachen Tour zusammenschlagen, noch einmal ausrollen und zu einer doppelten Tour zusammenschlagen (siehe Abb. Seite 239). Gut in Klarsichtfolie (oder ein feuchtes Tuch) gehüllt etwa 20 Minuten kühl rasten lassen und nochmals eine einfache und eine doppelte Tour legen und wieder 20 Minuten rasten lassen. Bei den einzelnen Touren das Mehl mit einem Mehlbesen oder Pinsel abkehren. Zur weiteren Verarbeitung etwa 5 mm dick ausrollen.

Tipp: Blätterteig kann auch auf Vorrat hergestellt werden. In 200–250 g schwere Stücke portionieren und einfrieren.

Variationsmöglichkeiten

- Blätterteig lässt sich äußerst vielseitig verwenden, etwa indem Sie ihn ausrollen, in Bahnen schneiden und ungefüllt backen. Ausgekühlt die Bahn mit Vanillepuddingcreme (auch mit Obers vermengt wie bei Creme- oder Bananenschnitten) bestreichen, mit Früchten nach Wahl belegen und mit aufgelöstem Tortengelee (oder Fondant) bestreichen (Cremen eventuell mit diversen Likören, Schnäpsen oder Fruchtsäften aromatisieren). Zum Bepinseln heiße Marillenmarmelade (mit Rum verrührt) verwenden.
- Als Füllungen eignen sich – wie bei Plunderteig – süße (Pudding, Topfen, Nuss, Mohn, Marzipan) und pikante Füllungen (Schinken, Käse, Pilz, Fleischhaschee, Gemüse).
- Für pikante Blätterteigschnitten füllen Sie Cremen bzw. Aufstriche mit Schinken, Käse, Pilzen, Fleischhaschee oder Gemüse ein. Sehr fein schmeckt auch Blätterteig in Form von Kipferln, Rollen, Tascherln, Stangerln etc., die mit einer Farce aus faschiertem Räucherlachs, einem Dotter, Pfeffer, gehackter Dille und Obers gefüllt und dann gebacken werden.
- Für dekoratives Zuckergebäck rollen Sie den Blätterteig ca. 4 mm dick aus, stechen beliebige Formen aus, bestreichen diese mit verquirltem Ei und streuen Hagelzucker darüber. Rasten lassen und backen.
- Für Marmeladetascherln schneiden Sie den Teig in Quadrate, tragen etwas Ribisel-, Powidl-, Orangen- oder Preiselbeermarmelade auf (evtl. mit etwas Saftbinder vermengt), klappen sie zu Tascherln zusammen und backen sie. Alle anderen Füllcremen wie Topfen-, Apfel-, Marzipan-, Nuss-, Mohnfülle oder Fülle mit Ahornsirup können zum Einsatz kommen.

Allgemeines zum Blätterteig

Man sollte unbedingt Butter verwenden und nicht – wie bei den meisten industriell hergestellten Produkten – Margarine. Den Unterschied schmeckt man!
Im fertig tourierten Teig befinden sich 144 Lagen feinste Teigschichten übereinander, dazwischen ist immer eine Schicht Butter. Köstlich, zart und vielblättrig, so könnte man den Blätterteig beschreiben. Voraussetzung ist natürlich frische Butter. Blätterteig passt zu Fisch, Fleisch bis hin zu Spargel. Er harmoniert durch seinen zarten, neutralen Buttergeschmack.

Blätterteig nach der Verarbeitung und vor dem Backen mindestens 15 Minuten rasten lassen, er schrumpft dann nicht so stark. Bei der Zubereitung ist auf kühle Teigführung und rasches Aufarbeiten zu achten. Blätterteig für Cremeblätter und Tortenböden soll nach dem Backen durch und durch hellbraun und knusprig sein. Die Butter sollte beim Einarbeiten nicht zu hart sein, damit sie sich gut mit dem Teig verbindet. Weiche Butter tritt meist aus, harte Butter bricht beim Touren. Blätterteiggebäck bei ca. 185–200 °C im vorgeheizten Backrohr auf Sicht backen (Dauer je nach Größe).

Ein gutes Ergebnis erzielt man, wenn man den Teig sorgfältig verarbeitet, immer gleichmäßig dick ausrollt und darauf achtet, dass man ein gleichmäßiges Rechteck formt. Mehl immer gut abkehren, damit sich die Schichten besser verbinden. Fertiger Blätterteig kann mit Klarsichtfolie verpackt im Kühlschrank einige Tage aufbewahrt werden.

Blätterteig eignet sich auch zum Einfrieren. Hierfür Portionsgebäckstücke und Strudel bereiten, ungebacken einfrieren, kurz antauen lassen und im vorgeheizten Backrohr bei ca. 190–210 °C ca. 12–45 Minuten (je nach Größe) backen. Der Teig kann ausgerollt vielseitig weiterverarbeitet werden.

Gebäckstücke vor dem Backen auf ein mit Backpapier (oder Silikonmatte) ausgelegtes Backblech legen und auf das Blech etwas Wasser spritzen (oder eine Tasse Wasser in den Ofen stellen). Das Blech muss nicht gefettet werden, da der Teig genügend Fett enthält.

Für Käsegebäck: **250 g Blätterteig • geriebener Käse • Mohn, Sesam, Kümmel oder Leinsamen zum Bestreuen**

Den fertigen, gut gekühlten Blätterteig 2-3 mm dick ausrollen. Wichtig dabei, den Teig nach allen Seiten hin auszurollen, um ein Verformen der Gebäckstücke zu vermeiden. Dann beliebig schneiden oder ausstechen. Auf ein vorbereitetes Backblech legen, mit verquirltem Ei bestreichen und dünn mit den oben beschriebenen Zutaten bestreuen. Vor dem Backen (am besten im Kühlschrank) ca. 30 Minuten rasten lassen, dann bei ca. 180 °C im vorgeheizten Backrohr ca. 9–11 Minuten goldgelb backen.

Körndlblätterteig: 250 g fertig tourierten Blätterteig auf je 30 g Sesam, Leinsamen und Sonnenblumenkernen ausrollen und nochmals rasten lassen. Nach 20 Minuten die Oberfläche des Teiges mit Wasser bestreichen, mit Käse, Salz, Pfeffer und Kümmel bestreuen und backen.

Eingefärbter Blätterteig: Unter den Vorteig ca. 10–20 g Kakao sowie eventuell 30–40 g Staubzucker mengen.
Teig ca. 2 mm dick ausrollen, in 3 Streifen schneiden, backen, mit Schokoladecreme zusammensetzen. Eventuell nach 2/3 der Backzeit mit Staubzucker bestreuen und karamellisieren.

Blätterteig mit Kräuterbutter: Die Hälfte der Buttermenge durch Kräuterbutter ersetzen, gut zusammenmengen und zu einem Ziegel formen.

Tomatenblätterteig

Für den Vorteig: **430 g Weizenmehl, glatt • 40 ml Rotwein • 80 g Tomatenmark 10 g Salz • 10 g Zucker • 1 Ei • 100 ml Wasser oder Tomatensaft**

Alle Zutaten zu einem glatten Teig mischen.

Für den Fettziegel: 500 g Butter mit 50 g Tomatenmark und 180 g glattem Weizenmehl vermischen und durchkneten und zu einer rechteckigen Platte formen. 4 doppelte Touren geben und nach jeder Tour ca. 20 Minuten rasten lassen.

Eignet sich sehr gut für die Herstellung von Knabbergebäck, Salzgebäck, Käsegebäck, kleine Kuchen und Pasteten.

Blätterteigrollen

Blätterteig ca. 2 mm dick ausrollen, in kleine Quadrate schneiden und über ein Eisenröllchen zusammenlegen. Zur besseren Befestigung mit Eistreiche zusammenkleben und backen. Auf diese Weise erzielt man eine Öffnung, die nach dem Backen beliebig mit Cremen gefüllt werden kann.

Marmeladetascherl: Blätterteig ca. 2 mm dick rechteckig ausrollen, Teigblätter auf Größe des vorbereiteten Plastikteils zuschneiden, Teigblatt auflegen, kleine Dellen leicht vordrücken, mit verquirltem Ei oder Wasser bestreichen, in die Vertiefung beliebige Marmelade (eventuell mit etwas Saftbinder eingedickt) einfüllen. Zweites Teigblatt auflegen, mit dem Rollholz andrücken, darüberrollen und die ausgestochenen Tascherl auf ein vorbereitetes Backblech setzen, mit Ei bestreichen und backen.

Die Tascherl können mit beliebiger Fülle – sowohl süß, aber auch pikant – gefüllt werden.

Ahornfüllung: **200 ml Milch • 300 ml Ahornsirup 40 g Vanillepuddingpulver • Pecanüsse (oder Walnüsse)**

Milch und Ahornsirup aufkochen und mit Puddingpulver eindicken. Überkühlen lassen. Einige Pecanüsse oder Walnüsse im Ofen trocken rösten, grob hacken und untermengen. Weiterverarbeitung wie Marmeladetascherl, siehe oben.

Füllcreme: 200 g Konditor- oder Buttercreme mit 40 g zerlassener Bitterkuvertüre vermischen, kalt stellen und füllen. Für salziges Blätterteiggebäck mit Paprikapulver, Curry oder fein geriebenem roten Rübenpulver einfärben.

Weitere Fruchtfüllungen siehe Seite 22.

Orangenfondant oder Zuckerglasur zum Bestreichen:
300 g Fondant oder angerührter Wiener Fondant (siehe Glossar) 10–20 ml Cointreau • Schuss Zitronensaft

Fondant erwärmen, abschmecken und eventuell mit Wasser verdünnen. Auf die Glasur gehobelte Mandelblättchen streuen. Geschmackliche Variante: Cointreau durch anderen Likör oder Schnaps ersetzen.

Punschglasur: Fondant mit roter Lebensmittelfarbe färben und mit Rum aromatisieren.

Dattel-Feigenkuchen

Dieses Rezept stammt von Alfons Schuhbeck aus München, www.schuhbeck.de

Zutaten: **80 g pomadige Butter (fest, aber schon leicht cremig) • 50 g Staubzucker (Puderzucker) • 1 Eigelb • 150 g Mehl • 1 Prise Salz • Mehl zum Ausrollen**

100 g Datteln, getrocknet und entkernt • 100 g Feigen, getrocknet • 4 cl Armagnac 100 g Walnüsse • 1 EL Honig • 100 g weiche Butter • 150 g Zucker • 80 g Mandeln, geschält und fein gerieben • 1 Msp. Vanillemark • 1 Msp. Nelkenpulver 1/2 TL Zimt • 6 Eidotter • 4 Eiweiß • 50 g Mehl • Staubzucker zum Bestreuen

Aus Butter, Staubzucker, Eigelb, Mehl und Salz einen Mürbteig herstellen, zu einem flachen Ziegel formen, in Klarsichtfolie wickeln und im Kühlschrank ruhen lassen. Auf einer leicht bemehlten Arbeitsfläche dünn ausrollen und eine gebutterte und bemehlte Kastenform damit auslegen. Den Backofen auf 165 °C (Ober- und Unterhitze) vorheizen.
Für die Fülle Datteln und Feigen grob schneiden und in Armagnac einweichen. Die Walnüsse grob hacken und mit dem Honig vermischen. Butter mit einem Drittel des Zuckers schaumig schlagen. Mandeln, Vanillemark, Nelkenpulver und Zimt hineinrühren, Eidotter dazugeben und alles hell-schaumig schlagen. Die Früchte mit den Walnüssen unterziehen.
Eiweiß mit dem restlichen Zucker und einer Prise Salz zu einem festen Schnee schlagen.
1/3 davon auf die Buttermasse geben, das Mehl darübersieben und alles verrühren. Das übrige Eiweiß sorgfältig unterheben.
Die Masse in die Kastenform füllen, glatt streichen und im vorgeheizten Ofen auf der unteren Einschubleiste ca. 1 Stunde backen. Falls die Oberfläche zu schnell bräunt, mit Alufolie abdecken.

Den Kuchen lauwarm aus der Form stürzen und mit Staubzucker bestauben.

Festtagsgugelhupf

Dieses Rezept stammt vom Traunseewirt, Almgasthof Windlegern

Zutaten: **200 g weiche Butter • 120 g Staubzucker • 6 Dotter • 1 KL Zimt • Salz 6 Eiweiß • 120 g Feinkristallzucker • 2 KL Backpulver • 130 g Weizenmehl, glatt 200 g Mandeln, fein gerieben • 200 g Milchschokolade, klein geschnitten**

Butter mit Staubzucker, Zimt, Salz und Dottern sehr schaumig rühren. Eiweiß aufschlagen, Zucker nach und nach beimengen und steif schlagen. Eischnee vorsichtig unter die Dottermasse rühren.
Mehl mit Backpulver vermischen, darübersieben, mit Mandeln und Schokolade unterheben.
Bei 180 °C im vorgeheizten Rohr ca. 40 Minuten backen.

Anstelle von Zimt Lebkuchengewürz untermengen oder zusätzlich mit Zitronen- oder Orangenschale aromatisieren. Diverse Nüsse bzw. Nussmischungen können ebenso verwendet werden.

Festtagstorte

Dieses Rezept stammt von unserer Mitarbeiterin Andrea Dechant

Diese Torte ist zwar etwas aufwändiger in der Zubereitung, dafür umso herrlicher!
Eine Tortenform mit 26 cm Durchmesser

Zutaten für Nussboden: **4 Dotter • 100 g Feinkristallzucker • 60 ml Wasser 60 ml Öl • 20 ml Rum oder Eierlikör • 100 g Haselnüsse, fein gemahlen und geröstet Prise Backpulver • 4 Eiweiß • 100 g Feinkristallzucker • 140 g Weizenmehl, griffig (ersatzweise glattes Mehl oder feines Dinkelmehl)**

Dotter mit Zucker schaumig rühren, nach und nach Wasser und Öl dazurühren. Eiweiß mit Zucker zu steifem Schnee schlagen und abwechselnd mit dem Mehl-Backpulver-Haselnussgemisch unter die Dottermasse einmelieren. Masse in einen vorbereiteten Tortenring füllen und bei ca. 165 °C ca. 45 Minuten backen.

Für den Schokoladeboden: **110 g weiche oder pomadige Butter • 3 Dotter 40 g Feinkristallzucker • 30 g zerlassene Schokolade • 10 g Kakao • 80 g Weizenmehl, griffig (ersatzweise glattes Mehl) • Prise Backpulver • 3 Eiweiß • 80 g Feinkristallzucker**

Butter mit Zucker schaumig rühren, nach und nach Dotter einrühren, zerlassene Schokolade unterrühren. Eiweiß und Zucker zu steifem Schnee schlagen und abwechselnd mit dem Mehl-Kakao-Backpulvergemisch in die Dottermasse untermengen. Masse in einen vorbereiteten Tortenring füllen und bei ca. 165 °C ca. 45 Minuten backen.

Für die Buttercreme: **200 g pomadige oder weiche Butter • 20 g Staubzucker 100 g Schokolade oder Kuvertüre, geschmolzen • 20 ml Rum • 125 ml Obers 1 Pkg. Vanillezucker**

Butter mit Zucker und Vanille schaumig rühren, Schokolade und Rum dazurühren und mit dem flüssigen Obers nochmals aufschlagen.
ca. 250–300 g Marmelade (Weichsel, Kirschen, Orangen, Ribisel etc.), am besten selbst gemacht

Für die Schokoladeglasur: **2,5 EL (50 ml) Milch • 2 KL Zucker • 50 g Butter 100 g Schokolade oder Kuvertüre**

Schokolade schmelzen und mit den restlichen Zutaten abrühren.

Tipp: Etwas Läuterzucker, mit Rum oder Alkohol vermischt, zum Tränken der Tortenböden. Sie bleiben so länger saftig. Hierfür die Mischung in eine kleine Spritzflasche füllen und die Böden – vor dem Auftragen der Marmelade und Creme – damit besprengen (oder mittels Pinsel auftragen).

Ausfertigung: Nussboden einmal durchschneiden. Nussboden mit Marmelade bestreichen und mit der 1/2 Crememenge (etwas Creme für die Rosetten abnehmen und in einen Spritzsack füllen) bestreichen. Boden auflegen, zuerst mit Marmelade und danach mit der restlichen Schoko-ladecreme bestreichen. 2. Nussboden auflegen, mit Marmelade bestreichen, Schokoladeglasur aufstreichen und mit Rosetten verzieren.

Falsche Marzipanschnitten

Dieses Rezept stammt von Edith von Payr

Zutaten: **250 g Butter • 250 g Feinkristallzucker • 4 Eier • 250 g Weizenmehl, glatt 30 g Kakao, fein gesiebt • 1 Pkg. (4 g) Backpulver • 250 g Sauerrahm**

Für den Belag: **250 g Butter • 200 g Staubzucker • 20 ml Rum • 2 TL (5 g) Bittermandelöl • 250 g sehr feiner Kindergrieß (Himmeltau) • Schokoladeglasur (siehe Seite 14)**

Für die Schnitten Butter mit Zucker sehr schaumig rühren, nach und nach Eier dazurühren, Sauerrahm einrühren und zuletzt Mehl mit Kakao und Backpulver einmengen. Auf ein vorbereitetes Backblech (mit Rand) streichen und bei 165 °C ca. 30 Minuten backen und schneiden.

Butter in einem Topf schmelzen, Zucker dazugeben und alle anderen Zutaten einrühren. Diese Masse auf den noch warmen Kuchen streichen und erkalten lassen. Mit Schokoladeglasur einstreichen.

Florentiner

Dieses Rezept stammt von Konditormeister Gerhart Hinterwirth, Gmunden

Zutaten: **150 ml Obers • 300 g Feinkristallzucker • 200 g Butter • 70 g Glukose 300 g grob gehackte Mandeln, -splitter oder -blätter • 70 g Aranzini, fein gehackt (oder beliebige Trockenfrüchte)**

Obers mit Zucker, Butter, Glukose in einen Kochtopf geben und unter Rühren auf 107–108 °C (Thermometer) erwärmen. Von der Kochstelle nehmen und alle anderen Zutaten unterrühren. Nochmals am Herd unter Rühren auf ca. 123–125 °C erhitzen und dabei abrösten. Die Masse sollte wachsweich sein und nach Möglichkeit sofort weiterverarbeitet werden. Hierfür entweder zwischen 2 Backmatten ausrollen (dünn und etwas kleiner als das Blech ist, da die Masse etwas auseinanderrinnt; unbedingt mit Rand, damit die Masse nicht in den Herd tropft) oder mit einem Löffel (mit Abstand) kleine Häufchen auf ein vorbereitetes Backblech setzen und im vorgeheizten Rohr bei 165 °C ca. 8–10 Minuten backen. Nach dem Backen die Platte sofort entsprechend schneiden oder die kleinen Häufchen mit einem Ring in Form bringen.

Tipp: Diese Masse kann auch in kleine, flache, geschlossene Silikon- oder Metallformen gefüllt und darin gebacken werden. Das erleichtert die Arbeit sehr. Oder auf einen leicht vorgebackenen Mürbteigboden streichen und backen. Die Unterseite zusätzlich mit Schokoladeglasur bestreichen, die Oberseite mit Schokoladeglasur verzieren oder die Ecken darin tunken. Diverse Nussmischungen bzw. getrocknete oder kandierte Früchte sind eine weitere Variante.

Geggis Harlekin

Dieses Rezept stammt von Geggi Eckmann

Zutaten: **250 g Butter • 420 g Weizenmehl, glatt • 1 Ei • 2 EL (80 g) Sauerrahm 140 g Feinkristallzucker • Prise Salz • Ribisel- und Marillenmarmelade zum Füllen**

Für die Glasur: **3–4 Dotter (oder pasteurisierte Eidotter) • 100 g Staubzucker, fein gesiebt • 30 g Mandeln, gestiftelt • 20 g Zitronat • 30 g kandierte Kirschen, klein geschnitten • 10 g Aranzini • 30 g getrocknete Weinbeeren oder Korinthen, ersatzweise Rosinen**

Alle Zutaten in eine Schüssel oder auf eine Arbeitsfläche geben und von Hand rasch zu einem Mürbteig verarbeiten. Bei Bedarf ca. 1 Stunde kühl rasten lassen.
Teig in drei Teile teilen, jeden Teil rechteckig in der Größe eines Backblechs ausrollen, auf ein vorbereitetes Backblech legen und jedes Blatt bei ca. 165 °C ca. 12–15 Minuten hellbraun backen. (Falls notwendig, das Backblech umdrehen und auf der ebenen Fläche backen.)
Noch heiß ein Blatt mit Ribiselmarmelade bestreichen, 2. Blatt auflegen, dieses mit Marillenmarmelade bestreichen und danach das 3. Blatt auflegen.

Für die Glasur Dotter mit Zucker gut verrühren und die restlichen Zutaten unterrühren. Nun die Glasur auf das 3. Teigblatt mithilfe einer Tortenschaufel (oder Palette) aufstreichen und bei ca. 130–140 °C ca. 8–10 Minuten backen. Herausnehmen, in Schnitten schneiden und die Glasur weitere 9–10 Minuten bei 60–70 °C im Ofen trocknen lassen. Die Glasur soll trocken sein und nicht mehr kleben.

Nach dem ersten Backen ist die Glasur zwar schon etwas angetrocknet, lässt sich aber noch leicht schneiden, ohne dass die Glasur brüchig wird. Außerdem trocknet sie auf diese Weise in der Mitte gleichmäßiger.

Variationsmöglichkeiten

- Andere klein geschnittene Früchte unter die Glasur mengen (Mangos, Papayas, säuerliche Äpfel, Pamelos, Apfelchips, Zwetschken, Marillen, Kiwis, Erdbeeren, Weichseln, Feigen, Datteln, Ananas etc.). Gesamt sollte es eine Menge von ca. 120–140 g ergeben.
- Anstelle von Mandeln mit diversen anderen grob gehackten Nüssen variieren. Den Teig eventuell mit Zimt, Nelken oder Piment geschmacklich verfeinern.

Germkipferl

Dieses Rezept stammt von Gerlinde Fischer aus Altmünster

Zutaten: **400 g Mehl • 250 g Butter • Prise Salz 1 Pkg. Trockenhefe • 3 Eidotter • Schnee von 3 Eiklar 125 g Staubzucker • 125 g Kristallzucker**

Zum Bestreuen: **geriebene Nüsse nach Belieben**

Mehl und Butter abbröseln, mit den restlichen Zutaten zu einem Teig verarbeiten. Eiklar mit Kristall- und Staubzucker aufschlagen. Teig in 4 Teile teilen und jeweils zu einem Rechteck ausrollen. Schneemasse auf alle Teile gleichmäßig verteilen, mit geriebenen Nüssen bestreuen und zu einer Längsrolle formen. Von der Rolle mit einem runden Ausstecher Halbmonde ausstechen, es entsteht so eine Kipferlform, auf ein vorbereitetes Backblech legen und bei 180 °C ca. 15–20 Minuten backen.

Helldunkle Kokosschnitten

Dieses Rezept stammt von Edith von Payr

Zutaten: **250 g Weizenmehl, glatt • 160 g kühle Butter • 100 g Feinkristallzucker • 2 Dotter • Prise Backpulver • Prise Salz • evtl. etwas Vanillezucker oder Zitronenschale • Erdbeermarmelade (oder Ribisel, Preiselbeer, Himbeer, Hagebutte etc.) zum Bestreichen**

Für Kokosmasse 1: **3 Eiweiß • 120 g Feinkristallzucker • 20 ml Zitronensaft 150 g Kokosflocken**

Für Kokosmasse 2: **3 Eiweiß • 120 g Feinkristallzucker • 20 ml Zitronensaft 150 g Kokosflocken • 2 EL Kakaopulver, fein gesiebt (zum Färben)**

Alle Zutaten zu einem Mürbteig verarbeiten. Den Teig zu einem Rechteck (in der Größe des Bleches) ausrollen und auf ein vorbereitetes Backblech geben. Im vorgeheizten Backrohr bei ca. 165 °C ca. 11 Minuten vorbacken.

In der Zwischenzeit für Kokosmasse I Eiweiß mit Zucker und Zitronensaft in einer Schüssel mit dem Schneebesen sehr schaumig aufschlagen, Kokosflocken einmengen. Kokosmasse II ebenso bereiten, nur Kokosflocken (mit Kakao vermischt) untermengen bzw. einfärben.

Masse I in einen Spritzsack mit glatter Tülle (Nr. 11) füllen. Den vorgebackenen Mürbteigboden mit Marmelade bestreichen und die helle Masse in Streifen mit einem Zwischenraum aufspritzen. Danach die gefärbte Masse in den Spritzsack füllen und in die Zwischenräume spritzen. Im vorgeheizten Backrohr bei ca. 165 °C ca. 20 Minuten fertig backen und schneiden.

Schmecken vorzüglich!

Tipp: Die Kokosflocken zusätzlich in einer Küchenmaschine fein mahlen.

Glühweinkuchen

Dieses Rezept stammt von Christine Würflinger

Zutaten: **150 g weiche Butter • 150 g Feinkristallzucker • 20 g (1 Pkg.) Vanillezucker 3 Eier • 1 Dotter • 2 g (1 gestr. TL) Zimt • 2 g Kakao • 80 g Schokolade, fein gerieben 60 ml Glühwein rot oder weiß • 1/2 Packung Backpulver • 180 g Weizenmehl, glatt**

Butter, Zucker und Vanillezucker in eine Schüssel geben und mit dem Schneebesen (Küchenmaschine oder Mixer) sehr schaumig rühren. Nach und nach Eier und Dotter dazurühren, Zimt, Kakao, Schokolade und Glühwein zum Teig hinzufügen. Zuletzt Mehl (mit Backpulver versiebt) darunterrühren. In eine vorbereitete Kastenform oder Gugelhupfform füllen, glatt streichen und im vorgeheizten Backrohr bei 165 °C ca. 50–60 Minuten backen. Nach ca. 10 Minuten Backzeit den Teig in der Mitte längs einschneiden, damit er gleichmäßig aufspringt.

Anstelle von Glühwein kann auch Glühmost, Rot- oder Weißwein genommen werden.
Wenn Glühwein mit hausgemachten Gewürzmischungen zubereitet wird, Zimt weglassen.

Herrlicher Früchtekuchen

Dieses Rezept stammt von Michaela Pesendorfer, Früchteparadies; www.gmpesendorfer.at

Zutaten: 220 g weiche Butter
220 g Feinkristallzucker • 4 Eier
250 g Weizenmehl, glatt • 5 g Trockenhefe
130 g kandierte Früchte, fein gehackt
120 g Rosinen oder Korinthen
70 g Orangeat, fein gehackt • 30 g Rum (80 %) • Schale von je 1/2 unbehandelten Zitrone und Orange • Prise Salz

Die Butter in einem Rührkessel mit dem Zucker cremig schlagen. Eier nach und nach zugeben, damit eine glatte Crememasse entsteht. Dann das Mehl mit der Hefe unterrühren, zuletzt mit dem Kochlöffel (oder einer Spachtel) alle Früchte und Aromen untermengen. Den Teig in eine vorbereitete Kuchenform aus Silikon (oder Metall) füllen und bei 165 °C im vorgeheizten Backrohr ca. 55 Minuten backen.
Um zu vermeiden, dass der Kuchen zu dunkel bäckt, kann man, wenn die gewünschte Bräunung erreicht ist, ein feuchtes Papier darauflegen. Nach dem Backen den Kuchen mit heißer Marillenmarmelade aprikotieren und eventuell mit kandierten Früchten garnieren. Vor dem Aprikotieren etwas Rum auf den warmen Kuchen träufeln bzw. mit Fondantglasur überziehen.

Hofrattorte

Dieses Rezept stammt von Ute Veit aus Schönberg

1 Tortenform (24 oder 26 cm Durchmesser)

Zutaten: **210 g weiche Butter • 100 g Feinkristallzucker • 5 Dotter • 5 Eiweiß 110 g Feinkristallzucker • 70 g Weizenmehl, glatt • 280 g ungeschälte Mandeln, fein gemahlen • Ribiselmarmelade zum Füllen • Rum zum Beträufeln evtl. Zucker- oder Fondantglasur zum Eindecken**

Butter mit Zucker sehr schaumig rühren, nach und nach Dotter einmengen. Eiweiß mit Zucker zu steifem Schnee schlagen und abwechselnd mit Mehl und Mandeln unter den Abtrieb mengen. In eine vorbereitete Tortenform füllen, glatt streichen und im vorgeheizten Backrohr bei ca. 165 °C ca. 50–60 Minuten backen.
Ausgekühlt zweimal durchschneiden, jedes Teigblatt gut mit Rum beträufeln, mit Marmelade bestreichen und zusammensetzen. Deckblatt nochmals mit Marmelade bestreichen und mit Glasur eindecken.

Variationsmöglichkeiten

- Eventuell mit Schokoladeglasur verzieren. Für Kinder mit Fruchtsaft beträufeln.
- Sehr gut passt eine hausgemachte Ribiselmarmelade (ohne Kerne). Hierfür 1300 g Ribisel kurz aufkochen, durch ein Sieb streichen und den verbliebenen Saft mit 1 Packung Gelierzucker (3:1) mischen, aufkochen, ca. 4 Minuten sprudelnd kochen lassen, Gelierprobe machen. Restliche Marmelade in vorbereitete Gläser füllen. Mit Alkohol beträufeln, anzünden und verschließen.
- Man kann auch gelbe, rote und schwarze Ribisel mischen und zubereiten.

Magenbrot

Dieses Rezept stammt von Edith von Payr

Zutaten: **450 g Feinkristallzucker • 2 Eier • 1 Pkg. Backpulver • 500 g Weizenmehl, glatt • 1/2 TL Zimt, gemahlen • 1/2 TL Nelken, gemahlen • 1 TL Kakao**

Für die Glasur: **500 g Zucker • 250 ml Kaffee • 1 EL Kakao**

Eier mit Zucker und Gewürzen sowie Kakao gut verrühren, zuletzt Mehl und Backpulver dazugeben. Mit einer Tortenschaufel oder Winkelpalette auf ein vorbereitetes Backblech streichen und bei 160 °C ca. 15 Minuten backen. Noch heiß in beliebige Formen schneiden und in die Glasur tauchen (schmecken allerdings auch ohne Glasur).

Für die Glasur Kaffee, Zucker und Kakao aufkochen. Man könnte auch mit Lebkuchengewürz aromatisieren. Die Masse kann auch zu Rollen geformt, gebacken und geschnitten werden.

Kokoswürfel (Raunigl)

Dieses Rezept stammt von Gerlinde Fischer aus Altmünster

Zutaten: **120 g Butter • 250 g Staubzucker • 3 Eidotter • 300 g Mehl 50 g Kakaopulver, gesiebt • 1/4 l Milch • 3 Eiklar (für Schnee) 100 g Feinkristallzucker**

Butter und Staubzucker schaumig rühren, nach und nach Eidotter dazugeben. Anschließend das mit Kakaopulver vermengte Mehl mit Milch abwechselnd unterrühren. Eiklar mit Feinkristallzucker zu Schnee ausschlagen und unterheben.

Masse auf ein mit Backpapier ausgelegtes Blech streichen und bei 180 °C (Ober- und Unterhitze) 25 Minuten backen. Erkaltet in Würfel schneiden, tunken und in Kokosflocken wälzen.

Für Tunkmasse: **125 g Butter 125 g Ceres • 250 g Staubzucker 100 g Kochschokolade • 4 EL (40 ml) Milch • 125 ml Rum (38 %)**

Alle Zutaten im Wasserbad erwärmen.

Variationsmöglichkeiten:
Anstelle von Kokosflocken in geriebenen Nüssen wälzen. Butter kann auch gänzlich durch Ceres ersetzt werden.

Moskowiter – (mit Nüssen gefülltes Röllchen)

Dieses Rezept stammt von Olga und Wladimir Kaminer (Bestsellerautor) aus Berlin, www.russendisko.de

Zutaten für Teig: **380 g Mehl • 130 g Margarine oder Butter • 120 g Joghurt oder Kefir • Prise Backpulver • Prise Salz • 50 g Vanillezucker**

Für die Füllung: **130 g Mehl • 140 g Walnüsse (oder andere Nüsse), grob gehackt 150 g Zucker • 100 g Butter • evtl. zerlassene Butter zum Bestreichen**

Alle Zutaten für den Teig mischen, verkneten und 30 Minuten im Kühlschrank rasten lassen. Für die Füllung Mehl in einer beschichteten Pfanne unter ständigem Rühren goldbraun anrösten, abkühlen lassen. Walnüsse zerkleinern und mit Zucker und Butter vermengen. Alles zusammen mit Mehl zu einer Paste mischen.

Teig sehr dünn (2–4 mm) zu einem Rechteck ausrollen (ca. 60 x 35 cm), eventuell mit zerlassener Butter einstreichen. Nun die Füllung 5 mm dick auftragen. Teig mit der Füllung zu einer „Wurst" einrollen, fest zusammendrücken, eventuell kühl stellen und danach in etwa 1 cm große Scheiben schneiden. Auf ein vorbereitetes Backblech legen und im vorgeheizten Backrohr bei 165 °C ca. 12–15 Minuten (je nach Größe) backen.

Zusätzlich kann man die Nussmischung noch mit Zimt, Lebkuchengewürz oder Nelken (gemahlen) verfeinern, eventuell mit Schokolade verzieren.

Mandelschnitten

Dieses Rezept stammt von Edith von Payr

Zutaten: **130 g kühle Butter • 250 g Weizenmehl, glatt • 1 gestr. TL Backpulver 80 g Staubzucker • 20 g Vanillezucker • 1 Ei**

Für die Fülle: **130 g Mandeln, geschält und fein gemahlen • 150 g Staubzucker 1 Orangenschale, fein gerieben • 100–130 ml Orangensaft, frisch gepresst**

Für die Glasur: **300–350 g Staubzucker, fein gesiebt • 40–60 ml Orangensaft, je nach gewünschter Konsistenz**

Alle Zutaten zu einem Mürbteig verarbeiten und kurz kneten. Teig in 2 Teile teilen und auf einer leicht bemehlten Arbeitsfläche ca. 3–4 mm dick ausrollen. Ein Teigblatt auf ein vorbereitetes Backblech legen und mit Fülle (alle Zutaten vermengen) bestreichen, 2. Teigblatt auflegen. Mit einer Gabel einstechen, damit die Oberfläche glatt wird und sich keine Blasen bilden (und der Dampf somit entweichen kann). Im vorgeheizten Backrohr bei ca. 150 °C ca. 25–30 Minuten backen. Etwas überkühlt vorsichtig stürzen, mit Orangenglasur bestreichen und in Schnitten schneiden.

Nussecken

Dieses Rezept stammt von Edith von Payr

Zutaten: **300 g Weizenmehl, glatt • 200 g kalte Butter • 100 g Staubzucker, fein gesiebt • Prise Salz**

Für die Fülle: **250 ml Milch • 150 g Feinkristallzucker • 150 g Haselnüsse, gerieben • 70 g Semmelbrösel, Keks- oder Biskottenbrösel • 20 g Vanillezucker 50 ml Rum • ca. 400 g Ribisel- oder Preiselbeermarmelade • evtl. Schokolade-, Zitronen- oder Punschglasur zum Tunken oder Verzieren**

Alle Zutaten zu einem Mürbteig zusammenfügen und kurz kneten. Eventuell kühl stellen und in Blechgröße ausrollen. Für die Fülle alle Zutaten in einem Topf aufkochen. Teig mit Marmelade bestreichen und überkühlte Nussmasse gleichmäßig hoch aufstreichen. Im vorgeheizten Backrohr bei ca. 165 °C ca. 30–40 Minuten unter Aufsicht backen.
Noch lauwarm in Schnitten, Rhomben oder Ecken schneiden. Eventuell in Glasur tunken oder verzieren.

Variante: 130 g Butter und 130 g Zucker aufkochen, 1 Pkg. Vanillezucker und 250 g gehobelte Mandeln oder Nüsse dazumengen, überkühlt wie oben verarbeiten.

Nussbeugerl

Dieses Rezept stammt von Werner Wiesenberger aus Gmunden

Für ca. 30 Stück

Zutaten: **300 g Weizenmehl, glatt • 120 g kalte Butter • 1/2 Packerl Trockenhefe • 10 g Feinkristallzucker Prise Salz • ca. 60 ml Milch etwas frisch geriebene Zitronenschale oder Zitronenschalenpulver • 1 Ei und 1 Dotter verquirlt zum Bestreichen, eventuell mit etwas Zucker vermischt**

Für die Fülle: **70 g Feinkristallzucker • 100 ml Milch • 10 g Honig 90 g Haselnüsse, fein gemahlen und geröstet • 90 g Biskuit-, Kuchen-, Kekse- oder Biskottenbrösel, fein gemahlen 20–30 g Orangeat, fein gehackt oder faschiert etwas Zimt • Zitronenaroma oder frisch geriebene Zitronenschale**

Die vorbereiteten und abgewogenen Zutaten am besten für eine 1/2 Stunde in den Kühlschrank stellen. Danach alle Zutaten in einer Küchenmaschine mit Knethaken oder mit den Händen rasch zu einem glatten Teig zusammenfügen und kurz kneten. Teig in Folie wickeln (oder abdecken) und im Kühlschrank ca. 1/2 Stunde rasten lassen. Teig abwiegen und 30 gleich schwere Stücke abstechen, rund formen, etwas rasten lassen und die Teigstücke mit dem Rollholz oval ausrollen.

Für die Fülle Milch mit Zucker und Honig aufkochen, alle anderen Zutaten einmengen und abschmecken.

Die Fülle mit einem Dressiersack oder Löffel auftragen (je nach Festigkeit), Teig rund einrollen und mit dem Schluss nach unten auf ein vorbereitetes Backblech setzen. Gut mit Eistreiche bestreichen, antrocknen lassen und nochmals bestreichen. Ca. 30 Minuten gehen lassen und bei 165 °C ca. 15 Minuten backen.

Tipp: Mengen Sie unter diese Fülle auch einmal etwas Marzipan, Maronenpüree, Ribiselmarmelade oder einige Kuvertürelinsen. Oder je zur Hälfte Mohn und Nüsse mischen.

Variationsmöglichkeiten

- Für ein besonderes Muster einfach mit den Fingern die Eistreiche auf den Beugerln verteilen. Dieser Teig eignet sich auch zum Umhüllen und Einpacken von Früchtebrot. Unter den Teig kann man auch noch Orangenschalenpulver, Lebkuchengewürz, Zimt, Nelken bzw. diverse Gewürzmischungen mengen.
- Probieren Sie dieses Teigrezept auch einmal mit einer pikanten Fülle.
- Die Kipferl können auch ungebacken eingefroren werden.

1

2

3

4

5

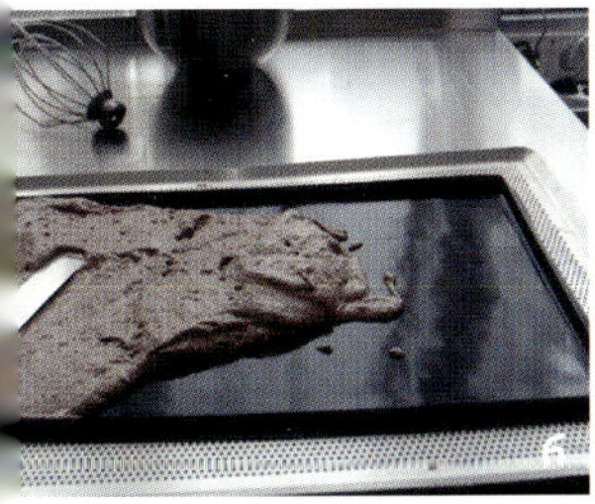
6

7

Nice Choco Slice

Dieses Rezept stammt von Gerd Fessler; www.fessler.at

Zutaten: **80 g Walnüsse • 80 g Mandeln • 100 g Staubzucker • 60 g Kakao (Valrhona, im Fachhandel erhältlich) • 8 Eiweiß • Prise Salz • 50 g Zucker**

Walnüsse, Mandeln, Zucker und Kakao trocken vermischen. Eiweiß mit Salz und Zucker zu Schnee schlagen. Die Nüsse vorsichtig unter den Schnee heben, aber nicht zu lange, damit der Schnee nicht zusammenfällt. Die Masse sofort wie bei einer Biskuitroulade aufstreichen, am besten in eine Flexipat-Matte (eine Backmatte mit Rand). Anschließend im vorgeheizten Backrohr bei ca. 180 °C ca. 15–20 Minuten backen.

Für die Creme: **150 g Obers • 300 g Kuvertüre (am besten mit 70 % Kakao) • 5 g Cointreau**

Obers aufkochen, von der Kochstelle nehmen, Kuvertüre und Cointreau dazugeben und fest mit dem Schneebesen rühren, bis die Masse kühl und glatt ist. Das ausgekühlte Rouladenblatt in 3 gleiche Teile schneiden und mittels Pinsel mit Zuckerwasser (Läuterzucker) – das mit Karibik-Rum aromatisiert wurde – bestreichen (damit der Kuchen zusätzlich Geschmack und Feuchtigkeit bekommt).
Jedes Blatt nun mit Schokocreme bestreichen und übereinandersetzen. Mit Creme abschließen und für ca. 1 Stunde in den Kühlschrank stellen. Danach in wunschgerechte Stücke schneiden und ausdekorieren. Viel Spaß beim Backen!

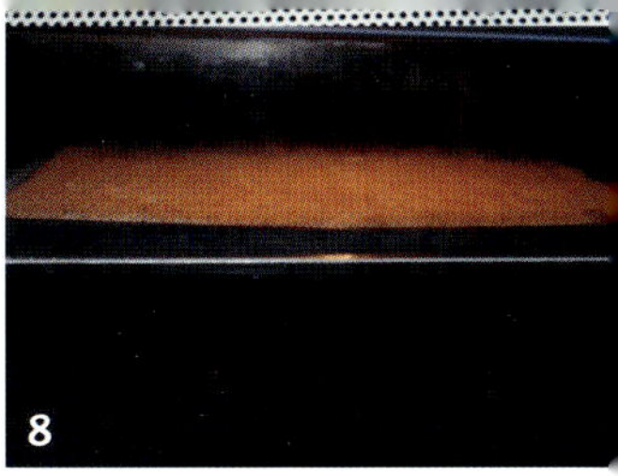
8

9

10

11

12

13

14

Nuss-Dotter-Schnitten

Dieses Rezept stammt von Leni Walchetseder

Zutaten: **3 Eiweiß • 200 g weiche Butter**
130 g Staubzucker • 20 g Vanillezucker • 60 g Wal- oder Haselnüsse, fein gemahlen (oder eine andere Nussmischung, siehe Glossar Seite 236) • 60 g Weizenmehl, glatt Prise Salz • Prise Backpulver

Für die Glasur: **3 Dotter (vorzugsweise pasteurisierte) • 140 g Staubzucker, fein gesiebt • Schokoladeglasur zum Tunken oder Verzieren**

Butter mit Zucker schaumig rühren, nach und nach Eiweiß dazurühren und zuletzt Mehl, Nüsse, Salz und Backpulver untermengen. Diese Masse auf ein mit Backpapier ausgelegtes Backblech ca. 1 cm dick aufstreichen. Man kann auch eine Silikonmatte verwenden, jedoch darauf achten, dass man beim Schneiden eine größere Teigkarte unterlegt, damit die Matte nicht eingeschnitten wird. Im vorgeheizten Backrohr bei 165 °C ca. 13–15 Minuten goldbraun backen.

In der Zwischenzeit Dotter mit Zucker sehr schaumig rühren und sofort mit einer Winkelpalette (oder Tortenschaufel) auf die noch heißen Schnitten auftragen. Nur so lange antrocknen lassen, dass man sie mit einem Messer in Schnitten teilen kann, ohne dass die Glasur zerspringt. In beliebige Größen und Formen schneiden, einige Stunden (oder über Nacht) trocknen lassen. Eventuell zur Hälfte in Schokolade tunken oder damit verzieren.

Die Nussmasse könnte man noch mit Zimt oder Lebkuchengewürz aromatisieren. Die Nüsse sollte man, wie bei allen anderen Nussrezepten, vor der Verarbeitung rösten.

Nussstrudel für Eilige

Dieses Rezept stammt von Christine Bergthaler, Gasthof Engelhof, Gmunden

Zutaten: **300 g Mehl, glatt • 150 g Staubzucker • 150 g Topfen • 5 EL Öl 1 Pkg. Backpulver • Prise Salz • Milch nach Bedarf**

Für die Fülle: **240 g Nüsse, gerieben • 1/8 l Milch • etwas Rum • Vanillezucker 70 g Kristallzucker**

Alle Zutaten zu einem Teig zusammenwirken und gleich weiterverarbeiten.

Für die Fülle alle Zutaten aufkochen und auskühlen lassen. Die Fülle auf den ausgerollten Teig aufstreichen, einrollen, mit Ei bestreichen und mit einer Gabel mehrmals einstechen (damit er nicht reißt). Im vorgeheizten Backrohr bei 180 °C 30 Minuten backen.

Man kann den Strudel auch mit Mohn oder nur mit Marmelade füllen.

Orangenkuchen

Dieses Rezept stammt von Margit Haidinger aus Laakirchen

Zutaten: **180 g weiche Butter • 160 g Feinkristallzucker • 20 g Traubenzucker (erhältlich im Reformhaus oder im gut sortierten Lebensmittelhandel) • 4 Eier Schale von 1 unbehandelten Orange, ersatzweise Orangenschalenpulver 150 g Orangeat, fein gehackt • 250 g Weizenmehl, glatt • Prise Steinsalz** **(siehe Legende Seite 236)**

Butter mit Zucker, Traubenzucker, Salz und Orangenschale sehr schaumig rühren, nach und nach die Eier einzeln unterrühren und wieder schaumig verrühren, bis die Buttermasse die Eier gut aufgenommen hat. Zuletzt Orangeat und Mehl untermengen und in vorbereitete Formen füllen.
Entweder in eine große Kuchen- oder Gugelhupfform oder in kleine Portionskuchenformen geben.
Im vorgeheizten Backrohr bei ca. 165 °C ca. 25–40 Minuten (je nach Größe der Form) backen.
Ein herrlicher Kuchen für Orangenliebhaber!

Variationsmöglichkeiten

- Kann auch ohne Traubenzucker bereitet werden, ich nehme dann Vanillezucker.
- Orangeat am Vortag in Läuterzucker und Orangenlikör einlegen. Danach gut abtropfen lassen, mit einer Serviette etwas abtupfen und untermengen.
- Mit anderen kandierten oder getrockneten Früchten zubereiten wie Birne, Heidelbeere, Honigmelone, Kirsche, Sauerkirsche, Kiwi, Kumquat, Nektarine, Maulbeere, Papaya, Pfirsich, Pomelo, Sternfrucht, Physalis, Sultanine, Cranberry, Berberitze, Erdbeere oder einer Mischung daraus. Dann allerdings mit entsprechenden Aromen abstimmen (z. B. gut abgetropfte, klein geschnittene Amarenakirschen mit Bittermandelöl).

Ölkuchen mit Kakao

Zutaten: **5 Dotter • 100 g Feinkristallzucker • Prise Zimt, Salz, Lebkuchengewürz oder spezielle Gewürzmischung • etwas unbehandelte Zitronen- oder Orangenschale, fein gerieben • 250 g Sauerrahm • 125 ml Öl • 150 g Mandeln oder Haselnüsse, fein gerieben • 20 g Kakaopulver, fein gesiebt • 5 Eiweiß • 100 g Feinkristallzucker 150 g Weizenmehl, griffig • 1/2 Pkg. Backpulver • evtl. Ribisel- oder Marillenmarmelade (mit Rum verrührt) zum Bestreichen • Schokoladeglasur zum Überziehen**

Dotter mit Zucker, Salz und Gewürzen sehr schaumig rühren, dann Sauerrahm, Öl, Mandeln und Kakao dazurühren. Eiweiß mit Zucker zu schmierigem Schnee aufschlagen und unter die Dottermischung heben. Zuletzt das Mehl, vermischt mit Backpulver, vorsichtig untermengen. Den Teig in eine vorbereitete Back- oder Kuchenform (geölt und bemehlt) oder in kleine Silikonformen füllen und bei 165 °C ca. 20–30 Minuten backen (je nach Größe der Form). Aus der Form stürzen und mit Marmelade bepinseln. Noch besser gelingt es, wenn man die Marmelade mit Rum aufkocht und noch warm aufträgt.

Für die Schokoladeglasur: **80 g Schokolade oder Kuvertüre 240 g Feinkristallzucker • 60 ml Wasser • 25 g Speisestärke**

Alle Zutaten in einem Topf mit dem Schneebesen verrühren und unter Rühren bis auf 104 °C aufkochen. Danach in ein kaltes Wasserbad stellen und lauwarm rühren. Den Kuchen auf einen Gitterrost stellen und mit der Glasur überziehen.

Sollte Glasur übrig bleiben, diese erwärmen, eventuell mit Milch oder Obers (mit Rum abgeschmeckt) verdünnen und für Eisbecher oder Desserts weiterverwenden.

Schokoladenussblumen

Zutaten: **180 g weiche Butter • 180 g Feinkristallzucker • 4 Eier • 100 ml Milch 280 g Weizenmehl, glatt • 10 g Backpulver • 20 g Vanillezucker • 100 g Haselnüsse, grob gehackt und geröstet • 100 g fein gehackte Kuvertüre oder Schokolade (oder kleine Kuvertüretropfen) • evtl. 5 g Lebkuchengewürz**

Butter und Zucker in einer Rührschüssel mit dem Schneebesen oder Handmixer schaumig rühren, nach und nach Eier dazugeben und weiterrühren. Zuletzt das mit Backpulver versiebte Mehl, Nüsse und Kuvertüre unterheben. In kleine vorbereitete (mit Butter oder Öl ausgestrichene und mit grob gehackten Haselnüssen ausgestreute) Formen (aus Silikon oder Metall) füllen und bei 165 °C ca. 25 Minuten backen.

Menge ergibt ca. 13 Stück.

Die Masse in einer großen Gugelhupfform (oder Tortenform) backen. Dann allerdings ca. 45 Minuten Backzeit einberechnen.

Ausgekühlt eventuell in Schokoladeglasur tauchen oder damit überziehen. Man kann zusätzlich mit Zimt, Nelken oder Orangenschale würzen.

Rehrücken

Für eine Wannenform (ca. 32 x 11 x 9 cm)

Zutaten: **140 g weiche Butter • 8 Dotter • 8 Eiweiß • 140 g Feinkristallzucker 120 g erweichte Schokolade oder Kuvertüre • 160 g Mandeln oder Haselnüsse, fein gemahlen • 80 g Keks-, Kuchen- oder Biskuitbrösel • ca. 100 g Marillen- oder Ribiselmarmelade zum Bestreichen • 40 g Mandelstifte zum Garnieren**

Butter mit 70 g Feinkristallzucker schaumig rühren, erweichte (aber nicht zu warme) Schokolade dazurühren und nach und nach die Dotter einrühren, flaumig aufschlagen.
Eiweiß mit restlichem Zucker zu steifem Schnee schlagen und zusammen mit den Mandeln und Bröseln vorsichtig unter den Abtrieb rühren.
In eine mit Butter ausgestrichene, mit Mehl oder Brösel gestaubte Rehrückenform (oder in kleine Silikonformen) füllen und im vorgeheizten Backrohr bei ca. 165 °C ca. 45–50 Minuten backen.
Etwas überkühlt mit Marmelade einstreichen, mit Schokoladeglasur (siehe Festtagstorte Seite 46) überziehen und mit Mandelsplittern spicken bzw. garnieren.

Eventuell noch zusätzlich Vanillezucker, Zimt, Lebkuchengewürz,
Ingwer oder Orangenschale untermengen.

Sandkuchen

Das ist eines meiner Lieblingsrezepte, kann individuell abgeändert und geschmacklich variiert werden.

Zutaten: **4 Eier • 190 g Feinkristallzucker • Prise Salz • fein geriebene, unbehandelte Zitronenschale (oder Zitronenschalenpulver) • 10 g Vanillezucker 190 g Weizenmehl, glatt • 140 g heiße Butter • evtl. Prise Backpulver evtl. Marillen- oder Ribiselmarmelade zum Bestreichen • Fondant- oder Schokoladeglasur • Belegkirschen (oder andere kandierte Früchte) zum Verzieren**

Eier, Zucker, Salz, Zitrone und Vanille in einer Schüssel zuerst warm und dann kalt schlagen. Mehl und heiße Butter untermengen und in eine mit Butter (oder Öl) gefettete, mit Mehl oder Bröseln gestäubte Kuchen-, Wandl- oder Gugelhupfform füllen (oder in kleine bzw. große Silikonformen). Im vorgeheizten Backrohr bei ca. 165 °C ca. 45 Minuten (je nach Größe) backen. Noch warm aus der Form stürzen und mit Marmelade einstreichen, eventuell dünn mit Fondant oder Schokoladeglasur glasieren und mit diversen Früchten verzieren.

Nach ca. 10 Minuten Backzeit die Kruste mit einem gefetteten Messer der Länge nach einschneiden.

Variationsmöglichkeiten: Die Masse teilen und in die eine Hälfte 60 g grob gehackte Nüsse (nach Wahl und Vorrat) einmengen. In die andere Hälfte 60 g fein geschnittene (oder in einer Küchenmaschine zerkleinerte, kandierte oder getrocknete Früchte) untermengen.

Weitere Varianten

- 60 g Rosinen (in Rum eingeweicht, gut abgetropft)
- 20 g Kakao und 20 ml Rum
- 60 g grob gehackte Orangenkuvertürelinsen und etwas Orangenschale
- andere Kuvertürelinsen wie Kaffee, Karamell, Erdbeer, Limette etc.
- 60 g grob gehackte, getrocknete Ananasstücke

Die Kuchenform zusätzlich mit Mandelblättchen ausstreuen.

Teekuchen

Zutaten: 250 g Butter • 220 g Feinkristallzucker • 1 Pkg. Vanillezucker Zitronensaft von 1/2 Zitrone • 5 Eier • 500 g Mehl • ca. 1/4 l Milch 50 g Rosinen • 50 g Mandeln, grob gehackt • 50 g Schokolade, grob gehackt 50 g Kokosflocken • 100 g kandierte Früchte, zerkleinert • Marillenmarmelade 50 g Kokosflocken zum Bestreuen

Butter, Zucker, Vanillezucker und Zitronensaft schaumig rühren, nach und nach Eier dazugeben. Das Mehl abwechselnd mit Milch unterrühren; so viel Milch zugeben, dass der Teig schwer reißend vom Löffel fällt. Zum Schluss Rosinen, Mandeln, Schokolade, Kokosflocken und kandierte Früchte unterheben.

Den Teig in eine gut gefettete und bemehlte Kastenform füllen, den Rost auf die unterste Schiene des Rohres schieben und bei ca. 170 °C 60–70 Minuten backen. Ausgekühlt mit heißer Marillenmarmelade bestreichen und mit Kokosflocken bestreuen.

Erst nach einigen Tagen Ruhezeit entwickelt dieser Teekuchen sein ganzes Aroma.
Evtl. eine Prise Backpulver untermengen.

Die Rezeptur ist für eine eher große Menge bemessen.

Tante Wettys Schokoladekuchen

Dieses Rezept stammt von Renate Schober, Galerie Schloss Weyer, Gmunden

Zutaten: 3 Eier • 250 g brauner Zucker • 125 ml Öl • 250 g Benco (Instant-Kakao) 250 g Walnüsse, fein gerieben • 250 g Weizenmehl, glatt • 1 Pkg. Backpulver 250 g Sauerrahm • evtl. 1 Becher Schokoladeglasur (oder selbst hergestellt)

Eier mit Zucker und Öl schaumig rühren, alle anderen Zutaten einmengen und in eine hohe eckige Pfanne (mit Backpapier ausgelegt oder gefettet und gestaubt) oder auf ein Blech gießen. Bei ca. 165–170 °C ca. 50–60 Minuten backen.

Eventuell nach dem Erkalten mit Glasur vervollständigen. Unter die Masse zusätzlich noch große Rosinen (in Rum eingelegt) mengen.

Schokoladeschnitten

Zutaten: **100 g weiche Butter**
250 g Feinkristallzucker • 20 g Vanillezucker oder etwas Vanillearoma
50 g Kakao • Prise Salz (am besten Steinsalz aus der Salzkammer)
Prise Zimt oder Gewürzmischung
4 Eier • 300 g Haselnüsse, geröstet und fein gemahlen 100 g Weizenmehl, glatt
130 g Ribiselmarmelade (ersatzweise Marillenmarmelade)

Für die Schokoladeglasur: **100 g Schokolade oder Kuvertüre • 50 g Butter**
2 KL Staubzucker, fein gesiebt • 2,5 EL Milch

Butter mit Zucker, Kakao und Geschmackszutaten sehr schaumig rühren, nach und nach die Eier einzeln einrühren und wieder schaumig schlagen. Mehl und Nüsse vermischen und unter die Fettmasse geben. Masse rechteckig (ca. 30 x 40 cm) auf ein vorbereitetes Backblech (oder Blechkuchengeschirr) aufstreichen und bei ca. 165 °C ca. 15–17 Minuten backen, nicht zu trocken ausbacken.
Aus der Form nehmen (oder vom Papier abziehen), Schnitten halbieren, eine Hälfte mit Marmelade bestreichen, zweite Hälfte auflegen und eventuell mit einem Brett bis zum nächsten Morgen beschweren.
Auf der Oberfläche die Schokoladeglasur auftragen und noch flüssig mit einer Kammteigkarte ein Muster ziehen. In kleine Schnitten schneiden und eventuell mit gehackten Pistazien, Pignoli oder Mandelsplittern verzieren.

Zwetschkenstrudel

Dieses Rezept stammt von Edith von Payr

Zutaten: **120 g Weizenmehl, glatt • 60 g kühle Butter • 40 g Feinkristallzucker 1 Dotter • Prise Salz**

Für die Fülle: **150 g Powidl • 50 g Haselnüsse, fein gemahlen und geröstet 50 g Rosinen (in Rum eingelegt) • 30 g Feinkristallzucker • etwas Zitronenschale (ersatzweise Zitronenschalenpulver) • 10 ml Rum • evtl. ca. 200 g Schokoladeglasur oder temperierte Kuvertüre zum Glasieren • evtl. verquirltes Ei zum Bestreichen**

Mürbteig bereiten und auf einer leicht bemehlten Arbeitsfläche 3 mm dick ausrollen.
Für die Fülle alle Zutaten vermengen und messerrückendick auf der Mürbteigplatte verstreichen. Den Teig gegengleich von den Längsseiten her zur Mitte aufrollen und dabei etwas festdrücken. Strudel auf ein vorbereitetes Backblech setzen und im Rohr bei ca. 165 °C ca. 25 Minuten goldgelb backen. Anschließend in kleine Scheiben schneiden. Die Strudelstücke sollten möglichst klein sein.

Um den Strudel besser einrollen zu können, Teig auf eine Silikonmatte (oder auf Backtrennpapier) legen, dann kann er schon beim Aufrollen gut zusammengedrückt werden. Eventuell vor dem Backen mit Ei bestreichen. Erkaltet mit Schokoladeglasur überziehen.

Weihnachtlicher Früchtekuchen

Zutaten: **180 g gemischte Trockenfrüchte (Datteln, Feigen, Zwetschken, Marillen, Rosinen, Mangos, Erdbeeren, Kirschen etc.), klein geschnitten • 1 EL Aranzini, fein geschnitten oder faschiert • 20 g Sonnenblumenkerne • 20 g Kürbiskerne 170 g weiche Butter • 5 Dotter • 80 g Rohmarzipan • 20 g Vanillezucker Prise Steinsalz • 20 ml Zitronensaft • Schale von 1/2 unbehandelten Zitrone, ersatzweise Zitronenschalenpulver • 1/2 TL Zimt • Prise Kardamom • 3 Eiweiß 50 g Rohrzucker • 50 g Honig • 210 g Weizenmehl, griffig • Prise Backpulver**

Die geschnittenen Früchte und die Kerne über Nacht in Wasser (oder in einem Wasser-Rum-Gemisch) einweichen. Danach in ein Sieb geben, gut abtropfen lassen und leicht andrücken, damit sie nicht zu feucht sind.
Butter mit Rohmarzipan, Vanillezucker, Salz, Gewürzen und Aranzini sehr schaumig rühren, nach und nach Dotter dazurühren und weiterrühren. Eiweiß mit Zucker und Honig zu schmierigem Schnee aufschlagen. Früchte und Kerne in den Abtrieb mengen und zuletzt Eiweiß mit Mehl unter den Abtrieb heben. Die Masse in eine vorbereitete (gebutterte und bemehlte oder mit Bröseln oder Nüssen ausgestreute) Back- oder Kuchenform füllen und im vorgeheizten Backrohr bei ca. 165 °C ca. 35–40 Minuten (je nach Größe) backen.

Variationsmöglichkeiten: Anstelle von Zitrone mit Orangengeschmack aromatisieren. Rohrzucker durch Gelbzucker ersetzen. Kuchen nur mit einer Fruchtsorte zubereiten. Mit selbst hergestellter oder gekaufter Gewürzmischung aromatisieren bzw. andere Kerne und Nüsse verwenden. Dieser Kuchen eignet sich auch sehr gut als Geschenk.

Vogerlzwieback

Dieses Rezept stammt von Maria Spadinger aus Andorf

Zutaten: **4 Eier • 280 g Feinkristallzucker • 300 g Mehl • 100 g Rosinen 100 g Schokolade, grob geschnitten • 100 g Haselnüsse, grob blättrig geschnitten evtl. noch 100 g Orangeat oder getrocknete Zwetschken**

Eier und Zucker schaumig rühren, danach die übrigen Zutaten hinzufügen. Auf ein vorbereitetes Backblech (mit Rand) streichen und bei 190 °C 20 Minuten (Ober- und Unterhitze) backen. Überkühlt in beliebige Stücke schneiden.

Rosinen-, Schokolade- und Nussmenge kann auch auf je 150 g erhöht werden. Anstelle von Rosinen können auch andere kandierte oder getrocknete Früchte (oder eine Mischung daraus) eingemengt werden.

Weihnachtliche Linzer Nusstorte

Kann auch in kleinen Formen gebacken werden

Zutaten: **200 g zimmerwarme Butter • 200 g Feinkristallzucker 5 Eier • 30 ml Rum (60 %) • mind. 1/2–1 TL Zimt, je nach Geschmack 1/2–1 TL Lebkuchengewürz • 1/2 abgeriebene frische Zitronenschale oder Zitronenschalenpulver • 200 g Weizenmehl, glatt (oder feines Dinkelmehl) 130 g Haselnüsse geröstet und fein gerieben • 1 Pkg. Backpulver • Oblaten 250 g Ribiselmarmelade • evtl. Mandel- oder Haselnussblättchen zum Bestreuen**

Butter mit Zucker, Gewürzen und Rum sehr schaumig rühren, nach und nach Eier unterschlagen und ebenfalls schaumig rühren. Mehl mit Backpulver und Haselnüssen vermischen und mit dem Kochlöffel (oder Teigschaber) zügig, aber behutsam, unterrühren. In eine mit Butter und Bröseln vorbereitete Tortenform (26 cm Durchmesser) zur Hälfte einfüllen. Oblaten auflegen, Ribiselmarmelade aufstreichen, die restliche Masse in einen Spritzsack füllen und ein Gittermuster aufspritzen. Bei 165 °C im vorgeheizten Backrohr ca. 50–60 Minuten backen.

In kleinen Formen (Silikon oder Metall) gebacken: ca. 20 Minuten Backzeit.
Eventuell mit Staubzucker bestreut servieren.

Variationsmöglichkeiten: Anstelle von Ribiselmarmelade Preiselbeer- oder Himbeermarmelade verwenden. Oder mit Powidl (mit Rum aromatisiert) füllen. Man kann auch Marmelade mit etwas Marzipan oder fein gehackten Früchten abmischen (siehe Lebkuchenfüllungen Seite 188).

Tipps: Bei kleinen Kuchenstücken rundes Oblatenblatt auflegen (3 cm Durchmesser), Marmelade aufspritzen und mit Teig abdecken. Am besten erst am nächsten Tag aufschneiden. Wenn die Nüsse vorher geröstet werden, ist der Geschmack intensiver. Gut verpackt hält sich diese Torte auch länger frisch. Eignet sich optimal als Geschenk. Für eine herkömmliche Nusstorte das Lebkuchengewürz weglassen.

Hausfreunde

Diabetiker-Gebäck

Lebkuchen 28 BE

Zutaten: **3 Eier • 160 g Diabetikerzucker • 5 g Hirschhornsalz (1 TL) • 250 g Weizen- oder Dinkelvollkornmehl • 8 g (2 TL) Lebkuchengewürz • 80 g Haselnüsse, fein gemahlen • 80 g Mandeln, grob gehackt 50 g Diabetiker-Marillenmarmelade 50 g Dörrobst (Zwetschken, Marillen, Äpfel, Datteln), fein geschnitten • halbierte Mandeln oder Mandelstifte zum Verzieren evtl. kleine runde Oblaten zum Aufdressieren**

Eier mit Diabetikerzucker und Hirschhornsalz sehr schaumig rühren. Mehl mit den Nüssen, Mandeln und Gewürzen trocken mischen. Marmelade und Trockenfrüchte zur Eierschaummasse hinzufügen, danach die Mehlmischung untermengen. In einen Spritzsack mit großer glatter Tülle füllen (damit auch die größeren Mandel- und Dörrfrüchtestücke durchgedrückt werden können) und kleine Häufchen auf die aufgelegten Oblaten (oder auf ein vorbereitetes Backblech) dressieren.
Die Masse sollte sofort verarbeitet werden, denn je länger sie steht, umso fester wird sie und kann dann nur noch sehr schwer aufdressiert werden. Die Oberfläche eventuell mit einem leicht angefeuchteten Messer (oder Tortenschaufel bzw. Winkelpalette) glatt streichen und ca. 2–3 Stunden antrocknen lassen. Im vorgeheizten Backrohr bei ca. 160 °C ca. 10–12 Minuten hellbraun backen. Eventuell mit geschmolzener Diätschokolade verzieren.

Kokosmakronen 6 BE

Zutaten: **3 Eiweiß • 80 g Diabetikerzucker aus 70 % Fruchtzucker und 30 % Sorbit, 13,7 g DZ = 1 BE (lt. Packung) 20 ml Zitronensaft • 160–180 g Kokosflocken • Prise Salz**

Eiweiß mit Salz und Fruchtzucker in einem Kessel mit dem Schneebesen oder Handmixer zu steifem Schnee schlagen. Zitronensaft zufügen und die Masse noch 1 Minute aufschlagen. Dann Schneebesen aus der Masse heben und die Kokosflocken mit einem Kochlöffel rasch unterziehen. Masse in einen Spritzsack mit glatter Tülle füllen und kleine Busserl auf ein vorbereitetes Backblech dressieren. Im vorgeheizten Backrohr bei 165 °C ca. 8–10 Minuten hellbraun backen.

Tipp: Die Masse nicht zu lange stehen lassen, da sie sonst fest wird und demnach mit dem Löffel geformt werden muss.

Weiß-schwarzes Spritzgebäck 14 BE

Zutaten: **130 g glattes Weizenmehl oder feines Dinkelmehl • 60 g weiche Butter oder Diätmargarine • 70 g Diabetikerzucker (aus 70 % Fruchtzucker und 30 % Sorbit) Prise Salz • 1 Ei • 1/4 TL Backpulver • Mark von 1/2 Vanilleschote 1/2 EL (3 g) dunkler Kakao • 5 Tropfen flüssiger Süßstoff**

Butter mit Zucker, Salz, Vanillemark und flüssigem Süßstoff in einer Schüssel mit dem Schneebesen schaumig schlagen. Das Ei unterrühren und weiter schaumig aufschlagen, Mehl und Backpulver unterrühren. Die Masse halbieren, eine Teighälfte mit Kakao einfärben.
Beide Teige in einen Spritzbeutel mit gezackter Tülle füllen und abwechselnd auf einer Seite hellen und auf der anderen Seite dunklen Teig einfüllen. Mit einer Teigkarte zusammenstreichen und kleine Stangerl, Kreise oder Busserl auf ein vorbereitetes Backblech spritzen. Durch die abwechselnd eingefüllten Teige erhalten Sie unterschiedliche Keksfarben. Bei 165 °C im vorgeheizten Backrohr ca. 8 Minuten backen.

Eventuell jeweils 2 Kekse mit Diätmarmelade zusammensetzen.
Für Diätkekse mixe ich die getrocknete Vanilleschote nicht mit Zucker, sondern mit griffigem Mehl.

Die gesamte Masse ergibt ca. 310 g.
Ein fertig gebackenes Keks wiegt je nach Größe 9–15 g.

Teegebäck 18 BE

Zutaten: **200 g Weizenmehl, glatt • 1/2 TL Backpulver • 40 g Speisestärke 1 Ei • Prise Salz • 90 g kühle Butter oder Diätmargarine, klein geschnitten 1 TL (10 ml) flüssiger Süßstoff • 3 EL (30 g) Diabetikerzucker • 1/2 TL unbehandelte Zitronenschale, frisch gerieben (ersatzweise Zitronenschalenpulver oder -aroma) Mark von 1/2 Vanilleschote • 10 ml Milch oder Rum • Milch zum Bepinseln 30 g geschälte, gehackte Mandeln zum Bestreuen (oder geschälte, halbierte Mandeln zum Belegen)**

Alle Zutaten auf einer Arbeitsfläche oder in einer Schüssel vermengen und kurz zu einem Mürbteig kneten. Der Teig sollte nicht zu lange bearbeitet werden, damit er nicht zu weich wird. Nur bei Bedarf kühl stellen. Auf einer leicht bemehlten Arbeitsfläche 2 mm dick ausrollen und Kekse in verschiedenen Formen ausstechen. Auf ein vorbereitetes Backblech legen und mit einem Pinsel mit Milch bestreichen. Mit Mandeln bestreuen und diese leicht andrücken. Im vorgeheizten Backrohr bei ca. 165 °C ca. 8–10 Minuten (je nach Größe) backen.

Variationsmöglichkeiten

Zusätzlich mit Zimt, Nelken oder Lebkuchengewürz (gemahlen) oder mit hausgemachter Gewürzmischung aromatisieren.
Ebenso kann man den Teig auf Mandelblättchen ausrollen. Hierfür diese auf eine Silikonmatte streuen, den etwas flach gedrückten Teig darauflegen und mit dem Rollholz dünn ausrollen. Die Mandelblättchen haften auf diese Weise sehr gut am Teig und man erspart sich die Arbeit des Bestreichens und Andrückens.

Walnussplätzchen 7 BE

Zutaten: **60 g kühle Butter oder Diätmargarine • 2 Dotter • 10 ml Zitronensaft 1,5 TL flüssiger Süßstoff • 40 g Walnüsse, fein gemahlen • 100 g glattes Weizenmehl oder feines Dinkelmehl • 1/2 TL (1 g) Backpulver • Prise Salz 1 Eiweiß zum Bepinseln • halbierte Walnüsse zum Belegen**

Alle Zutaten auf einer Arbeitsfläche oder in einer Schüssel rasch zu einem Teig zusammenfügen und kurz verkneten. Den Teig zu einer Rolle von ca. 2–3 cm Durchmesser formen und so lange in den Kühlschrank stellen, bis diese schnittfest ist. Mit einem Sägemesser Scheiben abschneiden, auf ein vorbereitetes Backblech legen, mit Eiweiß bestreichen, jeweils eine halbe Walnuss auflegen und im vorgeheizten Backrohr bei ca. 165 °C ca. 8–10 Minuten (je nach Größe) backen.

Die Teigrolle kann vor dem Schneiden auch mit Eiweiß bestrichen werden und in grob oder fein geriebenen Walnüssen gewälzt werden. Nüsse gut andrücken, in Scheiben schneiden, auf ein Backblech setzen und backen.

Für dieses Rezept eignen sich alle Nussarten bzw. Nussmischungen.

Zusätzlich den Teig noch mit Zimt, Orangen- oder Zitronenschale oder mit einer selbst hergestellten Gewürzmischung aromatisieren.

Schokoladekekse 14 BE

Zutaten: **110 g kühle Butter • 200 g glattes Weizenmehl oder feines Dinkelmehl 1 Ei • 1 EL (13 g) Diabetikerzucker • 1,5 TL flüssiger Süßstoff • Prise Salz 5 Tropfen Rumaroma • 1 EL (8 g) Kakaopulver • 1/2 TL Backpulver**

Alle Zutaten auf eine Arbeitsfläche oder in eine Schüssel geben und mit der Hand rasch zu einem Teig zusammenmengen, kurz kneten. Eventuell einige Zeit kühl stellen. Auf einer leicht bestaubten Arbeitsfläche 2 mm dick ausrollen und den Teig mit beliebigen Keksformen ausstechen. Auf ein vorbereitetes Backblech legen und im vorgeheizten Backrohr bei ca. 165 °C ca. 8–9 Minuten backen.

Der Teig kann auch zu einer Rolle geformt, vor dem Schneiden mit Eiweiß bestrichen und in grob oder fein geriebenen Nüssen (oder Mandeln) gewälzt werden. Gut andrücken, aufschneiden, auf ein Backblech setzen und backen.
Zusätzlich mit Zimt, Orangen- oder Zitronenschale oder selbst hergestellten Gewürzmischungen aromatisieren.

Nusstaler 13 BE

Zutaten: **200 g Weizenmehl, glatt • 100 g kühle Butter oder Diätmargarine Prise Backpulver • 1 Ei • 2,5 TL flüssiger Süßstoff • Prise Zimt • 1/2 TL frisch geriebene Orangenschale, ersatzweise Orangenschalenpulver • 80 g grob gehackte Haselnüsse (oder Nüsse nach Belieben – siehe Glossar Seite 236)**

Alle Zutaten in einer Schüssel oder auf einer Arbeitsplatte rasch zu einem Teig zusammenmengen und kurz kneten. Zu einer Rolle formen und im Kühlschrank (abgedeckt) fest werden lassen. Mit einem Sägemesser in Scheiben schneiden, auf ein vorbereitetes Backblech setzen und bei 165 °C ca. 8–10 Minuten (je nach Größe) backen.

Die Rolle eventuell vor dem Kühlen mit Eiweiß oder Dotter bestreichen und in Nüssen oder Mandelblättchen wälzen.
Beliebig mit verschiedenen Gewürzen (Nelken, Ingwer, Lebkuchengewürz etc.) aromatisieren.

Vanillekipferl 15 BE

Zutaten: **130 g Weizenmehl, glatt 100 g kühle Butter oder Diätmargarine 80 g Diabetikerzucker • 80 g Mandeln, geschält und fein gerieben • eventuell etwas Zitronenschale • Mark einer 1/2 Vanilleschote**

Alle Zutaten auf einer Arbeitsfläche oder in einer Schüssel rasch zu einem Teig zusammenmengen und kurz kneten. Teig bei Bedarf kühl stellen. Zu einer dünnen Rolle formen, kleine Stücke abstechen und diese in den Handflächen wiederum zu kleinen länglichen Stangen formen. Die Stangen zu Kipferln formen und auf ein vorbereitetes Backblech setzen. Im vorgeheizten Backrohr bei 165 °C ca. 9–10 Minuten hell backen.

Mit selbst hergestelltem Vanillezucker bestreuen. Hierfür eine getrocknete Vanilleschote mit Diabetikerzucker fein mahlen oder cuttern.

Hinweis

BE errechnet von Lucia Pamminger, Diätologin
Lucia.pamminger@gespag.at

Tipps der Diätologin: Ersetzen Sie Weißmehl durch Vollkornmehl! Genießen Sie 2–3 kleine Kekse nach einer gesunden Mahlzeit!

Konfekt
Pralinen
Naschwerk

Advent-Orangenschiffchen –

Dieses Rezept stammt von Maître Chocolatier Johannes F. Bachhalm, Kirchdorf

Große Rezeptur:

Zutaten für Basiscanache: **80 g Zucker • 50 g Wasser • 40 g gezuckerte Kondensmilch • 150 g Glukose • 20 g Invertzucker • 300 g Butter**
400 g dunkle Schokolade

100 g dunkle Schokolade • 150 g kandierte Orangenschalen • 15 g Cointreau (Orangenlikör)

Zubereitung Basiscanache: Zucker, Wasser, gezuckerte Kondensmilch und Glukose vermischen und ganz kurz zum Kochen bringen. Vom Herd ziehen, auf ca. 40 °C abkühlen lassen, danach Invertzucker zufügen und Masse vollständig abkühlen lassen. Die Butter schaumig schlagen, und während die Maschine weiterrührt, die abgekühlte Masse langsam in die Butter gießen. Zum Schluss die aufgelöste Schokolade (ca. 38 °C) schnell untermischen.

Zubereitung Orangenschiffchen: Die kandierten Orangenschalen sehr fein zerkleinern, Cointreau darübergießen und vermischen, einige Zeit einwirken lassen. Die Schokolade auflösen und bei ca. 32 °C mit der Basiscanache vermischen. Danach die zerkleinerten marinierten Orangenschalen dazugeben. Einen 1/2 gestrichenen EL von der Mischung entnehmen und hieraus mit dem Zeigefinger auf Butterpapier ein Wölkchen formen. Die Wölkchen aushärten lassen, kurz kühlen, danach in temperierte Schokolade (30 °C) tauchen und mit Orangenwürfeln oder Schokoladestreifen verzieren.

Meistertipps des Chocolatiers:

- Mit dieser Basiscanache können Sie verschiedene Formen und Geschmacksrichtungen kreieren (auch für Weihnachten!). Einfach aromatisierende Zugaben wie Orangenschalen oder Cointreau nach Belieben austauschen.

- Schokolade temperieren: Nehmen Sie 1 kg Schokolade, schneiden Sie diese in kleine Stückchen und lösen Sie 2/3 der Schokolade in der Mikrowelle oder über Wasserbad auf (bitte dabei ständig rühren). Danach rühren Sie (mit der Hand) in die völlig aufgelöste Schokolade jenes 1/3 der Schokolade (in Stückchen geschnitten), das Sie zuvor zurückbehalten haben. Die eingerührten Stückchen senken die Temperatur der aufgelösten Schokolade und man erzielt einen perfekten Glanz. Bitte so lange rühren, bis alle Schokostückchen aufgelöst sind. Danach geben Sie etwas Schokolade auf einen Löffel (ca. 1/2 cm unter Ihre Unterlippe halten), wenn sich die Schokolade kühl anfühlt, ist sie optimal temperiert. Sollte die Schokolade während der Zubereitung zu fest zum Tunken werden, kann man sie – unter ständigem Rühren – nachträglich ganz vorsichtig erwärmen. Bevor Sie wieder zum Tunken beginnen, bitte Lippentest und Tunkprobe machen.

Agar-Agar-Gelee

Dieses Gelee kann sowohl für in Kristallzucker gewälzte Geleewürferl verwendet werden als auch als Zwischenschicht für Lebkuchen.

Zutaten: **200 g Marillenmarmelade • 180 g Wasser • 4 g Agar Agar • 80 g Glukose 1–2 g Zitronensäure • 2 TL Wasser zum Auflösen der Zitronensäure**

Wasser mit Agar Agar verrühren und 2 Minuten kochen lassen. Alle restlichen Zutaten dazurühren und entweder in kleine Silikonformen oder in eine mit Klarsichtfolie ausgelegte kleine Terrinenform füllen. Man kann die Masse, etwas überkühlt und somit nicht mehr so flüssig, auch auf einen fertig gebackenen, mit Rand umstellten Lebkuchenboden streichen. Absteifen lassen. Das Gelee auf dem Lebkuchen mit einer Marzipanplatte abdecken, in beliebige kleine Stücke schneiden und in Schokoladeglasur tunken.

Variationsmöglichkeiten: Kann auch ohne Marzipan in Schokolade getunkt werden. Je nach Geschmack verschiedene Marmeladen verwenden. Anstelle von Wasser könnte man auch einen nicht zu süßen Fruchtsaft nehmen.

Geleebonbons für Kinder

Zutaten: **200 ml Fruchtsaft (Erdbeer, Ribisel, Himbeer etc., gekauft oder selbst hergestellt) • 3 g Agar Agar (im gut sortierten Fachhandel oder in Apotheken erhältlich) • 1 g Pektin (ca. 1/2 TL) • 1–2 TL Zucker**

Fruchtsaft mit Zucker und Agar Agar verrühren, unter Rühren aufkochen und ca. 4 Minuten einkochen lassen. Gelierprobe machen, Pektin mit Zucker vermischen, mit einem Schneebesen in die heiße Masse einrühren und nochmals 1 Minute wallend kochen lassen.
In vorbereitete kleine Silikonformen (oder andere Formen) füllen, erstarren und abkühlen lassen und eventuell in Feinkristallzucker wälzen.

Wer die Bonbons süßer mag, kann zusätzlich noch ca. 20 g Zucker oder Honig dazugeben. Diese Bonbons sind schnell zubereitet und eine besondere Nascherei für Kinder. Eine leicht säuerliche Note erhält man durch Beigabe von Zitronensaft.

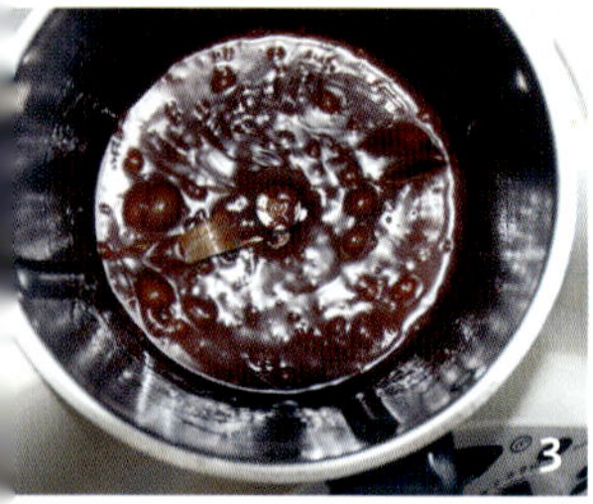

Choco-Canache

Dieses Rezept stammt von Gerd Fessler; www.fessler.at

Zutaten: **220 g Obers • 16 g Glukose • 300 g Kuvertüre Manjari 300 g Kuvertüre Caraibe • 100 g weiche Butter • 5–10 g Alkoholkonzentrat (Kirsch oder Marc de Champagner, im Fachhandel erhältlich)**

Zum Befüllen: **beliebige Pralinenhohlkörper (im Fachhandel erhältlich)**

Die Kuvertüren klein hacken, Obers und Glukose aufkochen und über die Kuvertüre gießen, glatt rühren, die Butter und das Alkoholkonzentrat hinzufügen. Kurz kühlen. Wenn die Füllung ca. 30 °C erreicht hat, in vorbereitete Pralinenhohlkörper gießen. Am nächsten Tag die Pralinen mit Kuvertüre verschließen und nach Wunsch dekorieren.

Hinweis: Glukose verhindert, dass der Zucker auskristallisieren kann. Anstelle von Glukose können Sie auch Honig verwenden.

Canache-Varianten

Die Canache ist – je nach Rezeptur – eine feste bis weiche Schokolademischung. Sie besteht aus Obers, Milch, Säften, Pürees und diversen Geschmackszutaten. Je höher der Schokoladenanteil ist, umso fester ist die Masse und desto länger ist sie haltbar.
Falls die Canache beim Aufrühren oder Verarbeiten einmal gerinnen sollte, einfach noch einmal erwärmen, abkühlen lassen und erneut aufrühren.

Das Mengenverhältnis

100 g Obers und 300 g Schokolade:
Die abgekühlte Masse ist fest, kann gut geschnitten und gerollt werden.
Haltbarkeit: ca. 3 Wochen.

100 g Obers und 250 g Schokolade:
Die abgekühlte Masse kann geschnitten oder ausgestochen werden.

100 g Obers und 200 g Schokolade:
Die Masse ist etwas weicher und zum Befüllen von gefertigten Kuvertüreschalen oder Hohlkörpern geeignet.

100 g Obers und 150 g Schokolade:
Weiche Füllung für frisch gefertigte oder gekaufte Kuvertüreschalen und Hohlkörper.

100 g Obers und 100 g Schokolade:
Masse ist sehr weich und ausschließlich zum Füllen geeignet. Haltbarkeit: ca. 10 Tage.

Die Haltbarkeit hängt vom Flüssigkeitsgehalt und der sauberen Zubereitung ab.
Obers erhitzen, von der Kochstelle nehmen und die Schokolade darin auflösen. Für eine bessere Emulsion (die Flüssigkeit und das Fett sollen gut miteinander vermischt sein) kurz mit dem Stabmixer mixen. Hierfür den Mixer auf den Topfboden stellen und mixen. Nicht nach oben ziehen, damit so wenig Luft wie möglich in die Masse eingeschlagen wird.

Unter die Canache kann man auch noch Glukose mengen, diese wird dann gemeinsam mit dem Obers aufgekocht. Alkohol und Aromen werden erst zum Schluss eingemengt.

Schokoladekugeln von Hand gefertigt

Die zubereitete Canachemasse mit Folie abdecken und abkühlen lassen, bis sie erstarrt ist. Das kann einige Stunden dauern (am besten am Vortag zubereiten). Eventuell nur kurz in den Kühlschrank stellen. Aus der Masse mit den Händen (oder einem Löffel) kleine Mengen abnehmen und in den Handflächen relativ rasch rund formen. Kurz kühl stellen, dann flüssige Kuvertüre oder Schokoladeglasur in der Hand verteilen und die gerollten Kugeln darin hin und her bewegen. Sobald sie mit Schokolade überzogen sind, abstocken lassen oder kurz vor dem Stocken in Kakao, fein gesiebtem Staubzucker, Schokoladeflocken oder Krokant wälzen. Will man eine dickere Überzugsschicht, dann noch ein- bis zweimal mit Schokolade überziehen:

Hohlkugeln füllen

Im Fachhandel gibt es eine Vielzahl an Hohlkörpern in unterschiedlichen Formen (rund, oval, herzförmig, dreieckig etc.) und in verschiedenen Schokoladearten (siehe Foto Seite 78). Dies erspart viel Arbeit und Sie haben im Handumdrehen ein herrliches Konfekt.

Grundcanache (und Variationen) mindestens unter 32 °C abkühlen lassen. Falls Sie keinen speziellen Einfülltrichter zur Hand haben, ist auch eine große Spritze mit ca. 200 ml Inhalt sehr hilfreich (erhältlich in der Apotheke). Besonders üppige und zähflüssige Massen erfordern etwas mehr Kraftanstrengung.

Das Einfüllen funktioniert auch mithilfe eines Einwegspritzsackes aus Plastik oder eines Gefrierbeutels. Diesen mit der Masse befüllen, eine kleine Spitze abschneiden und die Canachemasse in die Kugeln einfüllen. Etwas absteifen lassen und die Öffnung mit Schokoladeglasur oder temperierter Kuvertüre verschließen. Dies ist notwendig, weil sonst die Füllung relativ schnell

verderben würde. Die Kugeln dann entweder in Kuvertüre tunken und trockenen lassen oder, etwas angetrocknet, in Kakao, Nüssen, Schokoladestreuseln etc. wälzen und trocknen lassen. Hier kann die Füllmasse auch weniger Schokolade enthalten, die Füllung bleibt weich.

Ein Blech mit Silikonmatte oder Backtrennpapier auslegen, mit Holz- oder Metallrahmen umstellen und die Canache in diese Form einfüllen. Die Füllung sollte aber nicht mehr zu warm sein, damit sie nicht nach unten wegfließt. Glatt streichen und eventuell mit Backtrennpapier abdecken, damit sie nicht austrocknet. Einige Stunden (oder über Nacht) erstarren lassen. Dann das Papier abnehmen, in beliebige Stücke schneiden (nach jedem Schnitt das Messer heiß abwaschen und trocknen) und in Schokoladeglasur tauchen. Oder die Oberfläche der gestockten Masse mit temperierter Kuvertüre bestreichen, absteifen lassen, Trennpapier auflegen, Canache umdrehen und wieder bestreichen. Danach in beliebige Schnitten schneiden.

Die Canache kann auch aufgespritzt werden (siehe Pariser Spitz). Hierfür eine etwas weichere, abgekühlte Canachefüllung cremig rühren, in einen Spritzbeutel mit gezackter oder glatter Tülle füllen und auf kleine gebackene Mürbteigkekse spitzförmig aufspritzen. Danach absteifen lassen und „kopfüber" in Schokoladeglasur oder temperierte Kuvertüre tauchen. Beliebig verzieren oder garnieren.

Hausgemachte Buttertrüffel

Dieses Rezept stammt von der Konditorei Bachhalm in Kirchdorf; www.bachhalm.at

Die zarte, buttrig schmelzende Trüffelmasse bekommt durch den dünnen Überzug der bitteren Kuvertüre und der zusätzlichen Kakaoschicht einen geschmacklich interessanten Kontrast.
Die Kuvertüre muss zum Überziehen nicht unbedingt temperiert werden. Es reicht, sie auf etwa 30 °C abkühlen zu lassen. Dadurch braucht sie längere Zeit zum Erstarren und man kann sich mit dem Wälzen in Kakaopulver länger Zeit lassen.

Zutaten für Trüffelmasse: 150 ml Obers • 60 g Zucker • 1 Msp. Salz ausgeschabtes Mark von 1 Vanilleschote • 200 g dunkle Kuvertüre 250 g Milchkuvertüre • 250 g Butter • dunkle Kuvertüre zum Überziehen (mit Kakaobutter verdünnt) • Kakaopulver zum Wälzen

Obers mit Zucker, Salz und Vanillemark aufkochen und die klein geschnittenen (oder geschmolzenen) Kuvertüren unterrühren. Abkühlen lassen. Die Butter schaumig rühren und flöckchenweise mit der Canache verrühren. Ein Blech mit Backpapier oder Folie auslegen.
Mit Spritzbeutel und Lochtülle (Nr. 8) Kugeln aufspritzen und im Kühlschrank erstarren lassen.
Vor dem Überziehen einige Zeit bei Raumtemperatur stehen lassen, danach in Kuvertüre tauchen, gut abklopfen und in Kakaopulver wälzen. Überschüssigen Kakao abschütteln.

Kürbiskern-Karamellen

Dieses Rezept stammt von Gabi Strahammer, Restaurant's Schulhus in Krumbach

Zutaten: 250 ml Obers • 320 g Rohzucker • Mark einer Vanilleschote 100 g Kürbiskerne, trocken geröstet

100 g des angegebenen Zuckers hell karamellisieren. Den Topf vom Herd nehmen, restlichen Zucker, Obers und Vanillemark beigeben.
Bei kleiner Hitze weitere 20–30 Minuten köcheln, bis sich die Masse vom Topfboden löst.
Kürbiskerne hinzufügen und in eine hitzebeständige, geölte Form geben.
2–3 Stunden erkalten lassen.

Mit einem Messer, das zuvor in heißes Wasser getaucht wurde, kleine Würfel schneiden und diese luftdicht verpacken.

Honig-Sesam-Konfekt

Dieses Rezept stammt von Gabi Strahammer, Restaurant's Schulhus in Krumbach

**Zutaten: 150 g Sesam, geröstet • 50 g Walnüsse, geröstet und gehackt
50 g Kokosflocken • 50 g Mandeln, geröstet und gehackt • 1 TL Rosenwasser
125 g Blütenhonig • Prise Zimt**

Honig leicht erwärmen, Zimt und Rosenwasser unterrühren. Sesam, Kokos, Mandeln und Walnüsse untermischen und mindestens 2 Stunden kalt stellen.
Kleine Kugeln formen, auf Backpapier setzen und 2–3 Tage an der Luft trocknen lassen.
Trocken und kühl aufbewahren.

Gmundner Schokoladeschnitten

**Zutaten: 150 g Schokolade oder Kuvertüre
120 g Ceres (Kokosfett) • 150 g Staubzucker
3 Eiweiß oder 90 g pasteurisiertes Eiweiß
(ersatzweise Eibumin) • 100 g Rosinen (in Rum eingeweicht) • 50–70 g Biskotten oder Kekse, grob zerkleinert • 30 ml Rum (60 %) • 50 g Mandelsplitter oder geschälte, grob gehackte Mandeln • Oblatenblätter zum Auslegen der Form**

Ceres und Schokolade in einer Schüssel schmelzen, dann Zucker und Eiweiß dazumengen, gut abrühren. Restliche Zutaten untermengen und in eine mit Oblatenblättern ausgelegte Terrinenform füllen, auskühlen lassen. Wenn die Masse fest ist, in Scheiben oder Schnitten schneiden und gekühlt lagern (muss nicht im Kühlschrank sein), da sie bei Raumtemperatur weich werden.

Variationsmöglichkeiten

Anstelle von Rosinen können auch diverse andere Trockenfrüchte (je nach Geschmack oder Vorrat) verwendet werden. Ebenso variieren kann man mit allen Nussarten und Nussmischungen, diese allerdings grob geschnitten oder gehackt, damit die Struktur erkennbar ist. Anstelle von Rum kann auch Orangenlikör, Nussschnaps etc. verwendet werden.

Schmecken ganzjährig!

Keksstollen

Zutaten: 150 g Nougat • 50 g Milchkuvertüre oder -schokolade 50 g Rosinen (in Rum eingelegt) • 30 g Pistazien • 100 g Kekse, grob zerkleinert evtl. 100 g Rohmarzipan, mit 30 g Staubzucker vermischt (zum Eindecken)

Nougat und Schokolade in einer Schüssel über einem Wasserbad (oder vorsichtig in der Mikrowelle) schmelzen. Die restlichen Zutaten in die warme Masse einmengen und in eine mit Klarsichtfolie ausgelegte Terrinenform füllen. Ca. 1–2 Stunden im Kühlschrank festwerden lassen. Aus der Form nehmen und eventuell mit Marzipan eindecken. Hierfür das Marzipan zwischen zwei Silikonmatten dünn ausrollen, mit etwas Wasser bepinseln und mit der Matte auf die Rolle auflegen; gut andrücken. Matte abnehmen und Stollen mittels Sägemesser in Stücke oder Scheiben schneiden.

Variationsmöglichkeiten

- Man kann auch Marzipan unter die Masse mischen. Auf 150 g fertige Stollenmasse 30 g Marzipan untermengen, zu einer Rolle formen und so lange kühl stellen, bis sie schnittfest ist. Danach aufschneiden.
- Anstelle von Pistazien können auch andere grob gehackte Nüsse oder Nussmischungen verwendet werden. Geröstete Nüsse haben ein noch besseres Aroma.
- Probieren Sie anstelle von Rosinen einmal getrocknete Kirschen, Erdbeeren oder Zwetschken. Ich lege die Früchte gerne über Nacht in Alkohol ein (z. B. Rum). Für Kinder in Sirup einlegen.
- Dieses Rezept eignet sich auch gut zur Verwertung von Bruchkeksen sowie Lebkuchen oder Vanillekipferln.

Kaffeekonfekt

Zutaten: 160 g Vollmilchschokolade oder -kuvertüretropfen, klein geschnitten 160 g Zartbitterschokolade oder -kuvertüretropfen, klein geschnitten • 120 ml Obers 30 g Zucker • 1–2 TL (2–4 g) löslicher Kaffee

Obers mit Zucker aufkochen und Kaffee darin auflösen. Von der Herdplatte nehmen und die Schokolade darin auflösen und verrühren (falls sich die Schokolade nicht gänzlich löst, weil die Masse zu kalt ist, nochmals kurz auf den Herd stellen, nur kurz erwärmen, bis sich die Schokolade gelöst hat, nicht kochen). Über Nacht absteifen lassen. Die ausgekühlte, aber nicht kühlschrankkalte Creme mit einem Schneebesen (oder Mixer) kurz schaumig rühren, in einen Spritzsack füllen und in kleine Aluformen spritzen (oder auf kleine gebackene Mürbteigkekse Tupfen aufspritzen).
Im Kühlschrank, gut verschlossen, 2–3 Wochen haltbar.

Man kann die Masse auch zu Kugeln formen (pro Kugel – je nach Größe – ca. 8–12 g) und in gerösteten, geriebenen Nüssen wälzen. Oder leicht abgekühlt mit einem Spritzsack in Hohlkugeln füllen, verschließen und mit Schokolade überziehen. Anstelle von Kaffee kann auch Mokkapaste verwendet werden (im Fachhandel erhältlich).

Dieses Konfekt kann statt mit Kaffee beispielsweise auch mit Honig, Marzipan, Nougat, Vanilleessenz oder mit anderen Aromaessenzen und -ölen beliebig abgeschmeckt werden.
Auch das Aromatisieren mit Rum, Cognac, Weinbrand, Likören und Schnäpsen ist empfehlenswert. Selbst hergestellte Sirupe sind ebenfalls ein wunderbarer Variations-Tipp.

Lenis Rumkugerl

Zutaten für Biskuit: **3 Eiweiß • 125 g Feinkristallzucker • 3 Dotter 100 g Weizenmehl, glatt • Saft einer 1/2 Zitrone • Prise Salz**

Eiweiß mit Zucker zu schaumigem Schnee schlagen. Dotter, Salz, Zitronensaft und Mehl unterheben, auf ein vorbereitetes Backblech streichen und im vorgeheizten Backrohr bei ca. 165 °C ca. 12 Minuten backen. Ca. 1-2 Tage trocknen lassen oder im ausgeschalteten Backrohr nachtrocknen (dann ist es früher verwendbar).

Das Biskuitblatt grob zerreiben und mit folgenden Zutaten abmischen:

ca. 250 ml Rum (38 %) • 100 g Walnüsse, geröstet und fein gemahlen (wahlweise andere Nüsse) • ca. 150 g Marillenmarmelade (am besten hausgemacht)

Zum Wälzen: **Kokosflocken oder fein geriebene Schokolade**

Als Einlage: **einige Kirschen oder Weichseln (in Rum eingelegt) oder andere Rumtopffrüchte**

Die Masse sollte leicht klebrig sein.

Die Masse zu Kugeln formen und in fein gemahlenen Kokosflocken (oder in fein geriebener Schokolade) wälzen. Vor dem Drehen kann man auch noch eine gut abgetropfte, entkernte (in Rum eingelegte) Weichsel oder Kirsche eindrücken.

Je nach Größe erhält man ca. 40 Stück.

Rumschokokugerl

Zutaten: **80 g Obers • 40 g Butter • 130 g Milchkuvertüre (hell) oder Milchschokolade • 70 g dunkle Kuvertüre (bitter) oder Schokolade 20 g Rum (je nach Geschmack 38 % oder 60 %)**

Obers und Butter in einem Topf aufkochen, vom Herd nehmen und die klein gehackte Schokolade darin auflösen. Etwas überkühlt Rum einrühren und abstocken lassen.
Die Masse nicht zu lange kühlen, damit diese dann gut aufgerührt werden kann.
Die gestockte Masse mit einem Kochlöffel oder Schneebesen kurz aufrühren, in einen Spritzsack mit glatter Tülle füllen und kleine Busserl oder Stangen auf eine Silikonmatte oder auf Staubzucker dressieren. Diese nochmals kurz kühl stellen und dann mit der Hand zu kleinen Kugeln drehen. In Kakao oder Staubzucker wälzen. Gekühlt lagern.

Man kann die Kugeln auch mit Schokoladeglasur überziehen. Hierfür Schokoladeglasur in die Handflächen geben und die Kugeln darin wälzen. Danach in Kakao oder Staubzucker einlegen und ebenfalls darin wälzen. Die Masse kann auch auf kleine gebackene Mürbteigkekse gespritzt werden und „kopfüber" in Schokoladeglasur getunkt werden (ähnlich wie Pariser Spitz). Masse kann auch mit diversen anderen Alkoholika abgeschmeckt werden.

Dies ist eine kleine Rezeptur, Menge bei Bedarf verdoppeln.

Schokoladestollen

Zutaten: 200 g Nougat • 220 g Milchkuvertüre oder Schokolade • 80 g dunkle Kuvertüre oder Schokolade • 80 g Waffelblätter, ungefüllt 50 g Ceres oder Kokosfett • 50 g Öl

Waffelblätter in einer Küchenmaschine (oder im Cutter) fein zermahlen. Nougat, beide Schokoladesorten, Ceres und Öl in einer Schüssel zusammenschmelzen. Waffelbrösel einmengen und in eine mit Klarsichtfolie ausgelegte Rehrückenform (oder in kleine Silikonformen) einfüllen. Kühl absteifen lassen und gekühlt aufbewahren.

Möchte man den Stollen fester haben, so ist die Waffelmenge auf ca. 100 g Gesamtmenge zu erhöhen.

Trüffeln

Dieses Rezept stammt von Maître Chocolatier Helmut Wenschitz; www.wenschitz.at

Zutaten für 50 Stück: **Für alle drei Rezepte benötigt man Trüffelhohlkugeln, die im Fachhandel erhältlich sind (siehe Seite 234)**

Für zartbittere Sahne-Trüffeln

180 g Obers • 40 g Glukose (im Fachhandel oder in der Apotheke erhältlich)
20 g Butter • 210 g Bitterkuvertüre

Dekor: **Handflächen mit Kuvertüre versehen und die Trüffelkugeln in Schokostreuseln rollen**

Vanille-Trüffeln

Für die Helle Masse: **100 g Obers • 20 g Glukose • 260 g weiße Kuvertüre**
10 g Galliano-Likör (italienischer Vanillelikör) • 1/2 Vanilleschote

Für die dunkle Masse: **100 g Obers • 20 g Glukose • 250 g Milchkuvertüre**
10 g Galliano-Likör • 20 g Butter • 1/2 Vanilleschote

Dekor: **Trüffelkugeln in weiße Kuvertüre (28 °C) tunken und mit Gabelzug versehen.**

Für Himmlische Trüffeln

130 g Obers • 20 g Glukose • 260 g Milchkuvertüre • 20 g Butter • 40 g Gewürztraminerbrand • Dekor: Trüffelkugeln in Milchkuvertüre tunken (30 °C), absetzen und mit Zartbitterkuvertüre mit diversen Mustern (Streifen, Tupfen etc.) verzieren.

Für die Herstellung der Trüffel Schlagobers, Glukose und eventuell Butter aufkochen (85 °C), die grob gehackte Kuvertüre beigeben und vermischen. Zum Schluss den Alkohol einrühren. Anschließend die Trüffelmasse in Plastikbehälter leeren und mit Folie bedecken. Bis 28 °C abkühlen lassen und in die Trüffelhohlkugeln füllen (siehe Tipp Seite 244).
Die gefüllten Trüffeln über Nacht stehen lassen (bei 20 °C Raumtemperatur). Trüffeln am nächsten Tag mit Kuvertüre verschließen und je nach Sorte dekorieren.

Maroni-Preiselbeer-Spitz

Dieses Rezept stammt von Gerti Gumpoldsberger aus Eferding

Zutaten für ca. 30 Stück: **250 g fertiger Mürbteig**

Zutaten für Masse: **200 g Maronipüree • 50 g Staubzucker • 8 cl Rum**
evtl. flüssiges Obers • Preiselbeermarmelade (oder Ribisel) zum Bestreichen
Bitterschokolade oder Kuvertüre zum Tunken

Mürbteig dünn ausrollen und Kreise mit 2 cm Durchmesser ausstechen. Im vorgeheizten Rohr bei 170 °C ca. 5 Minuten backen. Mit einem Löffel etwas Marmelade auf die Kekse setzen. Die Zutaten für die Maronimasse vermischen und spitzförmig auf die Kekse aufdressieren. Zum Abschluss in Schokolade tunken.

Zimttrüffeln für Hohlkörper

Zutaten: 70 g Obers • 1 g Zimt, gemahlen • 1 Gewürznelke, gemahlen 270 g Milchkuvertüre oder Schokolade • 100 g dunkle Kuvertüre oder Schokolade 140 g Fondantzucker (im Fachhandel erhältlich) • 170 g weiche Butter

Obers mit den Gewürzen aufkochen und die Schokolade darin schmelzen. Die weiche Butter in einer Schüssel rühren und mit Fondantzucker schaumig rühren. Danach die überkühlte Schokolademasse (Canache) dazugeben und einrühren. Überkühlt bei ca. 28 °C in die Hohlkörper füllen und über Nacht abstocken lassen. Mit Kuvertüre oder Schokoladeglasurmasse verschließen und in Schokoladeglasur oder temperierter Kuvertüre wälzen; trocknen lassen. Eventuell anstelle von Zimt mit einer Gewürzmischung, mit Likören, Schnaps oder mit aufgelöstem Löskaffeepulver aromatisieren.

Zimt-Schokolade-Stangen

Dieses Rezept stammt von Gabi Strahammer, Restaurant's Schulhus in Krumbach

Zutaten: 100 ml Obers • 200 g Bitterschokolade (mind. 70 %) • 25 g weiche Butter 1 TL Zimt, gemahlen • 3 EL Staubzucker • 1 TL Zimt

Obers aufkochen, vom Herd nehmen, fein gehackte Schokolade und Butter beigeben und auflösen. Abkühlen lassen, bis die Masse halbfest ist. Vorsichtig cremig aufschlagen, Masse in einen Spritzbeutel mit großer Lochtülle füllen und auf Backpapier Stangen von etwa 3–4 cm Länge aufspritzen. Kalt stellen und anschließend in Zimt-Zucker-Mischung wälzen. Kühl lagern.

Weihnachtskonfekt

Dieses Rezept stammt von Werner Wiesenberger

Zutaten: 160 g Vollmilchschokolade oder -kuvertüre, klein geschnitten 160 g Zartbitterschokolade oder -kuvertüre, klein geschnitten • 200 ml Obers 1/2 KL Lebkuchengewürz • etwas säuerliche Marmelade (Brombeere, Ribisel, Weichsel, Ananas, Orange etc.) • Hohlkörper in verschiedenen Formen

Hinweis: Durch die erhöhte Zugabe von Schlagobers kann diese Masse nur in Hohlkörper gefüllt werden.

Obers mit Lebkuchengewürz aufkochen, von der Herdstelle nehmen und die klein geschnittene Schokolade darin auflösen, gut mit dem Schneebesen verrühren. Bei Raumtemperatur ca. 3–4 Stunden abkühlen lassen. In die vorbereiteten Hohlkörper einen Tupfen abgerührte Marmelade (am besten mit dem jeweiligen Schnaps oder Likör verfeinert) einfüllen.
Nun die auf ca. 28 °C abgekühlte Canache mit dem Schneebesen von Hand cremig aufschlagen. Canache in einen Spritzbeutel mit glatter Tülle (in der Größe der Hohlkörperöffnung) füllen und in die Hohlkörper einfüllen.
Falls Zipferl über die Hohlkörper stehen oder ragen, diese mittels Teigkarte glätten und mit temperierter Kuvertüre oder Schokoladeglasurmasse verschließen.
Wer möchte, kann das Konfekt noch mit temperierter Kuvertüre oder Schokoladeglasurmasse überziehen. Nach dem Entnehmen oder Stürzen eventuell noch mit kandierten Früchten oder Schokoladestreifen (weiß oder gefärbt) verzieren.

Süßer Speck

Zutaten: 160 g Feinkristallzucker • 8 Blatt Gelatine • 50 g Traubenzucker 60 g Erdbeersaft (gekauft oder selbst hergestellt) • 50 g Glukose • evtl. Schale einer 1/2 unbehandelten Zitrone (ersatzweise Zitronenschalenpulver) evtl. etwas Zitronenmelisse, fein gemahlen • Traubenzucker zum Bestreuen des Bleches oder als Unterlage

Gelatine in kaltem Wasser mindestens 10 Minuten einweichen, ausdrücken und erwärmen (zerlassen).
Feinkristallzucker mit Traubenzucker und Fruchtsaft aufkochen und bis 100 °C (Thermometer) erhitzen. Alles zusammen in einen Rührkessel geben, Glukose einmengen und mit dem Schneebesen auf höchster Stufe sehr schaumig schlagen. Aufgelöste Gelatine und Zitronenschale (oder beliebige Aromen) dazugeben und so lange schlagen bzw. rühren, bis die Masse zähflüssig ist und sich das Volumen verdoppelt hat. Sofort in einen Spritzsack mit runder Tülle füllen und Stangen auf ein mit Traubenzucker ausgestreutes Backblech (oder Silikonmatte) spritzen. Mit Traubenzucker bestreuen und darin wälzen. Ca. 1 Stunde kühl stellen und in beliebige Stücke schneiden.

Schmeckt nicht nur Kindern!

Variationsmöglichkeiten

- Anstelle von Zitronenschale mit Orangenschale abschmecken und mit Orangensaft zubereiten.
- Statt Zitronenmelisse mit Rosmarin aromatisieren.
- Kann mit jedem beliebigen Fruchtsaft (Banane, Himbeere, Ribisel, Vanille, Orangen etc.) bereitet werden. Der Saft sollte aber intensiv sein, damit der Geschmack auch gut zur Geltung gelangt.
- Kann auch mit Schokoladeglasur verziert oder darin getunkt werden. Diese darf aber nicht zu warm sein, sonst würde der Speck schmelzen.

Tipps: Die fertige Masse nicht zu lange stehen lassen, da die Gelatine schnell anzieht und man dann keine gleichmäßig glatten Stangen spritzen kann. Oder auf eine mit Traubenzucker bestreute Silikonmatte glatt und gleichmäßig aufstreichen. Die Oberfläche mit Traubenzucker bestreuen, ruhen lassen und danach in Würfel schneiden.

Weißer Nougat

Zutaten: **140 g Honig • 70 g Feinkristallzucker • 10 ml Wasser • 2 Eiweiß (60 g) 70 g Feinkristallzucker • 300–350 g geschälte Mandeln, ganz oder grob gehackt (oder eine Mischung aus Pistazien, Mandeln, Haselnüssen, Paranüssen)**

Mandeln bei ca. 150 °C im Backrohr ca. 7 Minuten unter Aufsicht rösten, abkühlen lassen.

Honig mit Zucker und Wasser in einen Topf geben und unter Rühren auf ca. 150–155 °C kochen (Thermometer). In der Zwischenzeit Eiweiß mit Zucker zu steifem Schnee schlagen, den heißen Sirup von der Kochstelle nehmen, in dünnem Strahl zügig in den Eischnee einrühren. Anschließend lauwarm bzw. fast kalt rühren. Die Masse sollte zäh und dick sein. (Ist diese zu weich, über einem Wasserbad erwärmen und mit dem Kochlöffel so lange rühren bis sie eindickt. Wieder abkühlen). Mandeln mit einem Kochlöffel untermengen. Auf aufgelegte, rechteckige Oblaten leeren und mit einer Palette rasch verstreichen, da die Masse beim Abkühlen sehr zäh und fest wird. Mit Oblaten abdecken, etwas andrücken (ev. mit einem Brett beschweren) und erkalten lassen. Mit einem Sägemesser in beliebige Stücke schneiden und bei Bedarf noch mit Schokoladeglasur verzieren oder darin tunken.

Man kann auch noch fein geschnittene kandierte oder getrocknete Früchte oder Schokoladetropfen dazumengen.

Tipp: Beim Zuckerkochen ist ein Thermometer unbedingt erforderlich. Falls der Nougat einmal zu weich ist (dies kann speziell im Sommer bei sehr hoher Luftfeuchtigkeit passieren), im Backrohr bei ca. 40 °C mit leicht geöffneter Backrohrtür (oder offenem Zug) noch 1–2 Stunden trocken.

Makronen
Spritzgebäck
Busserl

Anisbusserl

Zutaten: 150 g weiche Butter • 150 g Feinkristall- oder Staubzucker 10 g Vanillezucker • 3 Eier • 200 g Weizenmehl, glatt • Prise Salz • evtl. etwas Zitronenschale • 2–3 TL (6–9 g) Anis, fein gemahlen

Butter mit Zucker, Salz, Zitronenschale und Vanillezucker sehr schaumig rühren. Nach und nach Eier dazugeben und weiter schaumig rühren. Zuletzt das Mehl unterheben. Den Teig in einen Spritzsack mit glatter Tülle füllen und mit Abstand kleine Busserl auf ein vorbereitetes Backblech dressieren (die Busserl laufen beim Backen auseinander). Mit Anis bestreuen und bei 165 °C ca. 9–10 Minuten hellbraun backen.

Tipps

- Ich menge einen Teil Anis unter den Teig, um den Geschmack zu verstärken.
- Aus diesem Rezept lassen sich sehr gute Busserl herstellen. Zudem kann der Rührteig geschmacklich auf vielfältige Weise abgeändert werden, wie z.B. durch Beigabe von Zimt, Nelken, Ingwer, Orangenschalen, Zitronenschalen oder gemahlenen Blütenaromen, Aromaölen oder Pasten.
- Die Masse kann auch in fingerdicken Streifen oder Stangerl auf das vorbereitete Backblech aufgespritzt werden. Des Weiteren ist es möglich, die Mehlmenge auf 160 g zu reduzieren.

Anisplatzerl

Zutaten: 2 Eier • 130 g Feinkristallzucker 130 g Weizenmehl, glatt • 1 TL Anis, fein gemahlen 1 TL Anis, grob gemahlen (zum Bestreuen) Prise Salz • evtl. etwas Zitronenschalenpulver

Eier mit Zucker und Salz in eine Schüssel geben und über einem Wasserbad auf ca. 50–60 °C warm aufschlagen, herausnehmen und mit dem Handmixer (oder in der Küchenmaschine) ca. 15 Minuten kalt schlagen. Mehl mit gemahlenem Anis unter die Masse rühren, in einen Spritzsack mit glatter Tülle (Nr. 8) füllen und gleich große Tupfen oder Busserl mit Abstand auf ein vorbereitetes Backblech spritzen. Blech leicht aufklopfen und die Busserl mit grob gemahlenem Anis bestreuen. Vor dem Backen ca. 3 Stunden in einem warmen Raum (oder im Backrohr bei max. 40–50 °C) trocknen lassen. Danach bei 165 °C ca. 8–10 Minuten hell backen. Die Plätzchen sollen dabei keine Farbe annehmen und es soll sich der charakteristische „Fuß" bilden. Sie sind fertig gebacken, wenn man sie vom Blech lösen kann. Die Anisbusserl sollten kühl und so lange feucht gelagert werden, bis sie genügend Feuchtigkeit aufgenommen haben. Erst dann in Dosen schichten, ansonsten bleiben sie hart.

Zusätzlich kann man noch einige Tropfen Anisöl oder Anisaroma in die Masse einrühren. Zitronenschale bei Bedarf gleich mit den Eiern aufschlagen.

Tipp: In die obige Masse auch noch etwas flüssiges Obers (ca. 30 g) untermengen, sie sollte dann zähflüssig sein. Mit Abstand auf das Blech dressieren und ohne Trocknen backen. Die Plätzchen laufen dabei auseinander und werden relativ dünn. Sobald diese goldgelb sind, aus dem Backrohr nehmen. Löst man sie sofort vom Blech, lassen sie sich über einen Kochlöffelstiel entsprechend formen.

Baisermasse – Grundrezept (mit gekochtem Zucker)

Zutaten: 2 Eiweiß • 170 g Feinkristallzucker • 50 ml Wasser • 20 g Speisestärke

Das Eiweiß mit 20 g Zucker aufschlagen und den restlichen Zucker (150 g) mit Wasser zum Kochen bringen. Bis 119 °C kochen, am besten ein Thermometer verwenden. In der Zwischenzeit sollte das Eiweiß voll schaumig aufgeschlagen sein. Dann die heiße Zucker-Wasser-Lösung in dünnem Strahl (oder Faden) in den aufgeschlagenen Eischnee einrühren, dazu die Maschine schnell laufen lassen. Wenn die Lösung vollständig eingerührt ist, die Geschwindigkeit verringern und auf langsamer Stufe kalt rühren. Die Masse sollte sehr stabil sein. Durch zu langes Rühren verliert sie die Stabilität und wird zäh und flüssig. Zum Schluss dann die Speisestärke leicht unterheben.

Auf ein vorbereitetes Backblech mit einer glatten Lochtülle kleine Halbkugeln, Busserl oder Tropfen aufdressieren. Die Masse im vorgeheizten Backrohr bei ca. 100–120 °C ca. 1 Stunde mehr trocknen als backen. Die Masse sollte dabei aber nicht bräunen. Bei Bedarf noch 2–3 Stunden im Backrohr nachtrocknen, bei ca. 50 °C und leicht eingehängter Backrohrtür. Konkret so lange, bis die Gebäckstücke keinen weichen Kern mehr aufweisen.

Man kann die Gebäckstücke vor dem Backen noch mit etwas fein gesiebtem Kakao bestauben (evtl. mit Schablone). Anstelle von Stärkemehl kann Vanillepuddingpulver (oder eine andere Geschmacksrichtung) verwendet werden.

In die fertige Masse 2 EL fein gemahlene, geröstete Mandeln oder beliebige Nüsse unterheben oder 1/2 bis 1 EL fein gesiebtes Kakaopulver. Ebenfalls empfehlenswert sind diverse Aromen wie u.a. Vanille, Anis, Bittermandel oder Punsch. Beim Zuckerkochen kann man auch etwas Löskaffee einmengen.

Pralinencreme zum Füllen

Zutaten: 100 ml Obers • 25 g Glukosesirup 4–6 g Löskaffee • 170 g Vollmilchkuvertüre oder Schokolade • evtl. 20 ml Kaffeelikör, Weinbrand oder Rum

Obers mit Glukose und Kaffee aufkochen, von der Hitze nehmen und die Kuvertüre darin auflösen. Zuletzt Alkohol darunterrühren und mit einem Mixstab ca. 2 Minuten mixen. Abdecken und kühl stellen, die Creme sollte in der Konsistenz halbfest werden, also nicht zu fest. Diese Masse in einen Spritzsack mit gezackter Tülle füllen und kleine Rosetten auf ein Baiserstück dressieren. Mit einem zweiten Baiserstück zusammensetzen. Eventuell mit Schokoladeglasur verzieren oder darin eintunken.

Eine Möglichkeit: stark eingekochten Kaffee unter die Füllung mischen. Hierfür muss aber die Obersmenge dementsprechend reduziert werden, damit das Flüssigkeitsverhältnis stimmt. Man sollte beachten, dass Füllcremen die Baisermasse aufweichen können, daher liegt die Haltbarkeit bei einigen Tagen.
Ungefüllt sind Baisers 2–3 Wochen haltbar. Erst bei Bedarf füllen.
Sehr gut munden Baisers auch mit Vanilleeis, Apfelzimteis sowie mit Schlagobers bzw. mit Schokoladesauce übergossen.

Für Baiser-Variante (ohne gekochten Zucker)

2 Eiweiß • 60 g Feinkristallzucker • 60 g Staubzucker, fein gesiebt 2 TL (10 g) Speisestärke • evtl. Vanille-, Anis-, Zimt-, Bittermandel-, Zitronen-, Orangen- oder andere Aromastoffe (je nach Geschmack)

Eiweiß und Feinkristallzucker mit dem Handrührgerät (oder in einer Küchenmaschine) zu sehr steifem Schnee schlagen. Er sollte schnittfest und glänzend sein. Dann Staubzucker mit Speisestärke vermischen und vorsichtig unterziehen. Mit einem Spritzsack und beliebiger Tülle (glatt oder gezackt) diverse Formen auf ein vorbereitetes Backblech oder in Silikonformen (für Halbschalen) spritzen. Bei 100–120 °C ca. 1 Stunde (je nach Größe) bei eingehängtem Backrohr (oder geöffnetem Zug) trocknen lassen, damit der Dampf entweichen kann.

Zuletzt kann man auch 2 EL fein gemahlene Nüsse (bzw. beliebige Kerne und Körner) untermengen oder die Masse mit 1 EL Kakaopulver einfärben.
Eventuell vor dem Backen mit Streuselzucker bestreuen. Baisers lassen sich auch problemlos mit etwas Lebensmittelfarbe einfärben.

Baisers fest verschlossen in einer Dose aufbewahren, zumal sie bei Luftzufuhr die Feuchtigkeit anziehen und weich und zäh werden. Baisermasse kann auch auf kleine ungebackene Mürbteigkekse aufgespritzt und danach gebacken werden.

Baisertipps

- Der Eischnee muss die richtige Konsistenz aufweisen, damit die Masse beim Trocknen bzw. Backen die gewünschte Stabilität erhält und nicht zusammenfällt. Der Eischnee ist fertig, wenn er matt glänzend ist und sanfte Spitzen aufweist.
- Das Eiweiß muss frisch und sauber sein, d. h. es dürfen keine Eigelb-Reste enthalten sein.
- Die Rührschüssel und der Schneebesen müssen sauber und vollständig fettfrei sein. Zum Aufschlagen empfiehlt sich eine größere Schüssel, da sich das Volumen ziemlich erhöht.
- Am besten gelingt die Baisermasse in einer Küchenmaschine. Dreht man die Schüssel um, muss der geschlagene Schnee in der Schüssel bleiben.
- Eine Prise Salz fördert das bessere Ausschlagen des Eiweißes.
- Ebenso wichtig für die Stabilität ist der Zucker. Sowohl Feinkristall- als auch Staubzucker sind hierfür geeignet.
- Wird Eiweiß ohne Zucker geschlagen, so menge ich gerne etwas Stärkemehl bei. Dies wirkt ähnlich wie Zucker, zudem kann man daraus auch pikante Teige bereiten (z. B. Schöberl).
- Wird Eischnee nicht lange genug geschlagen, können die Baisers weich werden und beim Backen auseinanderlaufen oder zusammenfallen. Sollte dies doch passieren, Baisers nicht wegwerfen, sondern einfach grob zerteilen und z. B. unter eine Eisparfaitmasse mischen oder zum Bestreuen von Desserts (oder Eis) verwenden.
- Bekommen die Baisers eine gelbe Farbe, so war die Temperatur zu hoch bzw. die Backzeit zu lang.
- Die Baisers sollten eine feste, trockene und knusprige Konsistenz aufweisen, jedoch die Oberseite ihre helle bzw. weiße Farbe behalten.
- Hälfte der Baisermasse mit Kakao einfärben und wie „Weiß-schwarzes Spritzgebäck" (siehe Seite 70) bereiten.

Butterbällchen Gerlinde

Dieses Rezept stammt von Gerlinde Fischer aus Altmünster

Zutaten: 160 g weiche Butter • 70 g Staubzucker • 1 Ei • 10 ml Rum (54 %) 20 g Vanillezucker • 200 g Weizenmehl, glatt • Prise Backpulver • 100 g Haselnüsse, fein gerieben (ersatzweise Mandeln oder beliebige Nussmischung; siehe Seite 236) 100 g Schokolade, fein gerieben

Zum Bestreuen: fein geriebene Schokolade, Vanille-Staubzuckergemisch

Butter mit Zucker, Geschmackszutaten und Rum schaumig rühren. Dotter einrühren, zuletzt Mehl einmelieren und zu einem glatten Teig arbeiten. Teig mindestens 1/2 Stunde kühl stellen. Danach aus dem Teig kleine Kugerl formen und auf ein vorbereitetes Blech legen. Bei 165 °C ca. 8 –11 Minuten backen (je nach Größe). Die Hälfte der fertigen Busserl noch heiß „kopfüber" in fein geriebene Schokolade tauchen. Die restlichen Busserl in Vanille-Staubzucker-Gemisch tauchen oder mit einem Lineal mit Zucker bestreuen.

Falls der Teig nach der Zubereitung sehr weich ist, kann man ihn auch aufdressieren. In diesem Fall sollte man ihn aber vor dem Backen kühl stellen.

Variationsmöglichkeit: Kekse nur zur Hälfte mit Staubzucker bestreuen. Hierfür platziere ich die Kekse in einer Linie auf der Arbeitsplatte, lege ein Lineal zur Hälfte auf und streue den Staubzucker mit dem Staubzuckerstreuer auf. So erhalte ich Kekse, die zur Hälfte braun und weiß sind.

Double Chocolate Chip Cookies (60 Stück)

Dieses Rezept stammt von Dr. Karin Kirchschlager aus Linz

In Amerika wird die Maßeinheit Cup verwendet. 1 Cup entspricht einer Tasse mit 238 ml Inhalt – ist also etwas weniger als ein handelsüblicher Joghurtbecher.
Verwenden Sie also ganz einfach so einen Becher zum Messen Ihrer Zutaten und füllen Sie ihn fast voll. Schon haben Sie 1 Cup. Der Vorteil: Sie brauchen (fast) keine Waage.

Zutaten : 250 g weiche Butter • 1 3/4 Cups Zucker • 2 Eier • 2 Teelöffel Brandy 30 g geschmolzene Kuvertüre • 1/4 Cup Obers • 2 Cups Mehl • 3/4 Cup Benco 1/2 TL Natron • 1/2 TL Backpulver • 1/2 TL Salz • 2 Cups weiße Schokolade, gehackt (oder fertige Schokoladechips) • 1 Cup Nüsse, gehackt

Heizen Sie den Ofen auf 180 °C vor. Butter und Zucker in der Küchenmaschine auf höchster Stufe gut schlagen, bis eine leichte Masse entsteht. Eier und Brandy zugeben und fest weiterschlagen. Die flüssige Schokolade und das Obers gut unterrühren. In einer anderen Schüssel Mehl, Kakao, Natron, Backpulver und Salz gut vermischen. Diese Mischung in die Butter-Eier-Masse vorsichtig einrühren und Schokolade und Nüsse unterheben. Auf einem Backblech mit einem Löffel kleine Häufchen so nebeneinander anordnen, dass sie beim Backen nicht inein-anderfließen. 12–14 Minuten backen.

Diese Kekse waren übrigens auch die Lieblingskekse von US-Präsident Gerald Ford.

Biskotten

Zutaten: 5 Eiweiß • 80 g Feinkristallzucker • Prise Salz
5 Dotter • 80 g Feinkristallzucker • 120 g Weizenmehl, glatt
30 g Weizenstärke • Staubzucker zum Bestreuen

Eiweiß mit Zucker und Salz zu Schnee schlagen. Dotter mit Zucker schaumig schlagen. Beide Massen vermengen, Mehl und Stärke einrühren. In einen Spritzsack mit kleiner glatter Tülle füllen und kleine Biskotten (oder Stangerl) auf ein vorbereitetes Backblech dressieren. Danach mit fein gesiebtem Staubzucker bestreuen. 5 Minuten stehen lassen und im vorgeheizten Backrohr bei 170 °C und leicht geöffneter Ofentür (offener Zug) ca. 8–10 Minuten hell backen.

Biskotten können auch mit grob geriebenen Mandeln bestreut werden. Eventuell jeweils 2 Stück mit beliebiger Marmelade zusammensetzen und mit Schokoladeglasur (oder Fondantglasur) verzieren oder darin tunken.

Gespritzte Linzer Mandelstangerl

**Zutaten: 310 g weiche Butter oder Margarine • 150 g Staubzucker • 3 Eier
200 g Mandeln, fein gerieben • 380 g Weizenmehl, glatt • ca. 3 TL (1,5 g) Zimt
Prise Salz • Marillenmarmelade zum Füllen • Schokoladeglasur zum Verzieren
oder Tunken • evtl. gehobelte geröstete Mandeln**

Weiche Butter mit Zucker und Geschmackszutaten sehr schaumig rühren, nach und nach Eier dazugeben und weiter schaumig rühren. Dabei die Eier immer einzeln – nach und nach – beigeben, damit die Masse auch bindet. Zuletzt das Mehl einmelieren, Masse in einen Spritzsack füllen (gezackte Tülle Nr. 4) und kleine Stangerl auf ein vorbereitetes Backblech dressieren. Bei 165 °C ca. 9–11 Minuten unter Aufsicht hellbraun backen. Ausgekühlt jeweils 2 Stangerl mit Marmelade zusammensetzen, die Spitzen entweder in Schokoladeglasur tauchen oder mit einem Stanitzel Muster ziehen.

Vor dem Backen kann man die Stangerl noch mit grob zerkleinerten Mandelblättchen bestreuen. Mandeln durch beliebige Nüsse oder Nussmischungen ersetzen.

Tipps

- Falls die Butter oder Margarine zu fest und kalt ist und sich nicht gut aufschlagen lässt, die Rührschüssel kurz in ein warmes Wasserbad stellen und mit dem Schneebesen rühren. Anschließend in der Rührmaschine weiterschlagen.
- Sollte die Masse gerinnen, ist dies ein Zeichen, dass die Eier zu schnell (oder alle auf einmal) eingemengt wurden. Die Butter-Zucker-Masse ist somit gesättigt und kann die erneute Flüssigkeitsmenge nicht mehr aufnehmen. Auch hier vorsichtig in ein warmes Wasserbad (oder kurz auf den Herd) stellen und anwärmen (aber nur Metallschüsseln). Gelingt die „Rettungsaktion" dennoch nicht, von der abgewogenen Mehlmenge etwas abnehmen und gut einrühren, bis die Masse wieder bindet; nicht zu lange rühren, da sie sonst zäh wird.

Haselnussmakronen

**Zutaten: 130 g Haselnüsse oder Walnüsse (oder eine Mischung), fein gemahlen und geröstet • 230 g Feinkristallzucker • 3 Eiweiß
70 g Rohmarzipan**

Eiweiß mit Zucker und Nüssen in einem Topf auf dem Herd (oder über einem Wasserbad) unter ständigem Rühren auf ca. 75 °C rösten. Vorsicht, dass sich die Masse nicht am Topfboden anlegt. Von der Kochstelle nehmen, in die etwas überkühlte Masse das Marzipan einmengen und gut untermischen. In einen Spritzsack mit glatter Tülle füllen und auf ein vorbereitetes Backblech kleine Busserl aufspritzen. Bei 155 °C ca. 12–14 Minuten bei eingehängtem Backrohr (oder offenem Zug) hellbraun backen.

Nach Belieben unter die fertige Masse noch etwas fein geschnittene kandierte (oder getrocknete) Früchte mengen. Sehr gut eignen sich Aranzini.
Eventuell den Marzipangeschmack mit einigen Tropfen Bittermandelöl verstärken.

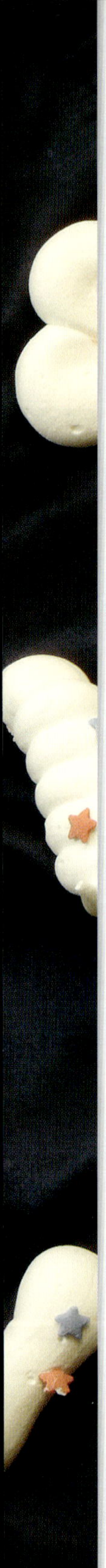

Erdnuss-Schokolade-Busserl

Zutaten: **110 g weiche Butter • 50 g Erdnussbutter 100 g Feinkristall- oder Staubzucker • 1 Ei • 120 g Weizenmehl, glatt • 1/4 TL Backpulver • 50 g Erdnüsse, geröstet und gemahlen • 50 g Schokolade, fein gerieben • evtl. jeweils 2 Kekse, abgeschmeckt mit Buttercreme und Erdnussbutter, zusammensetzen**

Butter, Zucker, Ei und Erdnussbutter nach und nach schaumig rühren. Dann das mit Backpulver vermischte Mehl, Schokolade und Nüsse unterheben. Masse in einen Dressiersack mit glatter Tülle füllen und kleine Busserl mit Abstand (fließen auseinander) auf ein vorbereitetes Backblech dressieren. Bei 165 °C im vorgeheizten Backrohr ca. 11–13 Minuten backen. Erdnuss-Schokolade-Busserl sind ca. 14 Tage haltbar.

Info: Erdnussbutter wird aus gerösteten Erdnüssen, Zucker, teilweise gehärtetem Palmöl, Salz und Erdnussöl hergestellt und ist im gut sortierten Lebensmittelhandel erhältlich.

Tipp: Backpulver verwende ich eher sparsam, zu viel davon hinterlässt einen unwillkommenen Beigeschmack.

Karamell-Butterkekse

Zutaten für das Karamell: **30 g Glukose • 120 g Feinkristallzucker**

Für die Rührmasse: **1 Eiweiß • 130 g weiche Butter • 80 g Feinkristallzucker 130 g Weizenmehl, glatt • 20 g Weizenstärke • 60 g Karamellzucker, fein ausgesiebt**

Für das Karamell Glukose in einem Topf erhitzen, Zucker dazugeben und hellbraun schmelzen. Auf eine Silikonmatte (oder geöltes Backblech) leeren und erstarren lassen. Dann das Karamell in einer Küchenmaschine fein mahlen, fein sieben, gröbere Stücke und verbliebenen Rest in einem Gefäß (gut verschlossen) aufbewahren. Kann zum Bestreuen von Keksen (vor dem Backen), als Garnitur für Desserts, Eis oder für Punsch, Parfaits bzw. für Liköre verwendet werden. Hinweis: Karamell wird sofort feucht, wenn er zu lange offen bei Raumluft steht.

Für die Rührmasse Butter mit Zucker leicht verrühren, Eiweiß dazumengen, nicht schaumig rühren. Mehl mit Stärke und Karamellzucker dazugeben, in einen Spritzsack mit glatter Tülle füllen und auf ein vorbereitetes Backblech kleine Busserl mit Abstand (rinnen etwas auseinander) aufdressieren. Bei 165 °C im vorgeheizten Backrohr ca. 9–11 Minuten hellbraun backen.

Kaffeebusserl

Zutaten: 100 g weiche Butter • 100 g Feinkristallzucker • 1 Ei 1 EL (8 g) Kakaopulver, gesiebt • 1 TL (2 g) Löskaffee (Instant-Kaffeepulver) • 1 EL (10 ml) Kaffeelikör, ersatzweise Rum • 150 g Weizenmehl, glatt • 70 g Speisestärke • 50 g Schokolade, gerieben 1/4 TL Backpulver

Für die Füllung: 60 g Nougat, geschmolzen (oder etwas Marmelade, Schokoladetropfen, Amarenakirschen oder geschmolzene Nougat-Schokolademischung)

Zum Auflegen: 100 g Marzipanrohmasse • 40 g Staubzucker • 10 g Vanillezucker evtl. etwas Orangenschalenpulver • einige Zuckerperlen oder etwas Kakaopulver (zum Bestreuen)

Marzipan mit Zucker verkneten und zwischen 2 Backmatten dünn ausrollen, mit Ei bestreichen und sternförmig (herzförmig etc.) ausstechen.

Für den Teig Butter mit Zucker und Ei schaumig rühren. Kaffee mit Likör oder Rum auflösen und mit den restlichen Zutaten zusammenkneten. Den Schokoladeteig in einen Spritzbeutel mit glatter Tülle füllen und gleich darauf in Form von Busserln auf das Blech spritzen oder mit feuchten Händen walnussgroße Kugerl rollen. Mit einem Kochlöffel (oder mittels bemehlten Fingerhuts) in jede Kugel (oder Busserl) ein kleines Loch in der Mitte eindrücken, etwas zerlassenes Nougat einfüllen. Auf die Füllung den ausgestochenen Marzipanstern (oder ein beliebiges Muster) setzen und somit das Einfüllloch verschließen. Auf ein vorbereitetes Backblech setzen und bei ca. 165 °C ca. 10–12 Minuten backen. Etwas abgekühlt mit Kakaopulver bestreuen.

Variationsmöglichkeiten

- Anstelle von Kaffee mit anderen Geschmacksträgern aromatisieren. Empfehlenswert sind z. B. Orangenpaste oder Bittermandelöl. In diesem Fall wird der Kaffee durch einen Likör Ihrer Wahl ersetzt.
- Anstelle von Marzipan einen Mürbteig ausstechen und die Öffnung damit verschließen.
- Bereitet man die Busserl ohne Löskaffee zu, erhält man herrliche Schokoladebusserl!

Kastanienspritzteig

Zutaten: 120 g zimmerwarme Butter • 80 g Feinkristallzucker • 60 g Vanillezucker 250 g Maronen- oder Kastanienpüree • 130 g Kastanienmehl • 1 Dotter • Prise Salz

Butter mit Zucker, Salz und Vanillezucker schaumig rühren, Dotter und Maronenpüree einrühren, Kastanienmehl unterheben. Masse in einen Spritzsack mit glatter oder gezackter Tülle füllen und kleine Stangerl oder Busserl auf ein vorbereitetes Backblech dressieren. Bei 165 °C ca. 9 Minuten im vorgeheizten Backrohr hell backen.
Eventuell jeweils 2 Busserl mit feiner Kirsch-, Preiselbeer-, Ribisel- oder Weichselmarmelade zusammensetzen und mit Schokoladeglasur überziehen (oder darin zur Hälfte tunken).

Tipp: Haben Sie Kastanienmehl nicht vorrätig, kann auch glattes Weizenmehl verwendet werden.

Königsbusserl

Zutaten für Mandelmasse: 200 g Mandeln, geschält und sehr fein gerieben • 200 g Staubzucker, fein gesiebt
3 Eiweiß
2 Eiweiß • 160 g Feinkristallzucker • 40 g Wasser

Für die Füllung: 70 g Obers • 10 g Glukosesirup oder Honig 190 g weiße Kuvertüre oder weiße Schokolade • 30 g Weinbrand, ersatzweise Rum

Die Mandeln (bei Bedarf eventuell noch mit dem Staubzucker in einer Küchenmaschine oder im Mörser ganz fein vermahlen) mit Zucker und 3 Eiweiß gut vermischen. Die Konsistenz sollte nicht zu weich sein. Bei Bedarf noch einige Mandeln untermengen.

Im Kessel der Küchenmaschine (mit Schneebesen) Eiweiß mit 20 g Feinkristallzucker zu Schnee schlagen. In der Zwischenzeit 140 g Zucker mit 40 g Wasser vermischen und auf 125 °C (Thermometer) kochen. Hat der Zucker die nötige Temperatur erreicht, diesen in dünnem Strahl in den Eischnee einfließen lassen (dabei darauf achten, dass sich der eingeschlagene Zucker durch die Fliehkraft des Schneebesens nicht am Kesselrand anlegt und dort durch die Kühle kristallisiert). Die Masse langsam kalt rühren. Die vorbereitete Mandelmasse vorsichtig unter die Schneemasse einmengen, wenn Sie zu stark rühren, wird die Masse zu weich. In einen Spritzsack mit glatter, nicht zu großer Tülle füllen und kleine Busserl oder Tupfen auf ein vorbereitetes Backblech dressieren. Im vorgeheizten Backrohr bei ca. 165 °C ca. 10 Minuten backen.

Für die Füllung Obers mit Sirup aufkochen, von der Kochstelle nehmen und die klein geschnittene Kuvertüre (oder Kuvertürelinsen) darin auflösen. Etwas überkühlt den Alkohol einrühren, eventuell mit dem Mixstab kurz mixen, kühl stellen, bis die Masse eine dressierfähige Konsistenz aufweist. Dann mittels Schneebesen kurz aufrühren, in einen Spritzsack mit kleiner Tülle füllen und jeweils 2 Busserl mit dieser Creme zusammensetzen.

Die Busserl können auch mit etwas fein gesiebtem Kakao oder mit Lebensmittelfarben beliebig eingefärbt werden. Mit Orangenlikör (oder beliebigen Likören) zusätzlich aromatisieren.

Gefüllte Königsbusserl sind gut gekühlt ca. 10 Tage haltbar.

Tipp: Ich fülle die fertigen Busserl immer nur bei Bedarf mit Creme. Dadurch behalten sie ihre Konsistenz.

Kürbiskernbusserl

Zutaten: 2 Eiweiß • 150 g Feinkristallzucker • 260 g Kürbiskerne, fein gerieben und geröstet • 10 ml Zitronensaft • etwas abgeriebene Zitronenschale • Ribiselmarmelade zum Zusammensetzen Schokolade zum Tunken

Eiweiß mit Zucker und Zitronensaft zu einem sehr festen Schnee schlagen, zuletzt Kürbiskerne und Zitronenschale einmengen und mittels Spritzsack (mit glatter Tülle) kleine Busserl auf ein vorbereitetes Backblech dressieren. Eventuell mit einigen ganzen Kürbiskernen belegen. Im vorgeheizten Backrohr bei ca. 140 °C ca. 15–17 Minuten backen. Ausgekühlt jeweils 2 Busserl mit Ribiselmarmelade zusammensetzen und mit Schokolade verzieren (oder darin tunken).

Variante: Anstelle von Busserln können auch kleine Kipferl auf das Backblech dressiert werden. Diese können ebenso gut mit Haselnüssen, Walnüssen oder Mandeln zubereitet werden.

Linzer Busserl

Zutaten: **120 g Feinkristallzucker • 270 g weiche Butter • 2 Eier 270 g Weizenmehl, glatt • 30–40 g Kakao, fein gesiebt • Prise Salz 10 g Vanillezucker**

Butter mit Zucker und Geschmackszutaten sehr schaumig rühren. Nach und nach Eier dazurühren, zuletzt Mehl mit Kakao versieben und daruntermengen. Auf ein vorbereitetes Backblech kleine Busserl oder Tupfen dressieren und im vorgeheizten Backrohr bei ca. 160 °C ca. 9–10 Minuten backen. Nicht zu lange backen, da die Busserl beim Abkühlen nachhärten.

Tipps

- Mit einem kleinen bemehlten Fingerhut ein Loch in die Mitte drücken. In dieses Marmelade, Kuvertüretropfen, ein Stück einer Amarenakirsche oder etwas Marzipanfülle (diese kann beliebig mit Kaffee, Orangen, Pfefferminz etc. abgeschmeckt sein) geben.
- Besonders ansprechend sieht es aus, wenn man Mürbteig 2 mm dick ausrollt und kleine Formen aussticht, diese auf die Fülle der Kekse legt und die Füllung damit überdeckt.

Kokosspritzgebäck

Dieses Rezept stammt von Sandra Hummer

Zutaten: **90 g weiche Butter 100 g Feinkristallzucker • 3 Eiweiß 100 g Kokosflocken oder Kokosette 100 g Weizenmehl, glatt • Prise Zitronenschalenpulver • 10 g Vanillezucker Prise Salz • 20 g Kokosmilch, Kokoslikör oder Milch**

Butter mit Zucker, Vanille, Zitrone und Salz schaumig rühren. Nach und nach Eiweiß dazugeben und zuletzt Kokosette und Mehl einmengen und unterrühren.
Die Masse in einen Spritzsack mit glatter oder gezackter Tülle füllen und kleine Busserl auf ein vorbereitetes Backblech dressieren. Vor dem Backen kurz rasten lassen. Danach im vorgeheizten Backrohr bei ca. 165 °C ca. 7–9 Minuten, bei leicht geöffnetem Backrohr (mit offenem Zug), goldbraun backen.

Variationsmöglichkeiten

- Unter die Masse noch klein geschnittene kandierte Ananaswürfel oder Aranzini mengen. Anstelle von Zitronenschale etwas Zitronensaft einrühren. Vor dem Backen kann man das Gebäck noch zusätzlich mit Kokosflocken bestreuen.
- Ausgekühlt jeweils 2 Busserl mit Ananasmarzipan zusammensetzen. Hierfür Marzipan mit klein gehackten (oder faschierten) getrockneten Ananasstücken vermischen und jeweils 2 Stück damit zusammensetzen. Ebenfalls empfehlenswert: mit einer Buttercreme zusammensetzen und evtl. mit einer hellen Schokoladeglasur verzieren.

Linzer Schokoladefinger

Dieses Rezept stammt von Irmi Cuchnal aus Wilhering

Zutaten: **160 g weiche Butter • 80 g Feinkristallzucker • 1 Eiweiß • 25 g Kakao 180 g Weizenmehl, glatt • Prise Salz • Schokoladeglasur (zum Verzieren)**

Weiche Butter mit Zucker in einer Schüssel schaumig rühren, Eiweiß dazugeben. Zuletzt Mehl mit Kakao versieben und untermengen. In einen Dressiersack mit gezackter Spritztülle füllen und kleine Stangerl, Ringerl oder „S-förmige"-Streifen auf ein vorbereitetes Backblech dressieren. Bei 165 °C im vorgeheizten Backrohr ca. 7–8 Minuten backen. Auch hierbei, wie bei allen dunklen Teigen, darauf achten, dass man auf Grund des dunklen Teiges den Bräunungsgrad nicht übersieht. Beliebig mit Schokoglasur verzieren oder darin tunken.

Mundi Bussi

Dieses Rezept stammt von Gerti Gumpoldsberger

Zutaten: **120 g Butter • 120 g Staubzucker • 120 g erweichte Schokolade 120 g Nüsse • 120 g Mehl • 2 Eier • 1 Msp. Backpulver • Ribiselgelee etwas Rum • Schokoladeglasur**

Aus Butter, Staubzucker und erweichter Schokolade einen Abtrieb herstellen und die Eier einrühren. Nüsse, Mehl und Backpulver dazugeben. Mit dem Dressiersack (mit Sterntülle) kleine Häufchen auf das Blech setzen und bei 165 °C ca. 10–12 Minuten backen.

Ribiselgelee mit Rum verrühren und die ausgekühlten Busserl zusammensetzen.
Zur Hälfte in Schokoladeglasur tauchen und trocknen lassen.

Tipps: Die aufdressierten Busserl vor dem Backen einige Zeit kühl stellen. So behalten sie beim Backen besser die Form. Als Fülle kann man auch Nougatcreme verwenden.

Linzer Spritzgebäck

Dieses Rezept stammt von Gerlinde Fischer aus Altmünster

Zutaten: **250 g weiche Rama (ersatzweise Butter) • 250 g Weizenmehl, glatt 100 g Staubzucker • 2 Dotter • Prise Salz • 10 g Vanillezucker**

Rama mit Butter und Geschmackszutaten sehr schaumig rühren, nach und nach Dotter einrühren, zuletzt Mehl einmelieren, in einen Spritzsack mit gezackter Tülle (Nr. 6) füllen und kleine Kipferl, Busserl, Stangerl oder Tupfen – mit Abstand – auf ein vorbereitetes Backblech spritzen. Kekse vor dem Backen etwas stehen und festwerden lassen.
Bei 190 °C im vorgeheizten Backrohr 4–5 Minuten backen, Hitze auf 65 °C reduzieren und weitere 3–4 Minuten hellbraun backen.

Linzer Spritzgebäck einfach pur genießen oder jeweils 2 Gebäckstücke mit beliebiger Marmelade zusammensetzen, in Schokoladeglasur tunken oder damit verzieren.

Auch hier kann man Zitronen- oder Orangenschale einrühren.

Dieses Gebäck zergeht auf der Zunge!

Variante:
Hälfte der Baisermasse mit Kakao einfärben und wie „Weiß-schwarzes Spritzgebäck" (siehe Seite 70) zubereiten.

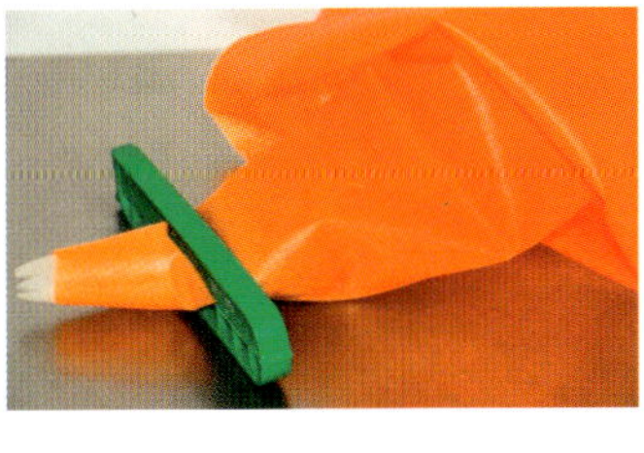

Tipp: Spritzsack mit Verschlussklammer:
Spritzsack vor dem Einfüllen mit einer Klammer versehen, Spritzteig kann so ohne auszurinnen eingefüllt werden, Klammer erst vor dem Auftragen entfernen.

Mandelbögen

Zutaten: 3 Eiklar • 170 g Feinkristallzucker • 200 g Mandelblättchen 20 g Glukose (oder Honig) • 10 g Vanillezucker • Zimt • 40 g Weizenmehl, glatt 3 Oblaten à 23 x 17 cm • Mandelblättchen zum Bestreuen

Eiklar mit Zucker leicht aufschlagen. Alle Zutaten, bis auf das Mehl, dazugeben und in einer Schüssel über einem Wasserbad oder auf dem Herd bis ca. 70 °C erhitzen. (Wer geübt ist, kann die Masse in einem Kochtopf bei direkter Hitze abrösten. Hierfür den Topf aber immer wieder von der Herdplatte nehmen und darauf achten, dass sich die Masse nicht anlegt.)
Nach leichtem Überkühlen Mehl untermengen.
Sofort (je mehr die Masse auskühlt, umso fester wird sie) auf vorbereitete Oblaten streichen und mit gehobelten Mandeln (Mandelblättchen) bestreuen. Eventuell Mandeln leicht andrücken.
In beliebig große Rechtecke oder Streifen schneiden, über eine runde Form legen, etwas antrocknen lassen und bei 165 °C ca. 9–10 Minuten auf Sicht (bei offenem Zug) backen.

Der Röstvorgang ist bei diesem Gebäck sehr wichtig, da hiervon sowohl die Konsistenz als auch die Qualität abhängt.

Die Zubereitung ist zwar etwas aufwändiger, aber die Mühe lohnt sich!

Variante

- Die Bögen nach 1 Stunde Trockenzeit backen. Dann aber nicht über eine runde Form legen, da die Masse leicht von der Oblate rutschen könnte. Zudem sind sie auf diese Weise schneller zubereitet. Zusätzlich mit Orangen- oder Zitronenschale oder einigen Tropfen Bittermandelöl aromatisieren.
  Diese Mandelbögen reiche ich gerne zu Eisbechern und Desserts.

Mandelringe

Zutaten: 90 g Glukose • 90 g Rohrzucker • 90 g Butter • 80 g Mandelblättchen, grob zerkleinert • 2 Eiweiß • 170 g weiche Butter • 180 g Feinkristallzucker 220 g Weizenmehl, glatt • 20 g Vanillezucker • Prise Salz

Für die Mandelmasse Glukose, Rohrzucker und Butter aufkochen, Mandeln dazugeben.

Butter mit Zucker, Eiweiß und Mehl verrühren, aber nicht schaumig rühren.
Mit glatter Tülle kleine Ringe (mit Loch) auf ein vorbereitetes Backblech dressieren.
In die Mitte der Ringe die noch warme Mandelmasse füllen und
bei 165 °C ca. 10–11 Minuten hellbraun backen.

Mandelhörnchen

Dieses Rezept stammt von Edith von Payr

Zutaten
200 g Mandeln, fein gerieben • 50 g Staubzucker, fein gesiebt • 20 g Vanillezucker
30 ml Zitronensaft • 100 g Marzipanrohmasse • 2 Eiweiß • 80 g Feinkristallzucker
200 g Mandelblättchen • Schokoladeglasur zum Tauchen

Mandeln, Staub- und Vanillezucker vermengen. Zitronensaft mit Marzipanrohmasse verrühren, zur Mandelmasse hinzugeben und gut vermischen. Eiweiß mit Zucker schaumig schlagen, geschlagenes Eiweiß unter die Masse heben. Aus der Masse kleine Kugerl formen und in den Mandelblättchen wälzen, dabei Hörnchen formen.
Auf ein vorbereitetes Backblech setzen und im vorgeheizten Backrohr bei ca. 165 °C ca. 10–12 Minuten backen. Die Enden in Schokolade tauchen.

Nussovale

Zutaten für Nussmasse: 3 Eiweiß • 70 g Feinkristallzucker • 80 g Haselnüsse, fein gemahlen • 15 g Weizenmehl, glatt • Prise Salz • etwas Vanillezucker
evtl. fein gehackte Nüsse zum Bestreuen

Für die Füllung: 80 g Nougat • 15 g Vollmilch-Kuvertüre

Eiweiß mit Zucker, Vanille und Salz in einem Kessel mit dem Handmixer (oder in einer Küchenmaschine) sehr steif aufschlagen. Mehl mit Haselnüssen vermischen und vorsichtig unterheben. Die Masse in einen Spritzsack mit glatter Tülle füllen und kleine Ovale auf ein vorbereitetes Backblech spritzen. Eventuell mit gehackten Haselnüssen bestreuen und bei ca. 165 °C im vorgeheizten Backrohr ca. 9–10 Minuten backen.
Wird der Eischnee zu stark gerührt, kann die Masse zu weich werden.
Dadurch lässt sie sich schwerer aufdressieren (die Kekse rinnen stark auseinander).

Für die Füllung beide Zutaten in einer Schüssel (über dem Wasserbad) nicht zu heiß schmelzen und zu einer glatten Masse rühren. Jeweils 2 Kekse mit dieser Füllung zusammensetzen und eventuell die Oberseite mit Staubzucker bestreuen.

Zubereitungsvariante: Anstelle von Haselnüssen auch Mandeln, Kürbiskerne, Walnüsse, Macadamia, Paranüsse, Pekanüsse oder Pistazien verwenden. Die Nussovale mit Nutella, Haselnuss- oder Erdnusscreme füllen.

Tipp: Die Masse kann auch mittels einer dickeren Schablone (im Fachhandel erhältlich) aufgestrichen werden. Die Nussovale sind dadurch dünner und gleichmäßiger. Die Schablone hierfür kann man selbst leicht anfertigen bzw. sind lebensmittelechte Silikonmatten in gut sortierten Bastelgeschäften erhältlich.

Napoleon-Busserl oder -Kipferl

Dieses Rezept stammt von Friedl Würcher, Nockalm Quintett

Zutaten: 200 g Feinkristallzucker • 3 Eiweiß • 100 g Haselnüsse, fein gemahlen und geröstet • 15 g Mais- oder Weizenstärke • 25 g heiße Butter • Nougat- oder Haselnusscreme zum Füllen

Eiweiß mit Zucker sehr gut warm (65 °C, mit Thermometer), danach kalt schlagen, Nüsse und Stärke vorsichtig (aber rasch) mit einem Kochlöffel unterheben. Zum Schluss die heiße Butter einrühren. Auf ein vorbereitetes Backblech (gefettet und bestaubt – bzw. Backmatte oder Backpapier) mit einer glatten, nicht zu großen Spritztülle kleine Kipferl oder Busserl aufdressieren. Dann bei 160 °C ca. 8–10 Minuten, bei leicht eingehängtem Backrohr, hell backen.

Jeweils 2 Stück mit Nougat- oder Haselnusscreme zusammensetzen.
Bitte Vorsicht: die Kipferl gehen leicht zu Bruch.

Anstelle von Haselnüssen können auch Mandeln oder spezielle Nussmischungen verwendet werden.
Eventuell ca. 15–30 Minuten vor dem Backen trocknen lassen.

Sind sehr luftig und leicht – schmelzen auf der Zunge!

Patience

Ist ein hellbraunes Schaumgebäck mit langer Tradition und zudem als Baumbehang sehr beliebt. Hierfür werden verschiedene Formen aufdressiert.

Zutaten: **3 Eiweiß • 50 g Feinkristallzucker**

210 g Feinkristallzucker • 90 g Wasser
20 g Vanillezucker oder Mark einer Vanilleschote • 3 g lösliches Kaffeepulver (mit ca. 2 g Wasser aufgelöst) • 50 g Staubzucker • 160 g Weizenmehl, glatt

Eiweiß mit 50 g Zucker sehr schaumig rühren. In der Zwischenzeit Zucker und Wasser in einem Topf unter ständigem Rühren auf 119 °C (Thermometer) aufkochen. Wenn die Masse die nötigen Kochgrade erreicht hat, in den inzwischen schaumig gerührten Schnee – in dünnem Faden – auf höchster Stufe einschlagen. So lange rühren, bis die Schaummasse kalt ist (auf langsamer Stufe kalt rühren). Wird die Masse zu lange gerührt, verliert sie ihre Stabilität. Dann Vanillezucker (oder Mark) und den aufgelösten Kaffee zugeben, damit die Masse ihre hellbraune Färbung erhält. Staubzucker und Mehl einrühren und mit einem Kochlöffel so lange rühren, bis die Masse weich ist und die Oberfläche leicht verläuft. Wird die Masse zu wenig gerührt, bekommen die Gebäckstücke keine glatte Oberfläche, wird sie jedoch zu lange gerührt, laufen diese beim Aufdressieren auseinander.

Masse in einen Spritzsack mit glatter Tülle füllen und Arabeskenmuster auf ein vorbereitetes Backblech dressieren.

Vor dem Backen an einem warmen Ort trocknen lassen oder im Ofen bei geöffneter Tür bei ca. 40 °C ca. 20–30 Minuten übertrocknen, bis sich eine Haut gebildet hat. Dann bei ca. 150 °C und eingehängtem Backrohr ca. 25 Minuten backen. Das Gebäck soll beim Backen einen schönen „Fuß" bekommen, d. h., die Oberfläche hebt sich einige Millimeter ab.

Eventuell die Patiencen in Schokoladeglasur oder in temperierte Kuvertüre tauchen oder damit verzieren.

Orangenlaibchen

Zutaten: 180 g weiche Butter • 160 g Staubzucker • 1 Dotter • 2 Eier 200 g Weizenmehl, glatt • Prise Salz • 10 g Vanillezucker • frisch geriebene Orangenschale oder -pulver (ersatzweise auch Orangenpaste oder -aroma) • Marillenmarmelade (mit Orangengeschmack aromatisiert) • Schokoladeglasur zum Tunken

Eier und Dotter sollten Raumtemperatur haben. Butter mit Zucker und Geschmackszutaten nicht zu schaumig rühren. Nach und nach Eier und Dotter dazurühren, Mehl einmelieren und mit einem Spritzsack mit runder Tülle kleine Busserl oder Tupfen mit Abstand aufdressieren (die Masse rinnt beim Backen etwas auseinander). Bei 165 °C, bei leicht geöffneter Backofentür (oder offenem Zug), ca. 8–10 Minuten backen. Ausgekühlt jeweils 2 Stück mit Marmelade zusammensetzen und zur Hälfte in Schokoladeglasur tunken.

Orangenpaste oder Orangenaroma bekommen Sie bei der Fa. Süwag, in größeren Mengen bei der Fa. Fessler oder im gut sortierten Lebensmittelhandel.

Pignolikipferl oder -stangerl

Zutaten: 210 g Marzipanrohmasse • 90 g Staubzucker 20 g Vanillezucker • 1 Eiweiß • 30 g Pignoli (Pinienkerne), klein gehackt (eventuell vorher geröstet) • ca. 20 g Pignoli zum Bestreuen

Marzipan durch die Wiege drücken oder fein reiben. Mit Zucker, Vanillezucker und Eiweiß glatt abrühren. Pignoli einmengen und in einen Spritzsack mit glatter Tülle füllen. Kleine Kipferl oder Stangerl auf ein vorbereitetes Backblech dressieren. Mit Pignoli bestreuen und im vorgeheizten Backrohr bei ca. 165 °C ca. 8–9 Minuten hellbraun backen.

Bei der Auswahl der Spritztülle auf die entsprechende Größe achten (durch Beigabe der Pignoli).
Die Masse ohne Pignoli bereiten und diese dann erst vor dem Backen aufstreuen. Anstelle von Pinienkernen können auch zerkleinerte Mandelblättchen verwendet werden.

Zusätzlich noch einige Tropfen Bittermandelöl einmengen.
Für einen schöneren Glanz eventuell nach dem Backen noch heiß mit Gummiarabikum-Lösung abglänzen.

Schokoladen-Ingwer-Kekse

Zutaten: 200 g Kuvertüre oder Zartbitterschokolade 100 g Staubzucker • 100 g weiche Butter • 1 Ei 180 g Weizenmehl, glatt • 1/4 TL Backpulver 60 g kandierter Ingwer, möglichst fein gehackt oder faschiert

Schokolade mit Zucker und Butter in einer Schüssel über einem heißen Wasserbad schmelzen, dann das Ei darunterrühren, etwas überkühlen lassen. Nun Mehl, Backpulver und Ingwer untermengen. Entweder mit einem Spritzsack mit glatter Tülle (nicht zu klein, damit die Ingwerstücke auch durchgedrückt werden können) auf ein vorbereitetes Backblech dressieren oder in kleine Silikonformen füllen und bei 165 °C ca. 10–14 Minuten (je nach Größe) backen und auskühlen lassen.
Die Kekse könnten noch zusätzlich mit Schokolade verziert werden.

Anstelle von Ingwer können andere Früchte (getrocknete Preiselbeeren oder Weichseln, kandierte Ananas, Dörrzwetschken etc.) verwendet werden.

Tipp

- Wie bei allen dunklen Keksen ist auch hier auf den Bräunungsgrad zu achten.
- Wenn Ihr Ofen nicht gut ausgeleuchtet ist, verwenden Sie eine Taschenlampe oder nehmen das Blech (oder einzelne Stücke) aus dem Backrohr, um den Bräunungsgrad zu kontrollieren.
- Schokoladen-Ingwer-Kekse sind ca. 2 –3 Wochen haltbar.

Schloss-Orth-Kekse

Dieses Rezept stammt von Gerlinde Fischer aus Altmünster

Zutaten: **250 g weiche Butter • 250 g Feinkristallzucker • 1 Pkg. Vanillezucker 3 Eier • 250 g Mehl • 50 g Kakaopulver, gesiebt • Marillenmarmelade**

Butter mit Zucker und Vanillezucker sehr schaumig rühren. Nach und nach Eier einrühren, zuletzt Mehl und Kakao untermengen. Masse in einen Spritzsack mit glatter Tülle füllen und kleine Häufchen auf ein vorbereitetes Backblech aufdressieren. Ca. 7 Minuten bei ca. 180 °C backen. Kekse sind nach dem Backen noch sehr weich, werden beim Abkühlen fester.
Jeweils 2 Stück mit Marillenmarmelade (mit Rum aromatisiert) zusammensetzen und beliebig in Schokoglasur tauchen oder damit verzieren. Eventuell mit bunten Streuseln bestreuen oder mit Marzipan belegen.

Zutaten für Schokoladeglasur: **100 g Schokolade oder Kuvertüre • ca. 60 g Butter**

Beide Zutaten in einer Schüssel über einem Wasserbad oder in der Mikrowelle (hier darauf achten, dass die Schokolade nicht zu heiß wird, öfters kontrollieren und nur in kurzen Intervallen schalten) schmelzen und verrühren.

Schmetterlinge aus Hippenteig

Zutaten: **100 g weiche Butter • 40 g Staubzucker • 1 gestr. TL (3 g) Zimt • 3 Eiklar Prise Salz • 60 g Feinkristallzucker • 110 g Weizenmehl, glatt**

Butter mit Zimt und Staubzucker schaumig rühren. Eiklar mit Zucker und Salz zu steifem Schnee schlagen und abwechselnd mit dem Mehl unter den Abtrieb mengen. Mittels Schablone auf ein vorbereitetes Backblech streichen, dabei mit der Kante einer Palette gerade darüberstreichen, damit der überschüssige Teig von der Schablone entfernt wird. Schablone abnehmen und Schmetterlinge im vorgeheizten Backrohr bei 165 °C so lange backen, bis sie gleichmäßig goldgelb sind (dauert je nach Größe ca. 5–7 Minuten). Eventuell vor dem Backen mit Mandelblättchen oder Buntzucker bestreuen oder mit bunten Smarties belegen – dies ist bei Kindern besonders beliebt. Will man die Schmetterlinge nachträglich noch besser in Form bringen, sollte man dies in noch sehr heißem Zustand bewerkstelligen. Sobald sie abkühlen, können sie nicht mehr aufgerollt bzw. gebogen werden.

Anstelle von Zimt kann auch Orangenpaste und Orangenschale eingerührt werden. Man kann auch mit beliebigen Aromen variieren (Lebkuchen, Bittermandel etc.). Mit beliebigen Schablonen lassen sich unterschiedliche Formen herstellen.

Ausgekühlt, in gut verschlossenen Dosen, ca. 2 Wochen haltbar.

Schokoladewindgebäck

Zutaten: 5 Eiweiß • 50 g Feinkristallzucker • 350 g Feinkristallzucker
120 g Wasser • 200 g Kuvertüre, aufgelöst

Eiweiß mit Zucker zu steifem Schnee schlagen. Zucker mit Wasser auf 120 °C kochen und mit dünnem Strahl in den Schnee einlaufen lassen, weiterschlagen und die Kuvertüre in den überkühlten, sehr schaumigen Schnee einmelieren. In einen Spritzsack mit gezackter Sterntülle füllen und auf ein vorbereitetes Backblech verschiedene Formen aufspritzen. Im vorgeheizten Backrohr bei leicht eingehängtem Backrohr (offener Zug) bei 165 °C ca. 10–13 Minuten backen.

Schokoladetaler

Zutaten: 90 g weiche Butter • 80 g Feinkristallzucker • Prise Salz • 1 Ei
140 g Weizenmehl, glatt • 70 g Pistazien, grob gehackt (oder beliebige Nüsse)
100 g weiße Kuvertüre, grob gehackt (oder Kuvertürelinsen)

Butter und Zucker verrühren, Ei dazugeben, schaumig rühren und zuletzt Mehl, Pistazien und Kuvertüre untermengen. Den Teig in einen Dressiersack mit nicht zu kleiner Spritztülle füllen (damit die groben Teile durchgedrückt werden können) und auf ein vorbereitetes Backblech mit Abstand aufdressieren. Eventuell mit der Handfläche flach drücken. Im vorgeheizten Backrohr bei 165 °C ca. 8–10 Minuten hellbraun backen.

Anstelle von weißer Kuvertüre kann auch Milchkuvertüre oder dunkle Kuvertüre verwendet werden.

Spiegelei

Dieses Rezept stammt von Roland Baumgartner, Konditorei Baumgartner in Gmunden; www.baumgartner.at

Zutaten: **0,2 l Eiweiß • 240 g Zucker • 200 g Haselnüsse • 20 g Weizenstärke 20 g Mehl**

Für die Füllung: **120 g Butter • 240 g Marzipan • 3 Eier gehobelte Mandeln zum Bestreuen • Marillenmarmelade • Fondant**

Zuerst die Füllung vorbereiten: Hierfür Marzipan etwas erwärmen (damit es sich leichter verarbeiten lässt) und nach und nach mit den Eiern glatt rühren. Die heiße aufgelöste Butter erst direkt vor dem Aufdressieren unterrühren.

Eiweiß mit wenig Zucker aufschlagen, restlichen Zucker nach und nach beigeben, bis der Schnee schön schaumig ist. Haselnüsse, Mehl und Weizenstärke mischen und vorsichtig unterheben. Auf ein befettetes und bemehltes Blech mittels Dressiersack (Tülle: 7 mm) ovale Ringe dressieren und mit gehobelten Mandeln bestreuen. Blech kurz umdrehen, damit überflüssige Mandeln herunterfallen.
Nun die Füllung in die Mitte dressieren und bei 185 °C ca. 7–10 Minuten backen.

Nach dem Backen nur die Füllung mit kurz aufgekochter heißer Marmelade bestreichen. Nach dem Erkalten der Marmelade mit körperwarmem Fondant dünn glasieren (mit etwas Wasser verdünnen).

Tipp: Sie können natürlich auch Backtrennpapier verwenden, das Sie, nach dem Bestreuen mit den Mandeln, an den oberen Ecken kurz hochheben, um die übrigen Mandeln zu entfernen.

Spritzgebäck mit Marzipan

Dieses Rezept stammt von Steffi Kappel aus Gmunden

Zutaten: **300 g zimmerwarme Butter • 100 g Marzipanrohmasse, fein gerieben 150 g Feinkristallzucker • 20 g Vanillezucker • Prise Salz • Zitronen- oder Orangenschalenpulver • 2 Eiklar • 350 g Weizenmehl, glatt • Prise Backpulver**

Marzipan mit Butter, Aromen und Zucker schaumig rühren. Nach und nach Eiklar unterrühren und zuletzt Mehl und Backpulver untermengen.
Kleine Busserl oder andere Formen auf ein vorbereitetes Backblech setzen und bei ca. 165 °C ca. 10–12 Minuten auf Sicht backen.

Überkühlt jeweils 2 Stück mit Marmelade oder Creme zusammensetzen, eventuell die Enden in Schokolade tauchen und mit Kokosflocken, Krokant, Schokostreuseln, Buntzucker oder gemahlenen Nüssen bestreuen.
Eventuell noch einige Tropfen Bittermandelöl einrühren, um den Marzipangeschmack zu optimieren.

Tipp: Marzipan durch eine Wiege drücken (siehe Bild Mürbteig Seite 195) oder tiefkühlen, kann dann problemlos auf einer feinen Reibe gerieben werden.

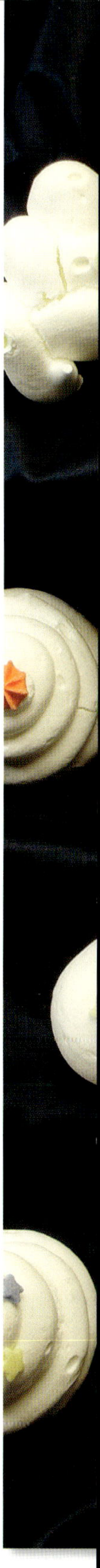

Spritzgebäck

Zutaten: 220 g weiche Butter • 80 g Feinkristall- oder Staubzucker • Prise Salz etwas Zitronenschale oder -pulver (oder Orangenschale) • 1 Ei • 300 g Weizenmehl, glatt • Marmelade zum Zusammensetzen • eventuell Schokoladeglasur

Butter mit Geschmackszutaten sehr schaumig rühren, Ei dazugeben und nochmals schaumig rühren. Mehl einmelieren, Teig in einen Spritzbeutel mit gezackter Tülle füllen und auf ein vorbereitetes Backblech verschiedene Gebäckformen dressieren (Bögen, Gupferl, Busserl, Stangerl, Ringerl, Rosetten). Im vorgeheizten Backrohr bei 165 °C ca. 12–14 Minuten hellbraun backen. Eventuell mit Schokoladeglasur verzieren.

Variationsmöglichkeiten

Auch dieser Teig lässt sich beliebig geschmacklich veränderen:
Etwas Löskaffee mit ganz wenig heißem Wasser, Kaffeelikör oder Rum auflösen. Vor dem Einmengen mit dem Ei verrühren. Zitrone weglassen, dafür mit Zimt, Nelken (oder Piment), Ingwer, Lebkuchengewürz oder selbst hergestellter Gewürzmischung verfeinern.

Tipp

- Für Experimente empfiehlt es sich, stets kleine Teigmengen vom Grundteig zu nehmen und zu testen. Dann exakte Mischung und Rezeptur vermerken.
- Vor dem Backen die Gebäckstücke mit diversen gemahlenen Mandeln, Nüssen oder Kokosflocken bestreuen.

Würzige Nussbusserl

Zutaten: 130 g weiche Butter • 50 g Feinkristallzucker • 1 Pkg. Orangenschalenpulver (Orangenpaste oder geriebene Schale von 1 unbehandelten Orange) 20 g Vanillezucker • Prise Zitronenschalenpulver (oder geriebene Schale von 1 unbehandelten Zitrone) • 3 g Lebkuchengewürz • Prise Salz • Prise Nelkenpulver 1 Ei • 1 Dotter • 140 g gut getrocknete Keksbrösel (ersatzweise Biskotten- oder Kuchenbrösel) • 70 g Haselnüsse, fein gemahlen • 60 g Weizenmehl, glatt evtl. Ribisel-, Himbeer-, Preiselbeer- oder Orangenmarmelade zum Füllen

Butter, Feinkristallzucker, Orangen- und Zitronenpulver, Vanillezucker, Salz, Lebkuchengewürz und Nelkenpulver in eine Schüssel geben und schaumig rühren. Nach und nach Ei und Dotter zugeben und cremig rühren. Brösel, Nüsse und zuletzt Mehl unter den Abtrieb mengen. Masse in einen Spritzsack mit gezackter oder runder Tülle füllen und kleine Busserl auf ein vorbereitetes Backblech dressieren. Eventuell mit einem Kochlöffel, der zuvor in Mehl getaucht wurde, eine kleine Einkerbung drücken (hier kann nach dem Backen Marmelade eingefüllt werden). Im vorgeheizten Backrohr bei ca. 165 °C ca. 10–12 Minuten (je nach Größe) hellbraun backen. Ebenfalls möglich: Die Busserln in kleine Savarinformen füllen, eine kleine Einkerbung eindrücken und die abgerührte Marmelade einfüllen.

Ausgekühlt kann die Unterseite eventuell in Schokoladeglasur getaucht oder damit verziert werden. Im Fachhandel gibt es auch eine spezielle Spritztülle, mit der die beschriebene Einkerbung schon ausgespart wird (siehe Glossar Margaritentülle, Seite 229).

Ebenfalls empfehlenswert: fein gehackte Aranzini unter die Masse mengen (auf die Tüllenöffnung achten, damit die Spritztülle nicht verstopft).

Zuckerbrezerl

Zutaten: **130 g weiche Butter • 60 g Feinkristallzucker**
1/2 Vanilleschote • 90 g Obers, flüssig • 200 g Weizenmehl, glatt

Für die Glasur: **50 g Milch • 1/2 Vanilleschote • 230 g Staubzucker, fein gesiebt**

Butter mit Zucker cremig rühren, Obers und ausgeschabte Vanilleschote dazurühren, Mehl einmengen und kurz mischen. Die Masse in einen Spritzsack mit kleiner runder Tülle füllen und kleine Brezerl auf ein vorbereitetes Backblech dressieren. Im vorgeheizten Backrohr bei ca. 165 °C ca. 8–9 Minuten hell backen. Die Brezerl noch heiß mit Glasur überziehen.

Für die Glasur Milch und Vanilleschote aufkochen, Staubzucker dazugeben und verrühren. Die Brezerl auf ein Gitter legen und mit der Glasur übergießen. Diese Glasur eignet sich auch für andere Gebäckstücke.

Mürbteiggebäck

Mürbteig-Grundrezept

Für diesen traditionellen Teig gibt es viele Rezepte. Er eignet sich sehr gut zur Dotterverarbeitung.

Zutaten: **250 g Weizenmehl, glatt • 150 g kühle Butter • 100 g Feinkristallzucker oder Staubzucker • 3 Dotter • 10 g Vanillezucker • Prise Salz • evtl. etwas frisch geriebene Zitronen- od. Orangenschale (oder -pulver) • beliebige Marmelade zum Füllen**

Die Butter in kleine Stücke schneiden und mit allen anderen Zutaten rasch zu einem Mürbteig verarbeiten. Eventuell kühl stellen. 2 mm dick ausrollen und beliebige Formen ausstechen. Von der Hälfte der Kekse zusätzlich Löcher (oder andere Muster) ausstechen, die Kekse auf vorbereitete Backbleche setzen und bei 165 °C im vorgeheizten Backrohr ca. 10–12 Minuten hellbraun backen. Jeweils ein ganzes und ein gelochtes Keks mit Marmelade zusammensetzen. Eventuell noch mit fein gesiebtem Staubzucker, Staubzucker-Vanillezuckergemisch oder Staubzucker-Zimtgemisch bestauben.

Diese Kekse sind besonders mürbe.

Variationsmöglichkeiten

- Mit verquirltem Ei bestreichen und vor dem Backen beliebig mit Mandelblättchen, Hagelzucker, Buntzucker etc. bestreuen.
- Auch dieser Teig kann beliebig geschmacklich verändert werden: Hierfür etwas fein gemahlenen Löskaffee in ganz wenig heißem Wasser auflösen und vor dem Einmengen mit Dottern verrühren (dann aber Zitrone weglassen). Wird mehr Flüssigkeit beigemengt, 1 Dotter weniger verwenden. Mit Zimt, Nelken oder Piment, Ingwer, Lebkuchengewürz, Muskatnuss oder Bittermandelöl verfeinern.
- Anstelle von Feinkristallzucker kann auch Rohr- oder Gelbzucker verwendet werden.
- Man kann auch eine Prise Backpulver unter den Teig mischen. Eventuell zur Hälfte mit Fondantglasur (oder Schokoladeglasur) verzieren oder darin tunken.
- Auf ausgestochene ungebackene Kekse eine beliebige Masse wie Nussduchesse, Nussschäumchen, Baiser, Kokosbusserl etc. aufdressieren und backen.

Tipps für Mürbteige

- Teig nur nach Bedarf kühl stellen. Das heißt: Falls der Teig nach der Zubereitung nicht zu weich ist, kann er sofort weiterverarbeitet bzw. ausgerollt werden.
- Ich verwende für Mürbteige meist sehr kühle Butter und bereite den Teig in einer Schüssel (mit dem Knethaken der Küchenmaschine) zu. Dann knete ich ihn von Hand nur noch sehr kurz durch. Dadurch bleibt der Teig relativ kompakt und kann sofort weiterverarbeitet werden.
- Bei größeren Teigmengen stelle ich den restlichen Teig aber dennoch in den Kühlschrank.
- Wenn er von Hand geknetet bzw. zubereitet wird, kann die Teigkonsistenz durch Körperwärme und Bearbeitung weicher werden. Hier ist die Kühlung notwendig.
- Zum schnelleren Durchkühlen des Teiges diesen sehr flach drücken. Wenn der Teig zu lange gekühlt wurde, muss er vor dem Ausrollen nochmals kurz durchgeknetet werden, damit er wieder geschmeidig wird. Ansonsten könnte er beim Ausrollen brechen.

Praktische Tipps

- Rollholz mit dünnem Strumpf (vorzugsweise Stützstrumpf) überziehen und mit Gummiringen beidseits befestigen, Mürbteig und diverse fettreiche Teige lassen sich so ohne zu kleben (nur bei Bedarf mit etwas Mehl bestauben) problemlos ausrollen (1+3).
- Zwei Leisten als Abstandhalter erleichtern das Ausrollen des Teigs (2).
- Eine Ausstecherplatte (4) beschleunigt das Kekseausstechen enorm – das oft mühsame Ablösen der ausgestochenen Kekse entfällt. Siehe auch Vanillekipferlteig Seite 146.

Mürbteig mit Ideen – klassischer 1:2:3-Teig

Zutaten: **100 g Feinkristallzucker • 200 g kühle Butter • 300 g Weizenmehl, glatt 2 Dotter • 20 g Vanillezucker • Prise Salz**

Alle Zutaten rasch zu einem geschmeidigen Teig verkneten und ca. 30 Minuten im Kühlschrank rasten lassen. Kleine Teigportionen auf einer Arbeitsfläche mit wenig Mehl 2 mm dick ausrollen, beliebige Formen sehr eng ausstechen (damit nicht zu viel Teig übrig bleibt). Auf ein vorbereitetes Backblech legen und bei 165 °C ca. 12–15 Minuten hellbraun backen.

Nach Belieben können auch Brezerl, Kipferl, kleine Striezel oder Ringerl geformt werden. Die Gebäckstücke in Zucker rollen oder mit Zucker bestreuen.

Nach dem Backen noch heiß in einer Mischung aus Zucker und Zimt (evtl. auch angereichert mit gemahlenen Nüssen oder Mohn) oder in Kokosflocken und Zucker oder in Ovomaltine wälzen. Mit beliebigen Glasuren verzieren.

Diese Kekse können Sie das ganze Jahr über in immer neuen Varianten zu verschiedenen Anlässen kredenzen.

Zusätzliche Gewürze: Ingwer, Lebkuchengewürz, Zimt, Nelken, Anis, Orangenschale, Zitronenschale, Bittermandelöl, diverse Blütenpulver, Piment, Muskatblüten, Kardamom, Muskatnuss, aber auch getrocknete Zitronenmelisse, Hollerblüten, Pfefferminzblätter oder fein gemahlener Früchte- oder Schwarztee. Testen Sie vorerst eine kleine Menge. Um die Kräuter möglichst fein zu mahlen, empfiehlt es sich, diese in einer Küchenmaschine gemeinsam mit Zucker zu verarbeiten.

Tipps

- Auf 500 g Teig kommen ca. 20–25 g Kakao.
- Löskaffee am besten in etwas Rum, Likör, Sirup oder Wasser auflösen.
- Auf 300 g Teig ca. 50–60 g fein faschierte oder klein geschnittene getrocknete oder kandierte Früchte einmengen.
- Anstelle von Kristallzucker kann Rohr-, Palm- oder Gelbzucker verwendet werden.
- Den restlichen Teig immer im Kühlschrank lagern, bei Bedarf etwas abnehmen, mit den verbliebenen Teigresten kurz verkneten und wieder ausrollen.
- Jeweils 2 Kekse können mit Marmelade zusammengesetzt werden und mit Schokolade- oder Zuckerglasur getunkt oder verziert werden.
- Auf kleine gebackene runde Kekse eine Canache- oder Parisercreme spitz aufdressieren, kurz kühl stellen und kopfüber in Schokoladeglasur tauchen.
- Bevor Glasur fett wird, beliebig bestreuen.

Buttergewürzkekse

Dieses Rezept stammt von Christian Pernkopf, Hotel Castel Serfaus

Zutaten: **140 g Weizenmehl, glatt • 70 g Butter • 70 g Feinkristallzucker 2–3 g Lebkuchengewürz • Prise Salz • 1/4 TL Natron (1 g) • 20 g Obers • 1 Dotter**

Alle Zutaten in einer Schüssel oder auf einer Arbeitsfläche vermischen und rasch zu einem Teig kneten, kühl stellen. Auf einer leicht bemehlten Arbeitsplatte (oder zwischen zwei Silikonmatten) ca. 2 mm dick ausrollen. Mit einem Ausstecher beliebige Formen ausstechen und auf ein vorbereitetes Backblech setzen. Im vorgeheizten Backrohr bei 165 °C ca. 8–10 Minuten goldgelb backen.

Gut verschlossen, kühl und trocken lagern. Ca. 5 Wochen haltbar.

Kristallzucker kann durch Rohr-, Palm- oder Gelbzucker ersetzt werden. Eventuell mit selbst hergestellten Gewürzmischungen aromatisieren.

Buttergewürzkekse munden vorzüglich zu Kaffee, Tee oder Punsch.

Buttermandelspekulatius

Dieses Rezept stammt von Steffi Kappel aus Gmunden

Zutaten: **170 g Weizenmehl, glatt • 120 g kühle Butter 100 g Rohrzucker • 1 Ei • 40 g Marzipanrohmasse 20 g Mandeln, fein gerieben • 1/2 TL Zimt je 1 Prise Nelkenpulver und gemahlene Muskatnuss (oder fertiges Lebkuchengewürz oder selbst hergestellte Gewürzmischung) • Prise Salz evtl. einige Tropfen Bittermandelöl evtl. ca. 50 g Mandelblättchen zum Ausrollen**

Marzipanrohmasse auf einer Arbeitsfläche kurz durch eine Wiege drücken. Ei untermengen, mit den restlichen Zutaten rasch zu einem Teig kneten und kühl stellen. Beliebige Formen ausstechen und im vor-geheizten Backrohr bei 165 °C ca. 7–9 Minuten backen.

Zusätzlich kann man noch Zitronen- oder Orangenschale einmengen. Anstelle von Rohrzucker Feinkristall-, Palm- oder Gelbzucker verwenden.

Mürbteig mit Nussbutter

Zutaten: **250 g Weizenmehl, glatt • 140 g kühle, gebräunte Butter (Nussbutter) 60 g Palmzucker (ersatzweise Feinkristallzucker oder Gelbzucker) 20 g Vanillezucker • 2 Dotter • Prise Salz**

Alle Zutaten auf einer Arbeitsfläche oder in einer Schüssel rasch zu einem Teig zusammenmengen und kurz verkneten. Bei Bedarf im Kühlschrank mit Frischhaltefolie abgedeckt ca. 1 Stunde rasten lassen. Auf einer leicht bemehlten Arbeitsfläche ca. 2–3 mm dick ausrollen, beliebige Formen ausstechen und im vorgeheizten Backrohr bei 165 °C ca. 9–11 Minuten hellbraun backen, nach Belieben ausfertigen.

Zubereitung Nussbutter: Butter wird in einem Topf geschmolzen und so lange erhitzt, bis sie eine hellbraune oder goldgelbe Farbe angenommen hat, abseihen und kühl stellen.

Nougatmürbteig

Zutaten: **100 g Nougat, weich • 100 g kühle Butter • 1 Dotter 170 g Weizenmehl, glatt**

Nougat (nur bei Bedarf kurz erwärmen, gerade so, dass man es vermengen kann) mit Butter und Dotter vermengen, Mehl dazugeben, rasch zu einem Teig zusammenfügen und nicht zu lange kneten.
Falls der Teig zu weich ist, ca. 1 Stunde im Kühlschrank kühl stellen. Teig auf einer leicht bemehlten Arbeitsplatte (oder zwischen 2 Backmatten) ca. 2 mm dünn ausrollen und beliebige Formen (Herzen, Blätter, Kreise, Kipferl, Figuren etc.) ausstechen und auf ein vorbereitetes Backblech setzen. Im vorgeheizten Backrohr bei ca. 165 °C ca. 12 Minuten hell backen.

Ausfertigung

- Jeweils 2 Kekse mit Marmelade oder Nutella zusammensetzen.
- Eventuell mit Schokoladeglasur (oder einer beliebigen Glasur) verzieren oder darin tunken.
- Auf die noch nicht trockene Glasur Streusel oder Buntzucker aufstreuen.

Einfache Butterstangerl

Dieses Rezept stammt von Renate Spadinger aus Andorf

Zutaten: **280 g kühle Butter • 280 g Weizenmehl, glatt • 2 EL Obers 2 EL Most • Prise Salz • 1 Eidotter • 1 Msp. Backpulver**

Für den Belag: **1 Eiklar • 150 g Staubzucker**

Butter mit Mehl abbröseln und mit den übrigen Zutaten rasch zu einem Teig verkneten. Ca. 1/2 Stunde rasten lassen, messerrückendick ausrollen. Für den Belag Eiklar mit Staubzucker aufschlagen und den gesamten Teig mit der Schneemasse bestreichen. Mit einem Teigrad Stangerl oder Rechtecke schneiden, auf ein vorbereitetes Backblech legen und im vorgeheizten Backrohr bei ca. 175–190 °C 10–15 Minuten backen.

Tipp: Statt mit Mürbteig mit ausgerolltem Blätterteig bereiten

Butterbrote mit Schokolade

Dieses Rezept stammt von Arthur Jedlicka

Zutaten: 150 g Weizenmehl, glatt • 120 g Butter • 90 g Haselnüsse, fein gemahlen (ersatzweise Mandeln oder andere Nüsse) • 1 Dotter • 40 g Feinkristallzucker 50 g Schokolade, fein gerieben • Prise Salz

Für die Glasur: 2 Dotter (pasteurisiert) • 100 g Staubzucker, fein gesiebt

Alle Zutaten für den Teig rasch zu einem Mürbteig kneten, zu 2 cm dicken Stangen formen und kurz kühl stellen. Dünne gleichmäßige Stücke (wie Brote) abschneiden, auf ein vorbereitetes Backblech legen. Für die Glasur Dotter und Staubzucker verrühren und mit dem Spritzsack (sehr dünne Tülle) in der Mitte der Kekse etwas Glasur aufspritzen. Mit einem Messer aufstreichen (oder mit Löffel Tupfen auftragen) und bei 155 °C ca. 17 Minuten backen.

Wer die Butterbrote süßer möchte, kann unter den Teig zusätzlich noch 30 g Zucker mengen.

Glasur-Variante

80 g fein gesiebter Staubzucker • 10–20 ml Rum (oder gleiche Menge Zitronensaft) • 10 ml Wasser

Alle Zutaten mit dem Schneebesen glatt rühren und auf die gebackenen heißen Kekse geben. Gut antrocknen lassen. Ersatzweise kann auch eine Fondantglasur verwendet werden.

Cognac- und Champagnerplätzchen

Dieses Rezept stammt von Edith von Payr

Zutaten für Mürbteig: **200 g Weizenmehl, glatt • 130 g kühle Butter 60 g Staubzucker, fein gesiebt • 80 g Mandeln, fein gemahlen und geschält Prise Salz • frisch geriebene Zitronenschale**

Alle Zutaten rasch zu einem Teig zusammenmengen und kurz kneten. Den Teig ca. 2 mm dick ausrollen und beliebige Formen ausstechen (rund oder eckig). Kekse auf ein vorbereitetes Backblech legen und bei 165 °C ca. 10 Minuten hellbraun backen.

Für Fülle 1: **100 g weiche Butter • 100 g Staubzucker, fein gesiebt • 1 EL Honig 1 EL Mandeln, geschält und gemahlen • 40 ml Cognac (ersatzweise Weinbrand)**

Alle Zutaten schaumig rühren und abschmecken.

Für Fülle 2: **200 g weiße Kuvertüre • 40 g weiche Butter • 50 g Staubzucker 50 ml Champagner (ersatzweise Sekt) • 10 ml Zitronensaft**

Kuvertüre schmelzen und mit den restlichen Zutaten mischen.

Die 1/2 Menge der Kekse mit Fülle 1, die andere mit Fülle 2 füllen.
Eventuell zusätzlich – je nach Anlass – mit Zuckerblumen dekorieren.

Diese Plätzchen gibt es bei uns nur zu besonderen Anlässen.

Engadiner

Dieses Rezept stammt von Werner Wiesenberger

Für die Formen: **Mürbteig (s. Mürbteigrezepte Seite 117 und 119) für Auslegeteig)**

Für die Fülle: **120 g Feinkristallzucker • 100 ml Obers • 100 g Marzipan 20 40 ml Wasser (oder Obers) • 200 g Walnüsse, grob gehackt**

Zucker in einem Topf hellbraun karamellisieren, mit Obers ablöschen, so lange kochen, bis sich der Karamell aufgelöst hat. Marzipan mit Wasser (oder Obers) streichfähig (glatt) rühren und mit den Walnüssen in die leicht überkühlte Obersmasse mengen.
Kleine Formen mit Mürbteig auslegen, stupfen und mit der Masse befüllen. Im vorgeheizten Backrohr bei 165 °C ca. 12–15 Minuten (je nach Größe und Füllmenge) backen.
Eventuell noch klein gehackte, kandierte Früchte einmengen, diese jedoch von der Nussmenge abziehen.

Hat man Rohmarzipan zur Verfügung:
100 g Rohmarzipan mit 30 g Staubzucker zusammenmengen.

Erdnusskekse

Zutaten: 300 g Weizenmehl, glatt
70 g Feinkristallzucker • 10 g Vanillezucker
120 g Butter • 1 Ei • 80 g Erdnussbutter
(siehe Glossar Seite 236) • Prise Salz
einige Erdnusskerne (ca. 20 g) und etwas
Marillen- oder Ribiselmarmelade (ca. 10 g)
(für den Belag)

Alle Zutaten in eine Schüssel geben und mit dem Knethaken des Handrührgerätes (oder mit der Standküchenmaschine) oder von Hand rasch zu einem Mürbteig zusammenmengen und kurz verkneten. Eventuell abgedeckt etwas kühl stellen. Den Teig auf einer leicht bemehlten Unterlage 2 mm dick ausrollen und beliebige Formen ausstechen.

Für den Belag Erdnüsse grob hacken und mit Marmelade vermischen. Das Mengenverhältnis des Belages kann, je nach Geschmack, variieren. (Durch die Marmelade bleibt die Nussmischung beim Backen kompakt und fällt nicht ab.) Vor dem Backen die Hälfte der Kekse mit der Füllung belegen. Hierfür mit einem kleinen Löffel die Nuss-Marmelade-Mischung mittig auftragen.

Kekse auf ein vorbereitetes Backblech legen und bei 165 °C ca. 10–12 Minuten hellbraun backen. Danach jeweils 2 Kekse mit Marmelade oder einer beliebigen Creme (Buttercreme mit Erdnussbutter, Nougatcreme, Orangencreme etc.) füllen.

Anstelle der Nussmischung Buntzucker in verschiedenen Farben und Körnungen auftragen. Man kann (muss aber nicht) die Kekse vor dem Backen mit verquirltem Ei bestreichen.

Hinweis: 100 g Erdnüsse mit Schale ergeben ca. 70 g geschälte Erdnüsse.

Gefüllte Mürbchen

Mürbteig (siehe Seite 117 und 119) ausrollen und beliebige Formen (Metall oder Silikon) damit auslegen, eindrücken, mit der Gabel stupfen und bei 165 °C ca. 8–10 Minuten hellgelb backen.

Fülle

Pro Form (je nach Größe) 20–30 g Marzipan beliebig mit Likör oder Mokkapaste, Orangenpaste oder Pistazien abschmecken und verrühren. Mit heißem Wasser (oder Alkohol) so verlängern, dass die Masse in einen Spritzsack mit Tülle eingefüllt werden kann.
Die Füllung kann beliebig auf den vorgebackenen Mürbteig aufdressiert werden, sodass man das Muster nach dem Tunken erkennen kann. Mit heißer Marillenmarmelade bestreichen und mit heller oder dunkler Schokoladeglasur verschließen.

Gewürzherzen

Dieses Rezept stammt von Edith von Payr

**Zutaten: 600 g Weizenmehl, glatt • 2 TL Backpulver
200 g Haselnüsse, fein gemahlen • Prise Salz • 1 TL Zimt, fein gemahlen • 1 Ei • 300 g Feinkristallzucker • 200 g kühle Butter**

rote Marmelade zum Zusammensetzen • einige gebrannte Mandeln (oder braune Mandeln)

Für die Zuckerglasur: 200 g Staubzucker, fein gesiebt • 1 Eiweiß (pasteurisiert) oder 30 ml kalte Milch

Alle Zutaten rasch zu einem Teig zusammenmengen und kurz durchkneten. Ca. 30 Minuten im Kühlschrank rasten lassen. Danach den Teig ca. 2–3 mm dick ausrollen und kleine Herzen ausstechen.
Bei 200 °C ca. 10 Minuten (bei Ober- und Unterhitze) hellbraun backen. Auskühlen lassen und jeweils 2 Stück mit roter Marmelade zusammensetzen. Einen Tag ruhen lassen, mit der Zuckerglasur Tupfen aufspritzen und die Mandeln in die feuchte Glasur hineindrücken.

Glasur: Eiweiß und Zucker mit einer Gabel verrühren, nicht schaumig schlagen.

Grüne Kekse

Dieses Rezept stammt von Biogärtner Karl Ploberger; www.biogaertner.at

**Zutaten: 125 g Butter • 250 g Weizenmehl (Typ 405), griffig • 1 TL Backpulver
Prise Salz • 1 TL frische Zitronenschale • 1 TL Zitronensaft • 2 Eidotter
1 TL getrocknete Zitronenmelisse**

**Für die Glasur: 150 g Staubzucker • 1 TL geriebene Zitronenschale
2 TL Zitronensaft**

Aus den Zutaten einen Mürbteig bereiten und den Teig 1 Stunde kühl rasten lassen. Anschließend dünn auswalken, Kekse ausstechen und bei 200 °C im Backrohr 10 Minuten backen.

Für die Glasur Staubzucker, Zitronenschale und Zitronensaft verrühren. Die Kekse zur Hälfte in die Glasur tauchen und trocknen lassen.

Ischler Törtchen

Dieses Rezept stammt von Familie Gröller, Landhotel Traunsee in Traunkirchen

Zutaten: 280 g kalte Butter • 280 g Weizenmehl, glatt • 140 g Staubzucker, fein gesiebt • 140 g Haselnüsse oder Mandeln, gerieben • 1 Pkg. Vanillezucker oder selbst hergestellter Vanillezucker • Saft von 1/2 Zitrone • dunkle Kuvertüre (Tunkmasse) Erdbeermarmelade • ganze oder halbierte geschälte Mandeln

Mehl, Staubzucker, Nüsse, Butter, Zitronensaft und Vanillezucker rasch zu einem glatten Teig vermengen und kurz durchkneten. Den Teig bei Bedarf ca. 1 Stunde im Kühlschrank rasten lassen.

Anschließend auf einer leicht bemehlten Arbeitsfläche ca. 2 mm dick ausrollen und Scheiben ausstechen. Auf ein vorbereitetes Backblech legen und bei 165 °C ca. 8–12 Minuten hellbraun backen. Abgekühlt jeweils 2 Scheiben mit Erdbeermarmelade zusammensetzen.
Inzwischen die Tunkmasse im Wasserbad handwarm schmelzen und temperieren. Die Kekse an der Oberfläche darin tunken und mit einer Mandel belegen.

Wird die Tunkmasse nicht temperiert, so muss der Tunkmasse etwas Kokosfett oder Butter beigemengt werden. Sonst bekommt sie einen grauen Schleier.

Man kann die Törtchen auch mit einer Schokoladeglasur überziehen.

Heidesand

Zutaten: 250 g Weizenmehl, glatt • 100 g Feinkristallzucker oder Staubzucker 220 g Butter • 1 Dotter • 10 g Vanillezucker • 2 Msp. Zitronenschale oder -pulver (ersatzweise Orangenschale) • Prise Salz • verquirltes Ei (zum Bestreichen) Hagelzucker (zum Wälzen) • Marillenmarmelade (zum Füllen)

Alle Zutaten in eine Schüssel (oder auf eine Arbeitsfläche) geben und von Hand rasch zu einem Mürbteig verarbeiten. Den Teig zu 2 cm dicken Rollen formen und mit Klarsichtfolie abgedeckt einige Zeit (ca. 2 Stunden) im Kühlschrank rasten lassen.
Rollen in verquirltem Ei wälzen oder mit einem Pinsel einstreichen. Danach in Hagelzucker wälzen, Zucker gut andrücken und dünne Scheiben (ca. 2–3 mm) abschneiden. Teigscheiben auf ein vorbereitetes Backblech setzen, in die Mitte eine Vertiefung drücken (mit dem Kochlöffel oder der Fingerkuppe) und Marillenmarmelade (oder eine beliebige Marmelade) hineindressieren. Im vorgeheizten Backrohr bei 165 °C ca. 12 Minuten unter Aufsicht hellbraun backen.

Variationsmöglichkeiten

- Dieser Teig ist sehr weich, wer ihn fester möchte, kann die Buttermenge auf 150 g reduzieren.
- Zusätzlich die Masse mit Bittermandelöl oder Lebkuchengewürz abschmecken.
- Die Teigrollen können wahlweise auch in Buntzucker, gemahlenen Nüssen, Mandeln, Kürbiskernen, Sonnenblumenkernen, Mohn, Sesam, Kokosflocken, grob zerkleinerten Haferflocken, fein gemahlenem Nusskrokant (gekauft oder selbst bereitet), Zucker-Zimt-Gemisch oder Zucker-Lebkuchen-Gemisch gewälzt werden. Die Marmeladefüllung passt ebenso optional.
- Eventuell vor dem Backen eine geschälte, halbierte Mandel hineindrücken.
- Diese Kekse schmecken nicht nur zu Weihnachten, sondern passen zwischendurch auch als Knabbergebäck bzw. zu diversen Eiskreationen.

Tipp: Bei der Zubereitung von fettreichen Mürbteigen sollte die Raumtemperatur möglichst niedrig sein.

Kaffeeecken

Zutaten: 170 g Butter • 80 g Feinkristallzucker • 1 Dotter oder 1 Eiweiß 10 g Vanillezucker • Prise Salz • 250 g Weizenmehl, glatt • Kaffeebuttercreme (Buttercreme mit etwas aufgelöstem Löskaffeepulver verrührt) zum Füllen evtl. etwas Fondant (mit Löskaffee oder Schokolade eingefärbt) zum Verzieren Marillen- oder Ribiselmarmelade zum Bestreichen • evtl. Schokoladespritzglasur

Alle Zutaten rasch zu einem Teig verarbeiten, nur bei Bedarf im Kühlschrank kurz kalt stellen. Teig ca. 2 mm dick ausrollen und mit einem Fächerausstecher Kekse ausstechen. Man kann auch Kreise ausstechen und diese mit dem Messer in 4 Viertel schneiden. Die so entstandenen Fächer-Scheiben auf ein vorbereitetes Backblech legen und bei 165 °C ca. 12–15 Minuten backen.

Ausgekühlt jeweils 2 Fächer mit Buttercreme zusammensetzen, den Deckel mit Marmelade besteichen, mit Fondant glasieren und ausgekühlt mit Spritzglasur verzieren.

Eventuell mit einigen Schokoladekaffeebohnen oder Silberperlen dekorieren.

Kastanienmürbteig

Zutaten: **120 g Butter • 120 g Feinkristallzucker • 1 Ei • Prise Salz**
100 g Maronipüree (Kastanienpüree) • Prise Vanillezucker • Prise Zimt
125 g Kastanienmehl • 100 g Weizenmehl, glatt • Prise Backpulver

Alle Zutaten auf einer Arbeitsfläche von Hand oder in einer Küchenmaschine mit dem Knethaken zu einem Mürbteig vermengen. Kurz durchkneten und nur bei Bedarf kühl stellen. Auf einer leicht bemehlten Arbeitsfläche (oder zwischen 2 Backmatten) 2 mm dick ausrollen und beliebige Formen ausstechen. Bei 165 °C im vorgeheizten Backrohr ca. 8–9 Minuten hellbraun backen.

Jeweils 2 Kekse mit Kirsch-, Preiselbeer-, Ribisel- oder Weichselmarmelade zusammensetzen. Oder mit einer Buttercreme (bzw. mit Kastanienpüree oder zerlassener Schokolade) füllen. Beliebig mit Schokoladeglasur verzieren.
Anstelle von Kastanienmehl kann auch glattes Weizenmehl verwendet werden.

Kakaomürbteig

Dieses Rezept stammt von Arthur Jedlicka aus Haag

Zutaten: **300 g Weizenmehl, glatt • 200 g Butter**
130 g Feinkristallzucker • 1 Ei oder 2 Dotter
15 g Kakao, fein gesiebt • Prise Salz
20 g Vanillezucker

Alle Zutaten vermengen und rasch zu einem Mürbteig verarbeiten. Kurz durchkneten und nur bei Bedarf kühl stellen. Auf einer bemehlten Arbeitsfläche 2 mm dick ausrollen und beliebige Formen ausstechen. Bei 165 °C im vorgeheizten Backrohr ca. 7–9 Minuten backen.
Dabei darauf achten, dass die Kekse nicht zu dunkel und zu lange backen, zumal man bei dunklen Teigen leicht den richtigen Bräunungsgrad übersehen kann.
Jeweils 2 Kekse beliebig mit Marmelade – je nach Geschmack und Vorrat – zusammensetzen.
Mit verschiedenen Dekormaterialien verzieren oder ausfertigen.

Kürbis- oder Pistazienmürbteig – grüner Mürbteig

Zutaten: **130 g Butter • 110 g Feinkristallzucker • 10 g Vanillezucker • 1 Ei**
250 g Weizenmehl, glatt • 130 g Kürbiskerne oder Pistazien, fein gemahlen

Aus allen Zutaten einen Mürbteig bereiten, nur bei Bedarf kühl stellen. Teig ausrollen, kurz in den Tiefkühler stellen und anschließend mit dem Strukturholz darüberrollen, um ein schönes Muster einzudrücken.
Beliebige Formen (Echsen, Dinosaurier etc.) ausstechen und mit Ei bestreichen. Bei 165 °C ca. 8–11 Minuten backen.

Dieser Teig kann auch mit anderen Nüssen zubereitet werden.

Kokosmürbteig

Zutaten: **100 g Feinkristallzucker • 200 g kühle Butter 200 g Weizenmehl, glatt • 100 g Kokosflocken 3 Dotter • Prise Salz • Prise Backpulver**

Alle Zutaten auf einer Arbeitsfläche oder in einer Schüssel rasch zu einem Teig zusammenfügen und kurz kneten. Nur bei Bedarf kühl stellen und auf einer leicht bemehlten Arbeitsfläche 2 mm dick ausrollen. Beliebige Formen ausstechen und im vorgeheizten Backrohr bei ca. 165 °C ca. 8–11 Minuten backen.

Nach dem Backen eventuell jeweils 2 Kekse mit Marmelade zusammensetzen. Sehr gut passen Ananasmarmelade, Erdbeermarmelade, aber auch Ribisel- oder Preiselbeermarmelade.

Kekse mit Schokoladeglasur verzieren oder darin tunken. Zusätzlich den Teig mit Kokos-, Ananas-, Kirsch-, Rum- oder Punscharoma aromatisieren.

Maroni-Ribisel-Tascherl

Dieses Rezept stammt von Maître Chocolatier Johannes F. Bachhalm

Die Maroni- oder Kastanienmasse selbst herzustellen, ist eher aufwändig. Es gibt sehr gute fertige Produkte als Konserve oder Tiefkühlware. Tiefgekühlte Maronimasse sollte man nach dem Auftauen mit etwas Vanillezucker und einem Spritzer Rum verfeinern. Maroni-Tascherl sind mehrere Tage haltbar, sie sollten aber im Kühlschrank aufbewahrt werden und erst eine Stunde vor dem Servieren herausgenommen werden.

Zutaten für den Mürbteig: **400 g Mehl • 4 g Backpulver • 1 Ei 8 g Vanillezucker • 1 g Salz • 120 g Staubzucker • 250 g Butter**

Außerdem: **450 g Maronimasse • 200 g Ribiselmarmelade**

Variante: Bachhalm-Zartbitterschokolade (zum Tunken) oder Vanillestaubzucker (zum Besieben)

Mehl mit Backpulver auf die Arbeitsplatte sieben. Ei mit Vanillezucker und Salz verrühren. Mehl- und Eiermischung zusammen mit dem Staubzucker und der temperierten Butter kurz verkneten. Zu einem flachen Block formen, in Folie wickeln und mindestens 2 Stunden im Kühlschrank rasten lassen.

Den Teig 2 mm dick ausrollen. Mit einem Keksausstecher (Durchmesser: 6 cm) runde Teigringe ausstechen, die Ränder mit Eistreiche (1 ganzes Ei, etwas Salz, ein Schuss Milch – gut verquirlen) bestreichen und jeweils 10 g Maronimasse in die Mitte dressieren. Die Maronimasse mit einem Kaffeelöffel mittig eindrücken und etwas Ribiselmarmelade aufdressieren. Die Ränder über die Mitte zusammenlegen und die mit Eistreiche bestrichenen Ränder zusammendrücken. Die Außenränder mit einer Gabel aufeinanderdrücken, sodass die Füllung beim Backen nicht herausläuft. Bei 160 °C im Backrohr etwa 10 Minuten backen.

Variante: Nach dem Auskühlen die Maroni-Tascherl zur Hälfte in Bachhalm-Zartbitterschokolade tunken und servieren oder Maroni-Tascherl mit Vanillestaubzucker besieben.

Mitzis Grubenlichter

Dieses Rezept stammt von Edith von Payr

Zutaten: **280 g Weizenmehl, glatt • 1 TL Backpulver • 10 ml Milch • 20 g Kakao, fein gesiebt • 130 g Staubzucker • 130 g kühle Butter**

Für die Fülle: **40 g braune zerlassene Butter • 70 g Staubzucker, fein gesiebt 130 g Kokosfett • 20 g Vanillezucker • 10 g Kakao • 20 ml starker Kaffee, ersatzweise aufgelöstes Kaffeekonzentrat oder Kaffeepaste (Fachhandel, Fa. Süwag) 60 g Haselnüsse, fein gemahlen**

Für den Überguss: **100 g Staubzucker, fein gesiebt • 50 g zerlassene Butter 20–30 g Kakao**

Alle Zutaten rasch zu einem Teig zusammenfügen und kurz kneten. Auf einer leicht bemehlten Arbeitsfläche ca. 2 mm dick ausrollen, runde Kekse oder Plätzchen ausstechen und auf ein vorbereitetes Backblech legen. Bei 165 °C ca. 10–12 Minuten hellbraun backen.
Für die Fülle die zerlassene braune Butter mit dem Kokosfett schmelzen, alle anderen Zutaten untermengen und gut vermischen. Kekse damit füllen.

Für den Überguss alle Zutaten gut verrühren und die Kekse damit überziehen.

Mohn-Nusskipferl

Zutaten: **200 g Butter • 70 g Feinkristallzucker • 250 g Weizenmehl, griffig 50 g Mohn, gemahlen • 50 g Haselnüsse, gemahlen und geröstet • 1 Ei • Prise Salz 20 g Vanillezucker**

Alle Zutaten zusammen in einer Schüssel oder auf einer Arbeitsfläche zu einem Mürbteig vermengen und kurz kneten. Teig nur bei Bedarf kühl stellen, zu Rollen formen und kleine Stücke davon abstechen. Diese in der Handfläche zu Kipferln drehen. Die Spitzen sollten nicht zu dünn sein, damit sie beim Backen nicht zu dunkel werden. Im vorgeheizten Backrohr bei ca. 165 °C ca. 10 Minuten backen. Noch warm mit Staubzucker-Vanille-Zuckergemisch bestreuen.

Variationsmöglichkeiten

- Die Kipferl mit Mohn und beliebigen Nüssen und Kernen (Kürbis- oder Sonnenblumenkerne) – oder einer Mischung daraus – zubereiten.
- Den Teig ausrollen und beliebige Formen ausstechen oder zu einer 2 mm dicken Rolle formen, diese in Scheiben schneiden und backen.

Ebenfalls möglich: Wie Husarenkrapferl formen (siehe Seite 195), Powidl mit Rum verrühren und Krapferl damit füllen (es passt aber auch Ribisel- oder Himbeermarmelade). Ist der Mohn sehr trocken, evtl. noch 1 Dotter untermengen.

Foto Seite 116

Linzer Augen

Dieses Rezept stammt von Anneliese Wartha

Zutaten: **150 g Weizenmehl, glatt • 100 g Butter • 50 g Staubzucker • 50 g Mandeln, geschält und fein gerieben • 1 Dotter • frisch geriebene Zitronenschale (oder Zitronenschalenpulver) • 10 g Vanillezucker • Prise Salz • Marillen- oder Ribiselmarmelade zum Füllen**

Alle Zutaten rasch zusammenfügen und zu einem Teig kneten. Nur bei Bedarf kurz kalt stellen. Der Teig ist sehr mürb und kann am besten zwischen 2 Backmatten oder einem festen Gefrierbeutel ausgerollt werden. Beliebige Formen ausstechen und bei 165 °C im vorgeheizten Backrohr ca. 12 Minuten hellbraun backen. Ausgekühlt jeweils 2 Stück mit Marmelade zusammensetzen. Eventuell mit Staubzucker bestreuen.

Variante: Anstelle der Mandeln können aber auch Haselnüsse oder andere fein gemahlene Nüsse verwendet werden (siehe Nuss- oder nussähnliche Kerne und Samen Seite 236).
Ein Teil der Mandeln kann auch durch Mohn ersetzt werden.

Nussmürbteig (Linzer Teig)

Zutaten

250 g Weizenmehl, glatt • 190 g kühle Butter • 160 g Haselnüsse, fein gerieben und geröstet (ersatzweise Walnüsse, Mandeln, Cashewnüsse) • 120 g Zucker (oder Gelb-, Palm- oder Rohrzucker) • 1 Ei • Prise Salz • 1/2 TL Zimt • evtl. etwas Zitronenschale • 20 g Vanillezucker (oder Mark von 1/2 Vanilleschote)

Butter in Stücke schneiden und mit allen Zutaten rasch zu einem geschmeidigen Teig verkneten. Nur bei Bedarf ca. 30 Minuten im Kühlschrank kühl stellen. Kleine Teigportionen auf einer Arbeitsfläche mit wenig Mehl 2 mm dick ausrollen, beliebige Formen so ausstechen, dass nicht zu viel Teig übrig bleibt. Auf ein vorbereitetes Backblech legen und bei 165 °C ca. 11–14 Minuten hellbraun backen.

Variationsmöglichkeiten

- Zusätzliche Gewürze: Ingwer, Lebkuchengewürz, Zimt, Nelken, Anis, Orangenschale, Bittermandelöl, diverse Blütenpulver, Piment, Muskatblüten, Kardamom, Muskatnuss oder selbst hergestellte Gewürzmischungen.
- Einen Teil der Nüsse durch Mohn ersetzen. Oder probieren Sie einfach einmal andere Nüsse (siehe Nuss- oder nussähnliche Kerne und Samen Seite 236) oder eine Nussmischung aus.
- Jeweils 2 Kekse mit Marmelade zusammensetzen und in Schokoladeglasur tunken oder damit verzieren.
- Ersetzt man 10–20 g Mehl durch Kakao, verändern sich Farbe und Geschmack.

Hinweis: Dieses Mürbteig-Rezept schmeckt besonders gut und ist daher in etwas größerer Menge berechnet.

Nussfüllung für fertig gebackene Mürbteig- oder Nussmürbteigkekse

Zutaten: **60 g Feinkristallzucker • 70 g Glukosesirup • 50 ml Wasser 20 g Vanillezucker • 200 g Walnüsse, fein gemahlen und geröstet • 30 g Rum**

Für die Füllung Zucker, Glukose, Vanillezucker und Wasser aufkochen und die Nüsse in die heiße Masse einrühren. Überkühlt den Rum einrühren, jeweils 2 Mürbteigkekse damit füllen und zusammensetzen. Die Masse kann zum schnelleren Verarbeiten auch mit einem Spritzsack (glatte, nicht zu kleine Tülle) aufdressiert werden. Die Oberfläche der Kekse eventuell auch mit Schokoladeglasur verzieren oder darin tunken. Oder mit einer Fondantglasur (eventuell mit Lebensmittelfarbe oder rotem Rübensaft eingefärbt) verzieren.

Variationsmöglichkeiten

- Die Kekse vor dem Überziehen „kopfüber" in heiße, passierte Marillen-, Ribisel- oder Kirschmarmelade tauchen oder damit bepinseln, antrocknen lassen und dann in Schokoladeglasur tunken.
- Zur Verzierung auf der noch nicht festen Glasur eine Nuss oder Pistazie anbringen.
  Die Füllmasse zusätzlich mit Zimt oder einer beliebigen Gewürzmischung abschmecken.
  Anstelle von Glukose Honig verwenden.

Nougattinchen

beliebiger Schokolade- oder Kakaomürbteig

Zutaten für Fülle: **Nougatmasse (Nutella) • Schokoladeglasur**
Mandeln, geschält und halbiert

Mürbteig 2 mm dick ausrollen.
Runde Kekse mit ca. 25–30 mm Durchmesser ausstechen und bei 165 °C ca. 8–10 Minuten hell backen. Nach dem Abkühlen jeweils 2 Kekse mit Nougatmasse (Nutella) zusammensetzen, in dunkler Schokoladeglasur tunken (oder damit überziehen) und mit einer geschälten halben Mandel belegen.

Eine weitere Füllmöglichkeit: Gemahlene geröstete Haselnüsse, Mandeln oder Walnüsse mit Rum und Läuterzucker streichfähig machen und anstelle der Nougatmasse verwenden.

Nougattinchen sind gekühlt ca. 10 Tage haltbar.

Nusstaler

Zutaten: **ca. 300 g fertiger Mürbteig (siehe Mürbteigrezepte Seite 117 und 119)**
100 ml Obers • 100 g Feinkristallzucker • 50 g Butter • 50 g Honig • 250 g Haselnüsse, grob gehackt • Prise Zimt

Mürbteig ca. 2–3 mm dick ausrollen, runde Kreise von ca. 5 cm ausstechen. In kleine Backformen aus Silikon (oder Metall) legen und bei 165 °C im vorgeheizten Backrohr ca. 5 Minuten anbacken. Aus dem Rohr nehmen und die Nussfülle einfüllen. Wieder ins 165 °C heiße Backrohr geben und ca. 10–12 Minuten fertig backen.
Die Nüsse zwischen 2 Backmatten (oder einem Küchentuch) mit dem Rollholz nicht zu fein zerkleinern. Alle Zutaten in einen Topf geben und auf 90 °C erhitzen (Probe mit Thermometer). Von der Kochstelle nehmen und in die vorgebackenen Mürbteigböden mittels Löffel einfüllen.

Diese Masse reicht für 40 Törtchen von 5 cm Durchmesser.
Pro Keks ca. 20 g Füllung.

Nussknacker

Dieses Rezept stammt von
Gerlinde Fischer aus Altmünster

beliebiger Mürbteig (siehe Grundrezept)

Nach Belieben Cashew-, Hasel-, Walnüsse bzw.
Mandeln
und Pinienkerne verwenden.

Mürbteig ca. 2 mm dick ausrollen. 1 Eigelb mit wenig Wasser verrühren. Mit einem runden Ausstecher Kreise (Durchmesser: 5 cm) ausstechen. Mit erwärmter Marillenmarmelade dünn bestreichen und beliebig mit Nüssen belegen. Nussknacker mit Eigelb (mit Wasser verrührt) bestreichen und bei 175 °C ca. 15 Minuten goldgelb backen.

Nüsse in der Form

Dieses Rezept stammt von Edith von Payr

Zutaten: 300 g Weizenmehl, glatt • 300 g kühle Butter oder Margarine
150 g Staubzucker, fein gesiebt • 150 g Walnüsse, fein gemahlen
Prise Salz

Zutaten für Pariser Creme:
250 ml Obers • 250 g dunkle Kuvertüre oder Schokolade

Alle Zutaten zu einem Teig vermengen und kurz kneten. Kleine Stücke vom Teig abnehmen und in kleine gefettete Nussformen (im gut sortierten Haushaltsfachhandel erhältlich) füllen und eindrücken. Die Oberfläche sollte glatt sein.
Im vorgeheizten Backrohr bei ca. 155 °C ca. 10 Minuten backen. Aus der Form lösen und die Formen – ohne nachzufetten – gleich wieder verwenden. Danach die Formen mit heißem Wasser abspülen (ohne Spülmittel), abtrocknen und aufbewahren.

Für die Fülle Obers aufkochen, von der Herdstelle nehmen, fein gehackte Schokolade (oder Kuvertürelinsen) darin auflösen und erkalten lassen (Raumtemperatur). Dann mit einem Mixer oder Schneebesen kurz aufschlagen, aber keinesfalls überschlagen, da die Creme sonst gerinnt. Ist dies der Fall, die ganze Masse noch einmal erhitzen und wieder abkühlen lassen.
Eventuell mit Alkohol aromatisieren.

Halbe gebackene Keksmenge noch warm ziemlich dick mit Staubzucker bestreuen.
Die 2. Hälfte mit Creme bestreichen (oder aufdressieren), zusammensetzen und in Papiermanschetten absetzen.

Können mit Pariser Creme, Nutella oder Marmelade zusammengesetzt werden.

Orangentaler

Dieses Rezept stammt von Hans Haas, Restaurant Tantris in München; www.tantris.de

Zutaten: **100 g Mehl • 60 g Butter • 40 g Staubzucker • Vanillezucker Schale von einer unbehandelten Orange • 2 Eidotter**

Für die Fülle: **100 g weiße Schokolade • 40 g Butter • 40 g Staubzucker 4 EL Orangensaft • Schale von 1 Zitrone**

Mehl, Butter, Staubzucker, Vanillezucker, Orangenschale und Eidotter rasch zu einem Teig verkneten. 1 Stunde kühl stellen und danach runde Taler ausstechen.
Bei 140 °C backen, auskühlen lassen und die Füllung auf die Unterseite spritzen, einen weiteren Taler daraufsetzen.

Für die Fülle Schokolade schmelzen und mit den restlichen Zutaten zu einer glatten Masse verrühren.

Zum Schluss die Taler mit Schokolade bestreichen.

Peilsteinkekse

Dieses Rezept stammt von Edith von Payr

Zutaten: **170 g Weizenmehl, glatt • 1 gestr. TL Backpulver • 60 g Staubzucker 20 g Vanillezucker • 10 ml Rum • 20 ml Milch oder Obers • 60 g kühle Butter**

Für die Fülle: **130 g Ceres oder Kokosfett • 70 g Staubzucker • 30 g Kakao 20 g Vanillezucker • 30 ml Rum • 20 g Honig • 80 g Mandeln, geschält und gestiftelt Schokoladeglasur (zum Tunken)**

Alle Zutaten rasch zu einem Teig zusammenmengen und kurz kneten. Nur bei Bedarf kühl stellen. Auf vorbereiteter Arbeitsfläche ca. 2 mm dick ausrollen und 40–50 runde Kekse (ca. 3 cm Durchmesser) ausstechen. Teigreste zerkleinern und ebenfalls bei ca. 165 °C ca. 10 Minuten backen.

Für die Fülle Kokosfett schmelzen und mit allen Zutaten sowie den zerkleinerten Keksen vermengen. Kuppelförmig auf die Kekse streichen und kalt stellen. Am nächsten Tag die Kekse „kopfüber" – also mit der Fülle – in die Schokoladeglasur tauchen und trocknen lassen.

Sandteig

Dieses Rezept stammt von Familie Neubacher, Berggasthof Edelweiß am Feuerkogel

Zutaten: **200 g Butter • 80 g Feinkristallzucker • 2 Dotter • 20 g Vanillezucker 200 g Weizenmehl, glatt • 80 g Weizen- oder Kartoffelstärke**

Alle Zutaten auf einer Arbeitsfläche oder in einer Schüssel vermengen und rasch zu einem Teig kneten und kühl stellen. Auf einer leicht bemehlten Arbeitsfläche (oder zwischen 2 Silikonmatten) 2 mm dick ausrollen, beliebig ausstechen und bei 165 °C ca. 8–10 Minuten hell backen.

Vor dem Backen ev. mit Ei bestreichen und mit Mandel- oder Haselnussblättchen bzw. mit Nüssen aller Art bestreuen. Nach dem Backen mit Schokoladeglasur oder Schokoladestreuseln verzieren.

Weitere Dekor-Ideen siehe Rezepte Seite 117 und 119 (Mürbteig mit Ideen).

Thomas Bernhards Lieblingskekse

www.thomasbernhard.at

Zutaten: **270 g Weizenmehl, glatt • 120 g Butter 130 g Feinkristallzucker • 1 Eiweiß • 20 g Wasser, Milch oder Rum • 1 TL (2 g) Hirschhornsalz • Prise Salz • 10 g Vanillezucker**

Hirschhornsalz in Wasser auflösen und mit den restlichen Zutaten rasch zu einem Mürbteig verarbeiten. Bei Bedarf kühl stellen. Teig ca. 1,5–2 mm dick ausrollen und beliebige Formen ausstechen.
Auf ein vorbereitetes Backblech legen und bei 165 °C ca. 9–11 Minuten hellbraun backen.
Jeweils 2 Kekse mit beliebiger Marmelade zusammensetzen.
Eventuell in Schokolade tunken oder mit Schokoladestreifen verzieren.

Variationsmöglichkeiten: Zusätzlich kann man den Teig mit Zimt, Nelken oder Ingwer (gemahlen) aromatisieren. Vor dem Backen eventuell mit verquirltem Ei bestreichen und grob zerdrückte Mandelblättchen, Buntzucker oder Kokosflocken aufstreuen.

Schneeflöckchen

Dieses Rezept stammt von Edith von Payr

Zutaten: **280 g Weizenmehl, glatt • 250 g kühle Butter • 3 Dotter 20 g Vanillezucker • Prise Salz**

Für die Schaummasse: **220 g Feinkristallzucker • 3 Eiweiß**

Orangenmarmelade mit Orangenlikör zum Füllen

Alle Zutaten rasch zu einem Teig zusammenmengen und kurz kneten. Auf einer leicht bemehlten Arbeitsfläche 2 mm dick ausrollen und Scheiben in der Größe von 2-Euro-Münzen ausstechen. Auf ein vorbereitetes Backblech legen.

Für den Belag Zucker mit Eiweiß in einem Rührkessel mit dem Mixer (oder der Küchenmaschine) sehr steif aufschlagen und in einen Spritzsack mit glatter Tülle füllen. Kekse vorher mit feuchtem Pinsel bestreichen und kleine Eiweißtupfen (etwas kleiner als die Kekse) auf die ausgestochenen Scheiben aufspritzen. Im vorgeheizten Backrohr bei ca. 160 °C ca. 11 Minuten hell backen. Orangenmarmelade mit Orangenlikör abschmecken oder parfümieren und jeweils 2 Kekse damit zusammensetzen.

Kakaomürbteig mit Marzipan

Zutaten: 120 g Butter • 120 g Marzipan • Prise Zitronen- oder Orangenschalen (oder -pulver) • 40 g Vanillezucker • 1,5 TL (7 g) Kakao • 150 g Weizenmehl, glatt

Marzipan fein reiben und mit den restlichen Zutaten zu einem Teig verarbeiten. Kurz durchkneten und ca. 1 Stunde kühl stellen. Den Teig auf einer leicht bemehlten Arbeitsfläche ca. 2 mm dünn ausrollen und beliebige Formen ausstechen. Bei 165 °C ca. 8–10 Minuten nicht zu dunkel backen, auskühlen lassen.

Tipp: Vor dem Backen mit verquirltem Ei oder Wasser bestreichen und mit Mandeln, Haselnussblättchen oder Rohrzucker bestreuen. Eventuell jeweils 2 Kekse mit Ribisel-, Preiselbeer- oder Himbeermarmelade oder mit Nougat bzw. mit Pariser Creme zusammensetzen. Eventuell mit weißer Schokoladeglasur beliebig verzieren. Mit Bittermandelöl kann der Teig zusätzlich aromatisiert werden.

Schoko-Walnuss-Taler

Dieses Rezept stammt von Alfons Schuhbeck; www.schuhbeck.de

ca. 80 Stück

Zutaten: 270 g pomadige Butter (fest, aber schon leicht cremig) • 130 g Staubzucker Prise Salz • Mark von 1/2 Vanilleschote 1 Msp. Zimt • 375 g Mehl • 40 g Kakao • 120 g Walnüsse, grob gehackt

1 Eigelb • 1 EL Obers

Butter, Staubzucker, Salz, Vanille und Zimt auf einer Arbeitsfläche mithilfe einer Teigkarte zu einer geschmeidigen Masse verarbeiten. Das Mehl darübersieben und mit den Fingern bröselig verarbeiten. Die Hälfte davon rasch zu einem geschmeidigen Mürbteig verkneten, zu einem flachen Ziegel formen und – in Klarsichtfolie gewickelt – im Kühlschrank 30 Minuten ruhen lassen. Über die zweite Teighälfte den Kakao sieben, die Walnüsse streuen und ebenfalls zu einem Mürbteig verarbeiten. Zu gleichmäßig dicken Stangen von 2–3 cm Durchmesser rollen und im Kühlschrank ruhen lassen.

Den weißen Teig auf einer bemehlten Arbeitsfläche dünn ausrollen. Eigelb mit Obers verrühren und die Teigplatte damit bepinseln. Die dunklen Teigstangen darin einrollen und an den Teigenden sorgfältig aneinanderdrücken. Im Kühlschrank erneut gut durchkühlen lassen.

Den Backofen auf 170 °C Ober- und Unterhitze vorheizen.

Mit einem Messer 1/2 cm dicke Scheiben schneiden und diese nicht zu dicht nebeneinander auf mit Backpapier belegte Bleche setzen und im vorgeheizten Ofen ca. 12 Minuten hell backen.

Schokolademürbteig mit Tee

Zutaten: 140 g kühle Butter • 120 g Feinkristallzucker • 220 g Weizenmehl, glatt 30 g dunkle Kuvertüre, geschmolzen • 10 g Kakaopulver • 3 Sackerl (à 1,75 g) fein gemahlenes Schwarzteepulver (Assam Tee, Earl Grey etc.) • evtl. mit Schokoladeglasur verzieren oder darin tunken

Alle Zutaten auf einer Arbeitsfläche oder in einer Schüssel zu einem Teig vermengen und kurz kneten. Bei Bedarf abdecken und kalt stellen, bis er sich gut ausrollen lässt. Teig nicht zu fest werden lassen, da er sonst brüchig wird.
Ca. 2 mm dick ausrollen und beliebige Formen ausstechen, auf ein vorbereitetes Backblech legen und bei 165 °C ca. 8–11 Minuten (je nach Größe) backen. Darauf achten, dass man bei diesem dunklen Teig den Bräunungsgrad nicht übersieht, eventuell eine Kostprobe entnehmen und testen.

Variationsmöglichkeiten

- Mit fein geriebener Orangen-, Zitronen- oder Limettenschale abschmecken. Oder mit etwas Gewürzpulver zusätzlich aromatisieren.

Schwarz und Weiß – eingelegtes Teegebäck

Zutaten für den hellen Mürbteig: **200 g Weizenmehl, glatt**
70 g Feinkristallzucker • 150 g Butter • 20 g Vanillezucker • Prise Salz
evtl. etwas fein geriebene Orangenschale (ersatzweise Orangenschalenpulver)

Für den dunklen Mürbteig: **160 g Weizenmehl, glatt • 70 g Feinkristallzucker**
160 g Butter • 30–40 g Kakao, fein gesiebt • 20 g Vanillezucker • Prise Salz

1 Dotter (verquirlt und mit gleicher Menge Wasser vermischt) zum Bestreichen

Für beide Teige alle Zutaten vermengen und rasch zu einem glatten Teig verkneten. Bei Bedarf mit Klarsichtfolie abdecken und kühl stellen. Danach lassen Sie Ihrer Kreativität freien Lauf.

Schnecke: Beide Teige gleichmäßig ca. 2 mm dick zu einem Rechteck ausrollen, dann 2 gleich große Teile zurechtschneiden. 1. Teigplatte (z.B. hell) mit Dottergemisch bestreichen und 2. Teigplatte (dunkel) auflegen, zu einer Schnecke einrollen, eventuell kurz kühl stellen und dann in 2–3 mm dicke Scheiben schneiden.

Schweinsohren: Teigblatt von den Längsseiten her jeweils bis zur Mitte aufrollen, dabei fest rollen. Damit die Rollen nicht auseinanderfallen, die geformte Rolle so lange kalt stellen, bis sie sich gut schneiden lässt. Dann in Scheiben schneiden.

Im vorgeheizten Backrohr bei 165 °C ca. 9–11 Minuten hell backen (je nach Größe und Stärke).

Anfallende helle und dunkle Teigreste nur leicht durchkneten, ebenfalls zu einer Rolle formen und Scheiben abschneiden.

Haltbarkeit: ca. 3 Wochen.
Hat man keinen Dotter zur Hand, kann der Teig auch mit Eiweiß, Milch oder Wasser bepinselt werden.

Beliebige Formen ausstechen: nach dem Backen jeweils ein helles und ein dunkles Keks mit Marmelade oder Creme zusammensetzen. Oder ein weißes Teigblatt ca. 3 mm dick ausrollen, dunkle Teigstreifen formen und gitterförmig (oder in einem beliebigen Muster) auf das weiße Teigblatt auflegen. Dann mit dem Rollholz auf 2 mm ausrollen. So erhält man fantasievolle Muster.

Spekulatius

Zutaten: **200 g Weizenmehl, glatt • 100 g Butter, klein geschnitten ca. 30 g Obers oder Milch • 1/2 TL (2 g) Backpulver • 90 g brauner Rohrzucker (oder Palmzucker bzw. Gelbzucker) • Prise Zimt • Prise Muskatnusspulver Prise Nelkenpulver • etwas unbehandelte Zitronenschale (ersatzweise Zitronenschalenpulver) • Prise Salz**

1 Dotter mit etwas Wasser verquirlt (zum Bestreichen) • Mandeln (zum Bestreuen)

Obers erhitzen, Rohrzucker und Butter darin auflösen. Masse im Kühlschrank so lange kühlen, bis sie fest ist. Auf einer Arbeitsfläche (oder in einem Rührkessel) mit den restlichen Zutaten vermengen und zügig zu einem glatten Teig kneten. In Klarsichtfolie eingewickelt, ca. 2 Stunden im Kühlschrank rasten lassen. Kleine Portionen abnehmen und auf einer leicht bemehlten Arbeitsplatte (oder zwischen zwei Silikonmatten) ca. 2–3 mm dick ausrollen (siehe Tipp Rollholz Seite 230). Nun mit einem Ausstecher beliebige Formen ausstechen und mit einem Stempel Muster eindrücken. Auf ein vorbereitetes Backblech setzen, mit Eistreiche bestreichen und die ausgestochenen Kekse mit gehobelten Mandeln bestreuen. Diese leicht andrücken und die Kekse im vorgeheizten Backrohr bei 165 °C ca. 8–10 Minuten goldgelb backen.

Gut verschlossen, kühl und trocken lagern. Haltbarkeit: ca. 5 Wochen.

Tipps

- Der Teig kann auch zu 3 cm dicken Rollen geformt werden. Mit dem Dottergemisch bestreichen und in Hagelzucker, Feinkristallzucker, Kokosflocken oder Nüssen wälzen. Diese gut andrücken und die Rollen in 2 mm dicke Scheiben schneiden.
- Den Teig vor dem Backen mit Milch bestreichen und mit beliebigem Zucker bestreuen. Durch den Backprozess karamellisiert der Zucker und verleiht dem Gebäck sowohl den Geschmack als auch die Farbe.

Variationsmöglichkeiten

- Gewürzvarianten: Orangenschale, Ingwer, Bittermandelöl, Orangenpaste, Lebkuchengewürz, Vanillezucker oder selbstgemachte Gewürzmischungen (siehe Rezepte Seite 23 ff.).
- Je nach verwendeter Zuckersorte und Gewürzmenge ergibt sich eine hellere bzw. dunklere Färbung der Kekse. Eventuell nach dem Backen mit Gummiarabikum abglänzen. Ohne Mandeln gebacken, kann der Boden mit Schokoladeglasur überzogen werden.

In alten Rezepten wurde auf die Zugabe von Triebmitteln verzichtet, wogegen heutzutage gerne etwas Backpulver, Ammonium oder Natron beigemengt wird.

Mundet besonders zu Kaffee und Tee.

Spekulatius 2

Zutaten: 100 g Palmzucker (Rohr- oder Gelbzucker) • 100 g kühle, geschnittene Butter • 30 g Feinkristallzucker • Prise Salz • 1 Dotter • 15 g Milch oder Obers 200 g Weizenmehl, griffig • 5 g Zimt • 1 TL (4 g) Backpulver

Alle Zutaten auf einer Arbeitsfläche oder in einem Rührkessel mit dem Knethaken rasch zu einem Teig zusammenfügen und kurz durchkneten. Im Kühlschrank (oder Tiefkühler) kurz rasten lassen. Teig ca. 2 mm dick ausrollen, beliebige Formen ausstechen (oder in kleine Rechtecke schneiden), auf ein vorbereitetes Backblech legen und bei 165 °C ca. 7–8 Minuten backen.

Mit einem Strukturholz ein Muster geben: Hierfür den ausgerollten Teig zuvor noch einige Zeit kühl stellen, damit man das Muster besser eindrücken kann.
Eventuell den Teig auf Mandel- oder Haselnussblättchen ausrollen und diese eindrücken. Zimt durch diverse Gewürzmischungen oder ein Lebkuchengewürz ersetzen. Palmzucker kann auch durch Rohr- oder Gelbzucker ersetzt werden.

Diese Kekse serviere ich gerne zu Kaffee, Tee, einem Gläschen Schnaps oder Punsch.

Unser Enkel Konstantin kann sich daran gar nicht satt essen.

Spekulierer-Schokoladeüberzug

ca. 250 g fertiger Mürbteig (siehe Rezepte Seite 117 und 119)

Mürbteig auf einer Arbeitsfläche ca. 2–3 mm dick zu einem Rechteck ausrollen und auf ein vorbereitetes Backblech legen. Hierfür den Teig über das Rollholz legen oder mittels Silikonmatte auf das Blech platzieren. Teigplatte mit einem Messer in Quadrate schneiden, dabei den Teig nicht ganz durchschneiden. Im vorgeheizten Backrohr ca. 10–13 Minuten (je nach Stärke) backen.

200 g Milchkuvertüre (oder helle Schokolade)
20 g Keksbrösel (von Spekulatius oder beliebigen Keksen)
20 g Kokosfett (Ceres)

Kuvertüre in einer Schüssel über einem Wasserbad (oder in der Mikrowelle) schmelzen. Fett darin auflösen, Keksbrösel einmischen, diesen Überzug auf die fertig gebackene, eingeteilte und vorgeschnittene Mürbteigplatte streichen, kurz anstocken lassen und dann in den vorgeschnittenen Rillen durchschneiden. Völlig trocknen lassen.

Das sind herrliche Keksquadrate mit einem nicht alltäglichen Schokoladeüberzug!

Variationsmöglichkeiten

- Überzug mit beliebiger Gewürzmischung aromatisieren oder mit Aromaessenzen abschmecken. Man kann die Masse auch auf eine Silikonmatte aufstreichen. Sobald diese Masse fest ist, in kleine Quadrate schneiden und eventuell auf fertig gebackene Kekse, die kleiner als die Schokoladequadrate sind, mit einer Creme oder mit Schokoladetropfen fixieren.
- Grob zerteilt oder beliebig geschnitten, reicht man sie auch als Garnitur zu Eis, Desserts oder Cremen.

Vanillekipferl (vom Kipferl-Blech)

Zutaten: 150 g Weizenmehl, glatt
90 g Mandeln, geröstet und fein gemahlen
90 g Feinkristallzucker • 1,5 TL (6 g) Vanillezucker
150 g weiche Butter • 1 Ei • 1 Dotter

Butter mit Zucker und Vanillezucker in einer Schüssel mit dem Handmixer (oder in einer Küchenmaschine) schaumig rühren. Zuerst Ei und danach Dotter einrühren, restliche Zutaten einmengen und abrühren. Diese Masse mit einer Spachtel oder Teigkarte über die nicht gefettete Form streichen und den Teig in die Vertiefungen drücken.

Im vorgeheizten Backrohr bei 165 °C ca. 10–11 Minuten hellbraun backen. Kurz überkühlen lassen und aus der Form stürzen. Hierfür das Blech mit einer Backmatte oder einem anderen Blech abdecken und umdrehen. Etwas anheben und vorsichtig aufklopfen, sodass die Kipferl aus der Form fallen. Noch heiß mit einem Vanille-Staubzucker-Gemisch bestreuen.

Diese Zubereitung geht sehr schnell, zudem haben alle Kipferl die gleiche Größe.
Falls etwas Teig übrig bleibt, kann dieser mittels Spritzsack aufgespritzt werden.
Zusätzlich den Teig mit Zimt oder Lebkuchengewürz abschmecken.

Kipferl-Bleche gibt es im guten Fachhandel.
Das Blech nur mit heißem Wasser abspülen, keine Spül- und Scheuermittel verwenden!

Zarter Mürbteig mit Kuvertüre

Zutaten: **100 g dunkle Kuvertüre (oder Schokolade) • 100 g kühle Butter, in Stücke geschnitten • 40–60 g Feinkristallzucker (je nach gewünschter Süße) • 1 Dotter 190 g Weizenmehl, glatt (oder Dinkelmehl)**

Kuvertüre über einem Wasserbad (oder in der Mikrowelle, aber hier bitte besondere Vorsicht, da sie leicht verbrennen kann) schmelzen. Etwas überkühlt, aber noch cremig (flüssig) mit den restlichen Zutaten vermengen und rasch zu einem Teig zusammenfügen. Nicht zu lange kneten. Falls der Teig zu weich ist, ca. 1 Stunde abgedeckt im Kühlschrank kühl stellen. Auf einer leicht bemehlten Arbeitsplatte (oder zwischen 2 Backmatten) ca. 2 mm dünn ausrollen. Beliebige Formen ausstechen und auf ein vorbereitetes Backblech setzen. Im vorgeheizten Backrohr bei ca. 165 °C ca. 8–10 Minuten hell backen.
Vorsicht: Da der Teig dunkel ist, übersieht man leicht den Bräunungsgrad.

Man kann auch jeweils 2 Kekse mit beliebiger Marmelade (oder Nutella) zusammensetzen.
Sie können auch kleine Kipferl formen (siehe Zubereitung Vanillekipferl Seite 192).
Eventuell mit Schokoladeglasur (oder einer anderen Glasur) verzieren.
Auf die noch nicht trockene Glasur beliebige Streusel oder Buntzucker aufstreuen.

Hinweis: Bei Kuvertüre bzw. dunkler Kuvertüre meine ich immer die Bitterkuvertüre von Callebaut. Bei heller Kuvertüre die Milchkuvertüre.
Bei Schokolade ist stets die – überall erhältliche – Haushaltsschokolade gemeint.
Kekse, die mit Kuvertüre verarbeitet werden, schmecken einfach noch feiner.

Weinbrandringe

Dieses Rezept stammt von Anita Spadinger aus Andorf

**Zutaten: 200 g Weizenmehl, glatt • 140 g Butter
60 g Feinkristall- oder Staubzucker • 20 g Vanillezucker
140 g Haselnüsse (oder beliebige Nüsse), fein gerieben • 1 Dotter
10 ml Weinbrand oder Cognac • Prise Salz • Weinbrand zum Bestreichen
Hagelzucker zum Bestreuen • Marmelade zum Füllen (Ribisel, Preiselbeer, Himbeer)**

Alle Zutaten rasch zu einem Teig zusammenmengen, kurz verkneten und nur bei Bedarf kühl stellen. Auf einer leicht bemehlten Arbeitsfläche 2 mm dick ausrollen. Jeweils einen geschlossenen Kreis und einen Kreis mit Loch ausstechen (oder beliebige andere Formen).
Gelochte Kekse mit Weinbrand einstreichen und mit Hagelzucker (oder Buntzucker) bestreuen. Bei 165 °C im vorgeheizten Backrohr ca. 9–10 Minuten hellbraun backen.

Ausgekühlt jeweils 2 Kekse mit Marmelade zusammensetzen.

Tipp

- Die Marmelade mit dem Schneebesen gut glatt rühren, in einen Spritzbeutel füllen und auf die ungelochten Kekse spritzen. Ein gelochtes Keks aufsetzen und leicht andrücken. Die Marmelade soll nicht am Rand austreten.

Zimtkarten

Dieses Rezept stammt von Alfons Schuhbeck; www.schuhbeck.de

ca. 60 Stück

Zutaten: **150 g Mandeln, geschält und gerieben • 150 g pomadige Butter (fest, aber schon leicht cremig) • 170 g Staubzucker • 1 gestr. TL Zimt • 1 Msp. Vanillemark 1 Prise Salz • 2 Eidotter • 150 g Mehl**

Mehl zum Ausrollen • 50 g braune Butter (nussig gebräunte Butter, durch ein Küchenkrepp gesiebt, siehe „Mürbteig mit Nussbutter", Seite 121) • 50 g Zimt-Zucker-Gemisch

Den Backofen auf 170 °C (Ober- und Unterhitze) vorheizen.

Die Mandeln auf einem Backblech im Ofen goldbraun rösten und auskühlen lassen.

Die temperierte Butter, den Staubzucker und die Gewürze mit einer Teigkarte auf einer Arbeitsfläche pomadig verarbeiten. Eigelb dazugeben und ebenfalls mit der Teigkarte unterarbeiten. Das Mehl darübersieben, die gerösteten Mandeln darüber verteilen und mit den Fingern alles bröselig verreiben. Anschließend die Masse mit den Händen rasch zu einem glatten Teig verkneten. Zu einem flachen Ziegel formen, in Klarsichtfolie wickeln und im Kühlschrank eine gute halbe Stunde ruhen lassen.

Den Teig auf einer bemehlten Arbeitsfläche ca. 2 mm dick ausrollen und in Rechtecke von 4 x 3 cm schneiden.

In kleinem Abstand zueinander auf ein mit Backpapier belegtes Blech geben und ca. 10 Minuten im vorgeheizten Ofen auf der mittleren Einschubleiste hellbraun backen. Noch heiß mit etwas brauner Butter bepinseln und sofort mit Zimtzucker bestreuen.

Walnuss-Stangen

Dieses Rezept stammt von Gabi Strahammer, Restaurant's Schulhus, Krumbach

Zutaten: **4 Eiweiß • 450 g Zucker • 350 g Walnüsse, gemahlen • 250 g Mandeln, gemahlen**

Eiweiß zu steifem Schnee schlagen. Nach und nach den Zucker einrieseln lassen. Geriebene Nüsse und Mandeln unterheben. Den Teig auf einer bezuckerten Arbeitsfläche ca. 1 cm dick auswalken und Stangen in der Größe von 1 x 4 cm schneiden. Über Nacht antrocknen lassen. Dann bei 180 °C im vorgeheizten Ofen backen. Noch heiß mit Zuckerglasur bestreichen.

Für die Zuckerglasur: **200 g Staubzucker • 1 Eiweiß • 1 EL Kirschwasser**

Für die Zuckerglasur alle Zutaten gut verrühren und über die noch heißen Stangen streichen. Pasteurisiertes Eiweiß oder angerührtes Eibumin verwenden.

Weyrer Hauskeks

Dieses Rezept stammt von Renate Schober, Galerie Schloss Weyer, Gmunden

Zutaten: **300 g Weizenmehl, glatt • 200 g Rama
150 g Staubzucker • Prise Salz • 1 KL Natron
Saft von 1/2 Zitrone**

Alle Zutaten rasch zu einem Teig zusammenmengen und kurz verkneten. Teig kurz kühl stellen und auf einer Arbeitsfläche ca. 2 mm dick ausrollen. Beliebige Formen ausstechen und bei 165 °C ca. 10 Minuten hellbraun (unter Aufsicht) backen.

Diese Kekse schmecken das ganze Jahr über zu Kaffee und als Knabberei.

Zimtsterne

Dieses Rezept stammt von Hans Haas, Restaurant Tantris in München; www.tantris.de

Zutaten: **3 Eiweiß • 300 g Zucker
1 EL Zitronensaft • Schale von 1 Zitrone • 1 EL Zimt
400 g Mandeln, gemahlen**

Zutaten für die Glasur: **1 Eiweiß • 300 g Staubzucker • Zitronensaft**

Eiweiß und Zucker zu einem festen Schnee schlagen. Zitronensaft, Zitronenschale, Zimt und Mandeln unterheben.

Die Masse auf geriebenen Walnüssen ausrollen und ausstechen. Bei 140 °C ca. 15 Minuten backen, danach mit der Zuckerglasur bestreichen. Nochmals kurz in den Ofen geben, um die Glasur zu trocknen.

Lebkuchen
Früchtebrot
Stollen

Lebkuchenbrot aus Neumarkt-Kallham

Dieses Rezept stammt von Prof. Christoph Wagner
Ein Originalrezept von seiner Großmutter

Zutaten: **100 g Rosinen • 20 ml Weinbrand • 2 EL (70 g) Honig • 2 Eier 250 g Zucker • 1 Msp. Zimt • 1 Msp. Nelken • 1 Msp. Neugewürz, gemahlen etwas geriebene Zitronenschale • 1 KL Natron (6 g) • 400 g Dinkel- oder Roggenmehl 250 ml Milch • 1 Päckchen (ca. 40 g) Aranzini • 100 g Nüsse und Mandeln, gemischt und klein gehackt • 100 g Schokosplitter • Butter für die Form**

Rosinen zwei Stunden mit Weinbrand marinieren. Honig leicht erwärmen, mit Eiern und Zucker verrühren. Gewürze, Aromen, mit Natron vermischtes Mehl und Milch untermengen. Aranzini, Nüsse, Mandeln und Schokoladesplitter sowie Rosinen einarbeiten. Den Teig in eine gut ausgebutterte Form füllen und im vorgeheizten Backrohr zunächst bei 180 °C, dann – mit Pergamentpapier abgedeckt – bei 190 °C backen. Wenn der Lebkuchen schön braun geworden ist, die Hitze auf 175 °C reduzieren. Insgesamt sollte die Backzeit nicht länger als 2 Stunden betragen.

Danach wird der Teig mit einer dünnen Stricknadel angestochen. Wenn keine Teigreste mehr kleben bleiben, kann man das Lebkuchenbrot aus dem Backrohr nehmen, stürzen und abkühlen lassen. Ist es einmal erkaltet, werden daraus möglichst hauchdünne Scheiben geschnitten und in einer Blechdose, die in einem kühlen Raum aufbewahrt wird, aufeinandergelegt.

Tipp: Wenn man das Lebkuchenbrot mit Schokoladeglasur überzieht, schmeckt es vor allem Kindern noch besser.
Die Scheiben kann man auch noch kurz im Rohr trocknen lassen, sie werden dann länger haltbar, sind auch sehr knusprig.

Variante

Ich habe das Brot in einer länglichen Kuchenform bei 165 °C ca. 50–60 Minuten gebacken. Schmeckt auch sehr gut und kann ähnlich weich wie ein Milchbrot genossen werden. Je länger es gebacken wird, desto härter wird es. Hierbei sollte man darauf achten, dass es mit Papier abgedeckt wird, damit es nicht zu sehr bräunt.
Sehr dünn aufgeschnitten und nochmals im Ofen getrocknet, schmeckt es sehr gut als Beigabe zu Eisweinen. Zudem ist es auch lange haltbar.
Anstelle von Aranzini kann man auch alle anderen Dörr- oder Trockenfrüchte verwenden oder eine spezielle Mischung daraus.
Ebenso lässt es sich mit verschiedenen Gewürzmischungen aromatisieren.
Die Fruchtmenge kann auch verdoppelt werden.
Zum Schneiden eignet sich sehr gut ein Sägemesser.

Änisbrötli / Springerle

Dieses Rezept stammt von Linus Feller; www.springerle.com

Der Änisbrötliteig soll fein und geschmeidig sein, damit auch die zartesten Motivdetails abgebildet werden. Vor dem Backen trocknet dieses Gebäck je nach Größe etwa 24 Stunden. Das Bild wird in dieser Zeit fest und verändert sich beim Backen nicht mehr.
Änisbrötli gehen beim Backen auf. Dank der Festigkeit, die der Teig durch das Trocknen erhalten hat, bläht sich das Motiv nicht auf, sondern es entstehen die gewünschten Füßchen. Damit das Trocknen funktioniert, ist das Änismodel nicht so tief wie ein Lebkuchenmodel, aber auch nicht so fein wie ein Triggelmodel geschaffen. Mit vielen Marzipan- und Tragantmodeln lassen sich auch Änisbrötli verzieren.

Zutaten: **4–5 Eier (220 g) • 500 g Staubzucker, fein gesiebt • 1 EL Änis (Anis), gereinigt und leicht geröstet • 500 g Weizenmehl, glatt**

Eier und Zucker gut schlagen, bis eine luftige Creme entsteht. Änis (Anis) und Mehl darunterkneten und 10 Minuten ruhen lassen. Den noch leicht klebenden Teig in vier Teile teilen und einzeln (auf Mehl) 8–10 mm dick ausrollen. Damit sich der Teig wie Seide anfühlt, nochmals leicht mit Mehl bestauben. Jetzt den hauchdünn ausgemehlten Model gleichmäßig eindrücken, das Bild mit einem passenden Ausstecher oder einem Messer ausschneiden und auf ein mit Backpapier belegtes Blech legen. Den eventuell bereits trockenen Restteig immer mit feuchten Händen weiterverarbeiten.

Nach 12–24 Stunden Trocknungszeit (konstante Temperatur, kein Durchzug) werden die Änisbrötli bei ca. 150–160 °C im Ofen (unterste Schiene) ca. 12–15 Minuten lang gebacken. Eventuell eine Holzkelle in die Backofentür klemmen (offener Zug hilft beim Aufgehen des Gebäcks).
Das Allerwichtigste ist, wie bei allem im Leben: Zeit und Liebe!

Gewicht der Eier: Die Eier sind die einzige Zutat, die den Teig trocken oder nass macht. Die Konsistenz des Teiges ist entscheidend, damit das Bild schön scharf wird und der Model nicht klebt. Deshalb ist es wichtig, die Eier abzuwiegen.
Wir geben 5 aufgeschlagene Eier in die Waagschale, mischen Eiweiß und Dotter und nehmen dann so viel Eiermenge heraus, bis genau 220 g in der Waagschale sind.
Die herausgenommene Eiermenge benützen wir dann anderweitig beim Kochen.

Model von Linus Feller

Elisenlebkuchen

Dieses Rezept stammt von Alfons Schuhbeck; www.schuhbeck.de

ca. 20 Stück

Zutaten: **1/2 TL Hirschhornsalz • 3 TL Rum • 40 g Orangeat • 30 g Zitronat 200 g Mandeln, gerieben • 50 g Haselnüsse, gerieben • 40 g Mehl • 1 Prise Salz 1 TL Lebkuchengewürz • 4 Stk. Eiweiß • 190 g Zucker • 130 g Marzipanrohmasse**

etwa 20 Oblaten (9 cm Durchmesser)

150 g Mandeln oder andere Nüsse, blanchiert (zum Garnieren)

1 Eiweiß • 100 g Staubzucker • 1 EL Zitronensaft

Das Hirschhornsalz in 2 TL Rum auflösen. Orangeat und Zitronat möglichst fein hacken, mit 1 TL Rum vermischen und mit geriebenen Mandeln, Nüssen, Mehl, Salz und Lebkuchengewürz mischen. Eiweiß mit Zucker zu festem cremigem Schnee schlagen. Marzipan mit etwas Eischnee glatt rühren. Das aufgelöste Hirschhornsalz hineinrühren und die Nussmischung abwechselnd mit dem Eischnee unter das Marzipan ziehen. Die Masse kuppelförmig auf die Oblaten streichen. Mit Mandeln oder anderen Nüssen belegen, auf Backbleche setzen und einen halben Tag an einem trockenen Ort stehen lassen.

Den Backofen auf 170 °C (Ober- und Unterhitze) vorheizen. Die Lebkuchen etwa 30 Minuten im vorgeheizten Ofen backen. Währenddessen für die Glasur Eiweiß mit Staubzucker und Zitronensaft glatt rühren. Die ofenwarmen Lebkuchen damit bestreichen.

Tipp: Die Lebkuchen gelingen noch schöner, wenn die Masse vor dem Aufstreichen 2–3 Tage im Kühlschrank aufbewahrt wird. Nach Belieben können sie auch mit Schokoglasur bestrichen werden.

Honiglebkuchenteig

Dieses Rezept stammt von meiner Freundin Sassy, Sängerin der österreichischen Band „Die Seer"

Zutaten: **330 g Weizenmehl, glatt • 100 g Roggenmehl • 160 g Honig 100 g Feinkristallzucker • 20 ml Wasser • 10 g (3 TL) Lebkuchengewürz, selbst gemischt oder gekauft • 2 Eier • 30 g Feinkristallzucker • 3 g (1 TL) Hirschhornsalz 30 ml kalte Milch • 4 g (1/2 TL) Pottasche • 20 ml Wasser**

Honig mit Zucker und Wasser erwärmen, bis sich der Zucker gelöst hat. Überkühlt Lebkuchengewürz dazugeben. Ei mit Zucker leicht schaumig rühren, Hirschhornsalz mit kalter Milch verrühren und auflösen und beides unter den Teig mischen. Pottasche mit Wasser verrühren und auflösen und mit den beiden Mehlsorten untermengen. Alles kurz durchkneten, sodass der Teig gut vermischt ist. Teig mindestens 1 Tag bei Raumtemperatur ruhen lassen. So entfaltet er sein Aroma und wird dunkler.

Teig zweimal auf ca. 1–2 mm ausrollen und wieder zusammenlegen. Nochmals ca. 4–5 mm dick ausrollen und beliebige Formen ausstechen. Auf ein vorbereitetes Backblech legen, mit Milch einpinseln und ca. 30 Minuten rasten lassen. Im vorgeheizten Backrohr bei ca. 165 °C ca. 8–9 Minuten (je nach Größe) backen. Noch heiß mit Fadenzuckerglasur, Lebkuchenglasur oder Gummiarabikum bestreichen (siehe Seite 14 und 234).

Variation: Teig zu zwei gleich großen rechteckigen Platten (ca. 3 mm dick) ausrollen. Marzipan (ca. 400 g) zwischen 2 Backmatten ebenfalls auf diese Größe ausrollen. 1. Teigblatt mit Powidl-Marmelade bestreichen und Marzipan auflegen. Wiederum mit Powidl bestreichen und mit der 2. Teigplatte abdecken. Auf ein vorbereitetes Backblech setzen, mit Milch bestreichen, mehrmals mit einer Gabel einstechen und im vorgeheizten Backrohr bei ca. 165 °C ca. 20 Minuten backen. In beliebige Formen schneiden und evtl. in Schokoladeglasur tunken oder damit verzieren.

Variationsmöglichkeiten: Der Lebkuchen kann auch nach dem Backen mit diversen Frucht- oder Marzipanfüllungen gefüllt werden. Ausgekühlt kann man das Gebäck mit heller oder dunkler Schokoladeglasur, Eiweiß-, Fondant- oder Zuckerglasur verzieren. In diesem Fall nach dem Backen aber nur mit Lebkuchenglasur bestreichen.

Tipps

- Hirschhornsalz und Pottasche unbedingt getrennt auflösen. Nicht gleichzeitig in den Teig geben, da sich die Treibwirkungen sonst aufheben.
- Aufgeschnittene Lebkuchenstücke immer gut verschlossen lagern.

Christstollen

Dieses Rezept stammt von Konditormeisterin Tanja Makolm

Zutaten für Teig: **700 g Mehl • 46 g Germ • 200 g Milch • 300 g Butterschmalz 2 Eidotter • 60 g Zucker • 10 g Salz • etwas Zitronenschale • Vanillezucker • Zimt Kardamom • 15 g Rum**

Für die Früchtemischung: **je 140 g Aranzini und Zitronat, würfelig geschnitten Rum • 40 g Mandeln, geröstet und gehackt • 240 g Rosinen**

Für die Marzipanfülle: **110 g Rohmarzipan • 55 g Aranzini, sehr fein geschnitten oder faschiert • 1 Eigelb**

flüssige Butter zum Bestreichen • Vanille-Staubzucker zum Bestreuen

Am Vortag für die Früchtemischung Rosinen und Mandeln in Rum beizen.
Dampfl zubereiten (Germ mit Zucker und wenig warmer Milch auflösen, mit etwas Mehl vermengen und aufgehen lassen), Butterschmalz schaumig rühren, Zucker und Eigelb schaumig rühren, alle Zutaten zu einem Teig verarbeiten und ca. 20 Minuten rasten lassen. Die Früchtemischung kurz in den Teig einarbeiten, den Teig in zwei Teile teilen, rechteckig ausrollen, Marzipanfülle auf die Teigstücke aufteilen (Zutaten für die Marzipanfülle werden nur vermischt), zu Stollenform zusammenklappen, etwas aufgehen lassen und ca. 50 Minuten bei 150 °C backen. Noch heiß mit flüssiger Butter bestreichen und in Vanille-Puderzucker panieren, erkaltet nochmals bezuckern.

Weinempfehlung

Grüner Veltliner Eiswein 2005, Weingut Kolkmann, Fels am Wagram

Basler Leckerli

Zutaten: **160 g Bienenhonig**
140 g Vollrohrzucker • 50 g Wasser
40 g Lebkuchengewürz (oder beliebige Gewürzmischungen)
Prise Muskatnuss, gemahlen
je 40 g Orangeat und Zitronat
80 g Mandeln, Hasel- oder Walnüsse, grob gehackt (oder eine Mischung daraus)
4 g Natron • 50 g Kirschschnaps zum Auflösen des Natrons • 360 g Vollkorndinkelmehl oder Vollkornweizenmehl

Für die Glasur: **120 g Staubzucker, fein gesiebt • 60 g Wasser**

Honig und Zucker mit Wasser in einer Schüssel über einem heißen Wasserbad auflösen, Gewürze dazugeben und gut verrühren. Vom Wasserbad nehmen und Nüsse und kandierte Früchte einmengen. Überkühlt aufgelöstes Natron einrühren und zuletzt das Mehl unter den Teig mengen. Teig auf ein vorbereitetes Backblech streichen (ca. 35 x 40 cm) und einige Stunden stehen lassen. Im vorgeheizten Backrohr bei 165 °C ca. 12–15 Minuten backen.
Für die Glasur Wasser und Staubzucker auf 105 °C aufkochen und mit einem Pinsel auf die noch heiße Teigplatte aufstreichen. Über Nacht antrocknen lassen, danach in beliebig große Stücke schneiden.

Man kann die Leckerli auch noch mit etwas Schokoladeglasur verzieren oder eine andere Fruchtmischung verwenden.

Erdäpfellebkuchen

Dieses Rezept stammt von Edith von Payr

Zutaten: **3 Eier • 370 g Feinkristall- oder Rohzucker • 9 EL Kartoffeln (am besten am Vortag gekocht und durch die Presse gedrückt) • 1/2–1 Pkg. Lebkuchengewürz Prise Zimt • 250 g Haselnüsse, fein gemahlen • 1,5 Pkg. Backpulver 230 g Weizenmehl, glatt • 70 g Aranzini (oder Orangeat), fein gehackt • 60 g Zitronat, fein gehackt • evtl. kleine runde Oblaten und Schokoladeglasur**

Eier mit Zucker weißschaumig rühren und die Kartoffeln löffelweise einrühren. Die restlichen Zutaten unter den Teig mengen, den Teig in einen Spritzsack füllen und auf die aufgelegten Oblaten aufspritzen.
Bei 165 °C ca. 14–18 Minuten (je nach Größe) backen.
Nach dem Backen eventuell mit Schokoladeglasur überziehen.

Bleibt Schokoladeglasur übrig, kann diese – gut abgedeckt – beim nächsten Mal wieder verwendet werden. Kuvertüre muss aber erneut temperiert werden.

Lebkuchen

Zutaten für Vorteig: **60 g Rohzucker • 140 g Honig • 100 g Glukose (Stärkesirup, im Fachhandel erhältlich) • 150 g Roggenmehl • 150 g Weizenmehl • 50 ml Wasser**

Für den Gewürzteig: **1/4 KL Kardamom • 1/4 KL Nelken, gemahlen • 1,5 KL Zimt, gemahlen • 1/4 KL Fenchel, gemahlen • Prise Muskatnuss, gemahlen (anstelle der angeführten Gewürze Lebkuchengewürzmischung (gekauft oder selbst hergestellt) Prise Salz • 40 g Rohzucker 2 Eier**

Außerdem: **170 g Weizenmehl, glatt • 70 g Aranzini, fein faschiert 6 g Hirschhornsalz • 4 g Pottasche**

Für den Vorteig Rohzucker mit Wasser auf 110 °C aufkochen. Honig und Glukose darin auflösen und auf 40 °C abkühlen lassen. Danach Roggenmehl und Weizenmehl dazugeben und mit dem Zucker-Wasser-Gemisch gut zu einem weichen Teig vermischen. Dieser Teig kann bis zu einigen Monaten gelagert werden.

Am Tag der Fertigstellung nun den Gewürzteig fertigen. Hierfür Eier mit Zucker und Gewürzen aufschlagen und mit dem Vorteig vermischen. Nun mit 170 g Weizenmehl und Aranzini zu einem Teig vermengen und Hirschhornsalz (mit wenig Wasser oder Rum aufgelöst) und Pottasche (mit wenig Wasser oder Rum aufgelöst) jeweils getrennt unter den Teig mischen.

Teig noch etwas rasten lassen, ca. 5 mm dick ausrollen und je nach Wunsch weiterverarbeiten. Bei 165 °C ca. 10–15 Minuten je nach Größe backen.

Tipps

- Ich backe aus diesem Teig gerne Lebkuchenherzen für den Liebstattsonntag, natürlich auch für die Weihnachtszeit. Vor dem Backen den Teig mit Milch bestreichen, nach dem Backen mit Fadenzuckerglasur (siehe Basler Leckerli Seite 158) oder mit Lebkuchenglasur. Eventuell mit Schokoladeglasur verzieren oder darin tunken.
- Sollte der Teig kleben, eventuell noch etwas Mehl einarbeiten.

Variationsmöglichkeiten

- Unter diesen Teig auch faschierte kandierte oder getrocknete Früchte, aber auch grob gehackte Mandeln oder andere Nüsse einmengen. Auch hier empfiehlt sich anfangs eine kleine Rezeptur zum Ausprobieren. Hinweis: Diese Rezeptur ergibt ca. 1 kg Teig.
- Man kann auch eine Lebkuchenplatte backen und ausgekühlt mit Agar Agar-Gelee (siehe Seite 75) begießen. Fest gewordenes Gelee mit ausgerolltem Marzipan abdecken, in beliebige Formen schneiden und in Schokoladeglasur tunken.

Lebkuchenteig für Lebkuchenhaus

Zutaten: 500 g Honig • 5 Eier • 350 g Feinkristallzucker • 300 g Haselnüsse, fein gemahlen • 2 EL (20 g) Lebkuchengewürz • Prise Salz • 1100 g Weizenmehl, glatt 10 g Natron

Den Honig in einen Topf geben und erwärmen (oder unter Aufsicht in der Mikrowelle). Eier mit Zucker in einer Rührschüssel mit dem Schneebesen sehr schaumig rühren, Honig zur Eiermasse hinzufügen, die restlichen Zutaten untermengen und zu einem glatten Teig kneten. Den Teig auf einer leicht bemehlten Arbeitsfläche nochmals kräftig durchkneten. Bei Bedarf kann man, sollte der Teig kleben, noch etwas Mehl einkneten. In einer Schüssel (oder gut abgedeckt) mindestens 1–2 Tage bei Raumtemperatur stehen lassen.

Danach den Teig auf einer leicht bemehlten Arbeitsfläche etwa 5–10 mm dick ausrollen. Schablonen (lt. Vorlage) anfertigen und auf den Teig legen. Teigplatten auf ein vorbereitetes Backblech geben und – je nach Größe der Platte – im vorgeheizten Backrohr bei 165 °C ca. 12–15 Minuten hellbraun backen. Herausnehmen und auskühlen lassen. Dann die Teigplatten mit einer Zuckerglasur zusammensetzen.

Tipp: Ich fertige mir aus Pappkarton ein Gerüst an, das ich mit Klebebändern zusammenfüge. Darauf befestige ich dann die Lebkuchenplatten. Das Haus hat dadurch eine viel bessere Stabilität. Das Haus beliebig mit der restlichen Zuckerglasur verzieren und diverse Garnituren anbringen.

Dieser Teig eignet sich auch sehr gut für Lebkuchenfiguren und -herzen und ist schnell zubereitet.
Man kann auch noch fein geschnittene (oder faschierte) getrocknete oder kandierte Früchte einmengen. Ebenso kann man Nüsse und Mandeln mischen oder eine andere Nussmischung bereiten.

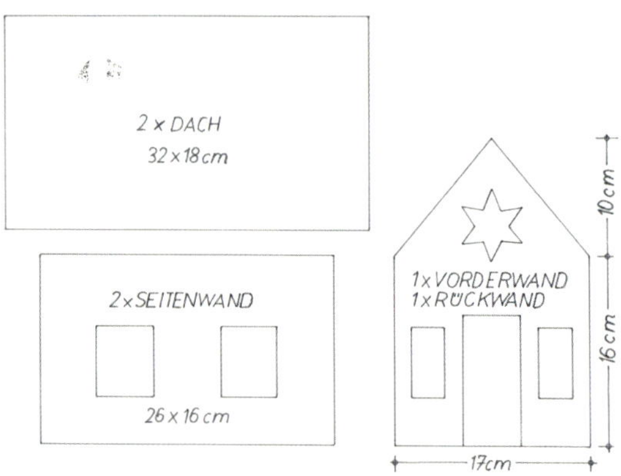

Fenster mit weißem Seidenpapier abdecken.
Mit „Wunderlampe" (Lampe mit wechselnden Farbakzenten) ausstatten.

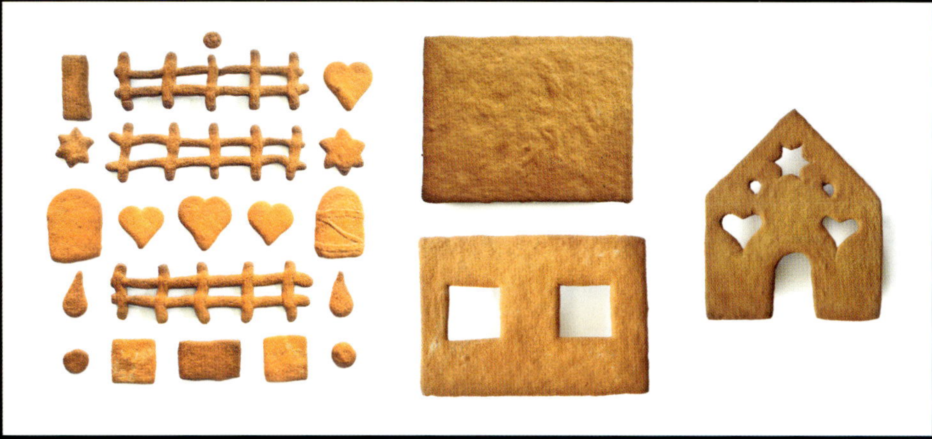

Lebkuchenteig mit Kakao

Zutaten: **250 g Honig • 250 g Rohr-, Roh- oder Gelbzucker • 150 g Butter 100 g Haselnüsse, fein gemahlen • 1 Ei • 500 g Weizenmehl, glatt • 2 gehäufte TL (6 g) Lebkuchengewürz oder eine Mischung aus Zimt, Nelken, Kardamom, Muskatblüte und Piment • frisch geriebene Zitronenschale, ersatzweise 1 Pkg. (5 g) Zitronenschalenpulver • 1 EL (15 g) Kakao • 1,5 TL (7 g) Pottasche • 20 ml Rum**

Honig mit Butter und Zucker in einen Topf geben und so lange erhitzen, bis sich der Zucker gelöst hat (bei ca. 80 °C). Topf vom Feuer nehmen und in eine große Rührschüssel umfüllen. Sämtliche Gewürze, Ei und Mehl zur Honigmischung hinzufügen und mit dem Knethaken (oder mit den Händen) gut durchkneten. Pottasche mit Rum in einer kleinen Schüssel (oder Tasse) auflösen, zum Teig geben und so lange kneten, bis der Teig glänzt und nicht mehr klebt. Falls der Teig zu weich ist, etwas Mehl unterkneten, er sollte formbar sein. Mit Klarsichtfolie abdecken und mindestens 1 Tag im Kühlschrank rasten lassen.

Den Teig auf einer vorbereiteten Arbeitsplatte 5–6 mm dick ausrollen und Herzen oder beliebige Formen ausstechen oder ausschneiden. Auf ein vorbereitetes Backblech legen und im vorgeheizten Backrohr bei ca. 165 °C 12–15 Minuten (je nach Größe und Dicke) backen. Die Lebkuchen sollten noch weich sein.

Tipp: Generell sollte man Lebkuchen, solange sie noch weich sind, aus dem Ofen nehmen. Bei zu langer Backzeit härten sie aus.

Variationsmöglichkeiten

- Eventuell mit Zuckerglasur, Marzipan oder Schokoladeglasur verzieren. Je nach Belieben mit Mandeln, Nüssen, Liebesperlen, kandierten Veilchen, Rosenblüten, Fliederblüten etc. verzieren. Man kann die Lebkuchen vor dem Backen auch mit Milch oder verquirltem Eiweiß bestreichen und mit geschälten, halbierten Mandeln oder klein geschnittenen kandierten Früchten belegen; diese gut andrücken.
- Nach dem Backen eventuell noch heiß mit Lebkuchenglasur (siehe Rezepte Seite 158 und 225) bestreichen, dann allerdings nicht vollständig mit Glasur überziehen, sondern nur ausgarnieren, oder die Lebkuchen nach dem Backen (noch heiß) mit einer Honig-Wasser-Glasur bestreichen. Dadurch erhalten sie ebenfalls einen schönen Glanz. Hierfür ca. 2 EL Wasser mit 2 EL Honig erwärmen und so lange rühren, bis sich der Honig gut gelöst hat. Mit einem Pinsel auftragen und trocknen lassen.

Karotten-Lebkuchen

Dieses Rezept stammt von Gerti Gumpoldsberger

Zutaten: **150 g Dörrzwetschken • 150 g Feigen, getrocknet • 100 ml Rum 120 g Butter • 40 g Honig • 3 Dotter • 300 g Zucker • 1/8 l Wasser 1 Pkg. Lebkuchengewürz • 40 g Marillenmarmelade • 150 g Walnüsse, gerieben 150 g Karotten, gerieben • 500 g Roggenmehl • 3 EL Natron**

Für die Glasur: **250 g Staubzucker • Saft von 1 Zitrone • 2 EL Rum**

Zwetschken und Feigen mit Rum gut verrühren und über Nacht zugedeckt ziehen lassen. Butter mit Honig und Dottern schaumig rühren. Zucker mit Wasser und Lebkuchengewürz zum

Kochen bringen und 1 Minute kochen lassen. Von der Kochstelle nehmen, überkühlen lassen und vorsichtig unter die Buttermasse rühren. Zwetschken und Feigen klein schneiden und mit den übrigen Zutaten nach und nach beimengen. Masse zu einem Teig verrühren und gleichmäßig auf ein mit Backpapier ausgelegtes Blech streichen.

Im vorgeheizten Rohr bei 180 °C ca. 35 Minuten backen.

Für die Glasur Staubzucker, Zitronensaft und Rum gut verrühren. Den noch warmen Kuchen damit bestreichen. Erkalten lassen und in kleine Quadrate schneiden. Sehr saftig!

Powidlwürfel

Dieses Rezept stammt von Gerti Gumpoldsberger

Lebkuchen-Grundrezept

Zutaten für ca. 80 Stück: **120 g Weizenmehl, glatt • 120 g Roggenmehl 180 g Staubzucker • 2 EL Lebkuchengewürz • 2 KL Backpulver • 1 EL Natron 50 g Honig • 2 Eier (Gewichtsklasse groß) • Mehl, griffig (zum Ausarbeiten)**

200 g Powidl • 5 EL Rum

Für die Glasur: **60 dag Kochschokolade • 20 dag Kokosfett**

Beide Mehlsorten mit Zucker, Lebkuchengewürz, Backpulver sowie Natron in eine Rührschüssel sieben. Honig erwärmen, überkühlen lassen und mit den Eiern gut verquirlen.
Zu den übrigen Zutaten geben und alles – am besten mit den Knethaken des Handrührgerätes – ca. 2 Minuten zu einem glatten Teig verkneten.

Teig auf einer bemehlten Arbeitsfläche zu einer Kugel formen, mit Klarsichtfolie abdecken und bei Zimmertemperatur ca. 1 Stunde rasten lassen.

Teig nach dem Rasten auf einer gut bemehlten Arbeitsfläche zu einer Größe von 30 x 40 cm auswalken und mithilfe des Nudelwalkers auf ein mit Backtrennpapier ausgelegtes Backblech legen. Im vorgeheizten Rohr auf mittlerer Schiene bei 180 °C etwa 12 Minuten backen. Lebkuchen am Blech auskühlen lassen und der Länge nach halbieren. Powidl mit Rum bei geringer Hitze (unter mehrmaligem Rühren) erwärmen.
Eine Hälfte des Lebkuchens damit bestreichen, andere Hälfte darauflegen und etwas andrücken. In Alufolie einwickeln und über Nacht durchziehen lassen.

Für die Glasur Schokolade und Kokosfett über Dampf schmelzen, gut verrühren und Glasur durch ein Sieb streichen (Fett verteilt sich dadurch noch besser).
Gefüllte Lebkuchen in 2 cm große Würfel schneiden, mit Glasur überziehen, übertrocknen lassen. Powidlwürfel sind in einer Schachtel, kühl und trocken gelagert, ca. 3 Wochen haltbar.

Himbeerlebkuchen

Dieses Rezept stammt von Gerti Gumpoldsberger

Zutaten für ca. 50 Stück: **Lebkuchenteig laut Grundrezept (siehe Seite 163)**
200 g Himbeermarmelade • 300 g Rohmarzipan • Staubzucker zum Ausarbeiten

Lebkuchenteig laut Grundrezept zubereiten. Teig nach dem Rasten auf einer gut bemehlten Arbeitsfläche zu einer Größe von 25 x 20 cm auswalken und mithilfe des Nudelwalkers auf ein mit Backtrennpapier ausgelegtes Backblech legen. Im vorgeheizten Rohr auf mittlerer Schiene bei 180 °C etwa 15 Minuten backen. Lebkuchen am Blech auskühlen lassen. Marmelade erwärmen. Lebkuchen mit einer Gabel mehrmals einstechen, mit der warmen Marmelade bestreichen und etwa 4–5 Stunden trocknen lassen.

Marzipan auf einer mit Staubzucker bestreuten Arbeitsfläche zur Größe der Lebkuchenplatte ausrollen und mithilfe des Nudelwalkers vorsichtig darauflegen. Lebkuchen in Alufolie wickeln und erst kurz vor dem Servieren in 2 x 4 cm große Rhomben schneiden. Der Lebkuchen ist, in Alufolie gewickelt und kühl und trocken gelagert, ca. 3 Wochen haltbar.

Wasserteig für Springerle als Dekoration für Christbaumschmuck

Wenn Springerle nur für Dekorationszwecke verwendet werden, empfehle ich Ihnen diesen Wasserteig, da man hierfür Eier und Geschmacksträger weglassen kann. Dadurch hat der Teig eine kürzere Trockenzeit.

Zutaten: **210 g Staubzucker, fein gesiebt • 80 ml lauwarmes Wasser**
ca. 300 g Weizenmehl, glatt

Zucker und Wasser verrühren, bis sich der Zucker gelöst hat. Dann das Mehl einmengen und verkneten. Der Teig soll fest, aber nicht brüchig sein. Bei Bedarf noch etwas Wasser oder Mehl einarbeiten. Wird wie Springerle weiterverarbeitet (siehe nachfolgendes Rezept).

Wer künstlerische Ambitionen hat, kann die Springerle mit Pinsel und Farbe bemalen und individuell gestalten. Sehr beliebt ist diese Variante auch als Geschenkanhänger oder Namensschild bei Tisch.

Springerle

**Zutaten: 2 Eier • 20 g Kirschwasser • 200 g Staubzucker, fein gesiebt
260 g Weizenmehl, glatt • 40 g Stärkemehl • 1/2 TL Hirschhornsalz
3–5 Tropfen Anisextrakt oder Anisöl oder 1–2 TL (3–6 g) geröstete Anissamen, fein gemahlen**

Eier und Zucker leicht erwärmen und sehr schaumig rühren. Unter die Masse sorgfältig Stärkemehl und Anisextrakt mit einem Kochlöffel einmengen. Dann Hirschhornsalz in Kirschwasser auflösen und mit dem Mehl dazugeben und gut untermengen.

Ca. 30–45 Minuten abgedeckt stehen lassen, anschließend (leicht) kurz durcharbeiten. Der Teig darf nicht zäh werden. Auf einer wenig bemehlten Arbeitsfläche 6–7 mm dick ausrollen, eine oder mehrere Holzmodeln für Springerle ebenfalls mit Mehl oder Stärkemehl bestauben und in Model (diese müssen ganz trocken sein, da sonst der Teig kleben bleibt) eindrücken. Man kann sie auch auf den ausgerollten Teig legen und mit der Hand (kurz und fest) andrücken. Model abheben, Form ausschneiden (oder mit dem dazugehörenden Ausstecher ausstechen), auf ein vorbereitetes Backblech setzen und ca. 24 Stunden trocknen lassen. Danach bei 130–140 °C ca. 14–20 Minuten, je nach Größe und Dicke, backen

Die Springerle sollen beim Backen weiß bleiben, gegebenenfalls abdecken oder Temperatur drosseln.
Anstelle von Kirschwasser mit Orangenlikör aromatisieren. Eventuell etwas Vanillearoma oder Vanillezucker einmengen. Der Teig kann auch mit Zimt, Nelken oder Lebkuchengewürz abgeschmeckt werden, dann Anis weglassen. Falls der Teig zu klebrig ist, noch Mehl untermengen, bis er fest und formbar ist.

Zum Ausstechen und Ausschneiden der geformten Backwerke Ausstecher und scharfes Messer immer wieder in Mehl tauchen, damit man eine schöne Schnittstelle erhält.
Dieses Gebäck wird oft als Baumschmuck verwendet. Hierfür vor dem Backen ein kleines Loch ausstechen, backen und dann eventuell noch mit einer dünnen Stricknadel nachbessern (nicht zu dicht an der Oberkante, damit der Rand nicht durchbricht).

Die Springerle können auch mit Zucker- oder Schokoladeglasur und diversen Verzierungen hübsch ausgefertigt werden.

Die Springerle sind anfangs sehr hart (Feststellung meiner Gäste: „Hast Du einen Vertrag mit dem Zahnarzt?"), werden aber bei richtiger Lagerung weich. Hierfür die Springerle in einer Kunststoff- oder Metalldose gemeinsam mit einem aufgeschnittenen Apfel oder einer halbierten Orange lagern. Die Früchte dürfen nicht mit den Keksen in Berührung kommen. Um die nötige Feuchtigkeit zu erhalten, den Boden mit einem feuchten Tuch auslegen (eventuell mit Anis- oder Vanillearoma beträufeln), ein Gitter auflegen, die Springerle auf ein Blech legen und Dose verschließen; mehrmals kontrollieren, ob die gewünschte Teigweiche erreicht ist. Dann Tuch und Gitter entfernen.

Diese beschriebene Methode verwende ich bei Bedarf zum Weichmachen von Lebkuchen.

Über 850 verschiedene Model mit den unterschiedlichsten Motiven für jeden Anlass sowie Teighölzer zum Auswalken von Teigen sind erhältlich bei Linus Feller (siehe Adressverzeichnis Seite 247).

Salzgebäck Vollwertiges

Salzgebäck

Käsebäckerei mit Paprika

Zutaten: **180 g Weizenmehl, glatt • 50 g Maisstärke • 150 g Butter 70 g Emmentaler, gerieben • 100 g geriebener Traunseer Raclettekäse 20 g Salz • 2–3 TL (9–12 g) Paprikapulver, edelsüß • 1 gestr. TL (3 g) Backpulver verquirltes Ei zum Bestreichen • diverse Nüsse, Kerne und Gewürze zum Bestreuen**

Alle Zutaten rasch zu einem Teig zusammenfügen und kurz durchkneten. Einige Zeit kühl stellen. Danach ca. 3–4 mm dick ausrollen und beliebige Formen ausstechen. Auf ein vorbereitetes Backblech setzen und mit verquirltem Ei bestreichen. Nun mit Nüssen, Samen und Kernen Ihrer Wahl belegen (Mohn, Sesam, Mandelblättchen, Walnüsse, Pinienkerne, Kürbiskerne, Sonnenblumenkerne etc.) oder mit diversen Gewürzen bestreuen (Rosmarin, Liebstöckel, Thymian, Oregano, Kreuzkümmel, Kümmel). Im vorgeheizten Backrohr bei 165 °C ca. 10–12 Minuten auf Sicht hellbraun backen.

Varianten

- Anstelle des Salzes kann man auch selbst hergestelltes (oder gekauftes) Kräutersalz verwenden. Es können auch beliebige Käsesorten oder nur eine verwendet werden.
- Den Teig zu länglichen Rollen formen und so lange in den Kühlschrank stellen, bis die Stangen schnittfest sind. Eidotter mit etwas Wasser in einem flachen Gefäß verdünnen und die Rollen darin gut wenden (oder mit einem Pinsel bestreichen). Anschließend in grob gehackten Nüssen oder Kernen wälzen. Diese dabei gut andrücken. Mit einem scharfen (Säge-)Messer dünne Scheiben abschneiden und wie oben beschrieben backen.
- Nüsse mit fein gemahlenen Gewürzen zusätzlich Aroma geben.

Tipps

- Durch die Beigabe von Paprika besonders auf den Bräunungsgrad achten.
- Um Käse besser reiben zu können, empfiehlt es sich, ihn vorher kurz einzufrieren.

Käsegebäck

Zutaten: **330 g Weizenmehl, glatt • 220 g Butter • 100 g fein geriebener Käse (Traunsteinkäse, Gmundnerberg, Raclette, Bergkäse etc.) • 2 Eier • 10 g Salz Prise Backpulver • Pfeffer, frisch gemahlen • 1 verquirltes Ei zum Bestreichen**

Alle Zutaten auf einer Arbeitsplatte oder in einer Schüssel rasch zu einem Teig zusammenkneten. Vor der Verarbeitung ca. 1 Stunde kühl rasten.
Teig ca. 2 mm dick ausrollen, beliebige Formen wie Herzen, Brezel, Taler, Blätter, Rauten etc. ausstechen. Auf ein vorbereitetes Backblech legen, mit verquirltem Ei bestreichen und beliebig bestreuen (Mohn, Mandelblättchen, Sesam, Paprikapulver, Kümmel, Haselnüsse, Walnüsse, geriebener Käse etc.). Im vorgeheizten Backrohr bei ca. 165 °C ca. 10–12 Minuten (je nach Größe) backen.

Füllungen: Hier kann man der Fantasie freien Lauf lassen. Aber immer nur die Hälfte der Kekse bestreuen, die andere Hälfte als Unterteil verwenden und jeweils 2 zusammensetzen. Gefüllt mit Frischkäse, Kräutertopfen, diversen Buttermischungen, Eiaufstrichen, Sardellen, Lachs, Räucherfisch oder Oliven ergibt dies immer neue Geschmacksrichtungen.

Eventuell zusätzlich noch fein geriebene Muskatnuss unter den Teig mengen. Prinzipiell können alle Gewürze und Kräuter, die zum Bestreuen verwendet werden, auch in den Teig gemischt werden.

Käsegebäck, einfach oder gefüllt, passt zu jeder Gelegenheit. Dieses Gebäck kann auch schon einige Tage vorher zubereitet werden, ohne dass es an Qualität verliert. Gefülltes Käsegebäck sollte hingegen erst kurz vor dem Verzehr fertiggestellt werden.

Tomatenmürbteig

Zutaten: **120 g Butter • 60 g Parmesan (oder beliebiger Käse), fein gerieben 15 g Zucker • 1 Eiweiß • 20 g Tomatenmark • 100 g Weizenmehl, glatt • 40 g Weizen- oder Kartoffelstärke • 40 g Mandeln oder Haselnüsse, fein gemahlen • Muskatnuss Salz • Prise fein geriebene Zitronenschale • Pfeffer • evtl. Rosmarin oder Oregano, fein gemahlen (als Teiggewürz) • 1 verquirltes Ei mit 10 g Salz zum Bestreichen**

Alle Zutaten gut vermischen und rasch zu einem Teig kneten. Nur bei Bedarf kühl stellen. Auf einer Arbeitsfläche ca. 2 mm dick ausrollen und beliebige Formen ausstechen. Ei mit Salz verrühren und die Teigstücke damit bestreichen. Eventuell mit Körnern, Nüssen, Mohn, Kräutern oder Gewürzen bestreuen. Bei 165 °C ca. 12–15 Minuten hell backen.

Vorsicht: Durch die Beigabe von Tomatenmark kann der Bräunungsgrad leicht übersehen und die Kekse können eventuell zu dunkel gebacken werden.

Würziges Buttergebäck mit Mandeln

Zutaten: **130 g Weizenmehl, glatt • 80 g Butter • 60 ml Obers • 2 g Trockenhefe • 60 g Mandeln, geschält und gemahlen • 3 g Salz • verquirltes Ei zum Bestreichen • Mohn, Sesam, diverse Kerne, Kümmel und Kräuter zum Bestreuen**

Germ in Obers auflösen, mit den restlichen Zutaten vermengen und bei Bedarf kühl stellen. Ca. 2–4 mm dick ausrollen, verschiedene Formen ausstechen (oder Streifen und Quadrate schneiden), auf ein vorbereitetes Backblech geben, mit verquirltem Ei bestreichen, beliebig bestreuen und bei 165–175 °C ca. 12–14 Minuten backen.

Variationsmöglichkeiten

- Anstelle von Mandeln 80 g fein geriebenen Käse untermengen. Mandeln durch Kürbiskerne, Haselnüsse, Sesam, gemahlene Haferflocken oder Walnüsse etc. ersetzen. Mandeln können auch ungeschält verwendet werden.
- Schmeckt ausgezeichnet zu Wein oder einfach als Knabbergebäck.

Pikanter Mürbteig

Zutaten: **140 g weiche Butter • 5 g Salz • 4 Dotter • 200 g Weizenmehl, glatt 1–2 g Backpulver • verquirltes Ei zum Bestreichen • Mandelblättchen, Kümmel, Mohn, Sesam, Kreuzkümmel, Paprikapulver, grobes Salz zum Bestreuen**

Butter mit Salz vermischen und die Dotter nach und nach einrühren. Mehl und Backpulver dazugeben, nur untermengen, nicht kneten. Eventuell ca. 30 Minuten kühl stellen.

Teig ca. 2–3 mm dick ausrollen, beliebige Formen ausstechen, mit Ei bestreichen, beliebig bestreuen und bei 165 °C ca. 12–14 Minuten (je nach Größe) backen. Nach dem Erkalten jeweils 2 Stück mit Liptauer, Kräuterbutter oder Aufstrichen Ihrer Wahl zusammensetzen.

Variante: Den Teig in kleine Förmchen eindrücken, backen und die erkalteten Förmchen mit diversen Buttermischungen oder Aufstrichen füllen und ausgarnieren. Immer erst kurz vor dem Servieren füllen, damit die Füllung die Kekse nicht aufweicht. Eventuell mit Körnern oder Gewürzen bestreuen.

Dieses Gebäck reiche ich gerne zu Leberterrinen, Käse etc.

Vollwertiges

Schokolade-Dinkel-Taler

Zutaten: **50 g weiche Butter • 40 g Vollrohrzucker • 10 g selbst hergestellter Vanillezucker • Prise frisch geriebene Orangenschale oder -pulver • 1 Eiweiß 20 g Orangenpaste (siehe Seite 180) • 5 g Sojalecithin • 60 g Bitterkuvertüre oder Schokolade, fein gerieben • 120 g Vollkorndinkelmehl • Prise Salz**

Butter mit Zucker und Gewürzen in einer Schüssel mit dem Schneebesen schaumig schlagen. Eiweiß dazurühren, restliche Zutaten beigeben und zu einem Teig mischen. Ca. 1,5 Stunden im Kühlschrank abgedeckt stehen lassen, damit die Kleie die Feuchtigkeit aufnehmen kann. Den Teig ca. 3–4 mm dick ausrollen und beliebige Formen oder Motive (Herzen, Kreise, Blätter, Taler, Tropfen) ausstechen, auf ein vorbereitetes Backblech legen und im vorgeheizten Backrohr bei ca. 165 °C ca. 8 Minuten unter Aufsicht backen. Vorsicht: Da der Teig durch die Schokolade bereits dunkel ist, übersieht man leicht den Bräunungsgrad.

Den Teig zu einer Rolle formen, mit Wasser oder verquirltem Ei bestreichen, in Mandel- oder Haselnussblättchen wälzen, in 2–3 mm dicke Scheiben schneiden und backen. Dies ist die schnelle Variante.
Man könnte auch jeweils 2 Kekse mit selbst eingekochter Marmelade füllen. Das Gebäck vor dem Backen zusätzlich mit halbierten Mandeln oder kandierten Früchten belegen.

Vollkornmürbteig mit Topfen

Zutaten: **100 g kühle Butter • 100 g Topfen • 60 g Rohrzucker (oder Honig) 1 Dotter • Prise Zitronenschalenpulver oder frisch geriebene unbehandelte Schale 10 g Vanillezucker • 160 g Vollkornmehl oder Dinkelvollkornmehl • Prise Salz**

Butter in kleine Stücke schneiden und mit den restlichen Zutaten rasch zu einem Teig vermengen. Nur kurz kneten, bis man keine Butterstückchen mehr sieht. Ca. 1 Stunde kühl stellen. Danach den Teig ca. 2 mm dick ausrollen, beliebige Formen ausstechen (oder bestimmte Formen damit auslegen) und bei 165 °C im vorgeheizten Backrohr ca. 9–13 Minuten (je nach Größe) hellbraun backen.

Dieser Mürbteig eignet sich auch für Tortenböden. Zusätzlich mit Zimt, Nelken, Lebkuchengewürz, Ingwer etc. abschmecken.

Für pikante Varianten den Zucker weglassen.

Vollkorn-Schokoladetschipskekse

**Zutaten: 50 g weiche Butter • 80 g Rohrzucker • 5 g Sojalecithin
10 g Vanillezucker • Prise Steinsalz • 1 Eiweiß • 15 g Wasser oder Rum
50 g Schokolade oder Kuvertüre, klein gehackt • 50 g Mandeln oder Walnüsse (oder eine Mischung daraus), grob gehackt • 90 g Weizenvollkornmehl
2 g Backpulver**

Butter mit Zucker, Lecithin, Vanille und Salz schaumig rühren. Eiweiß und Wasser einrühren, Schokolade und Mandeln mit Mehl und Backpulver unter den Abtrieb rühren und mit einem Löffel (oder einer größeren Spritztülle) kleine Häufchen auf ein vorbereitetes Backblech setzen. Eventuell mit einem bemehlten Löffel flach drücken, damit alle gleich groß und gleich hoch sind und somit ein gleichmäßiges Backergebnis erzielt wird. Bei ca. 165 °C ca. 10 Minuten backen.

Vollkorn-Vanillekipferl 1

**Zutaten: 100 g weiche Butter • 50 g Vollrohrzucker • 5 g Sojalecithin
20 g Vanillezucker • Prise Salz • 50 g Mandeln, fein gemahlen • 1 Ei
150 g Weizenvollkornmehl • Staubzucker-Vanillezucker-Gemisch zum Bestreuen**

Alle Zutaten in einer Schüssel oder auf einem Arbeitsplatz vermengen und rasch zu einem Teig zusammenfügen, kurz kneten. Nur bei Bedarf abgedeckt im Kühlschrank rasten und anziehen lassen. Der Teig sollte nicht zu weich, jedoch leicht formbar sein.
Den Teig zu kleinen Rollen formen, von diesen kleine Stücke abstechen und in der Handfläche zu kurzen Stangerln formen (siehe Film auf www.gruenberg.at). Stangerl nun zu Kipferl biegen, auf ein vorbereitetes Backblech (mit Backtrennpapier oder Silikonmatte) legen und bei 165 °C ca. 9–11 Minuten backen. Der Rand sollte sich leicht braun färben.
Noch warm mit Staubzucker-Vanillezucker-Gemisch bestreuen, auskühlen lassen und in Dosen schichten.

Teig kann auch ohne Sojalecithin bereitet werden. Zudem verwende ich gerne das Steinsalz aus der Salzkammer.

Marmeladen
Sirupe · Liköre · Getränke

Marmeladen

Marmelade-Grundrezept

Zutaten für ca. 7 Gläser à 200 ml

1,2 kg vorbereitete Früchte wie Zwetschken, Holler, Äpfel, Birnen, Feigen, Preiselbeeren, Trauben etc. (oder Erdbeeren, Marillen, Brombeeren, Himbeeren) 500 g Gelierzucker 3:1 • Schuss Zitronensaft oder Zitronensäure • 30 ml Likör oder Schnaps je nach Geschmack (Erdbeerlikör, Orangenlikör, Mandellikör, Rum etc.) etwas Alkohol (80 %) zum Verschließen der Gläser

Früchte oder Obst nur wenn notwendig waschen. Früchte putzen und in Stücke schneiden, faschieren oder pürieren. Mit Gelierzucker und Zitronensaft mischen und über Nacht kühl stellen. Unter Rühren aufkochen, 4 Minuten wallend kochen lassen. Gelierprobe machen (siehe Seite 175), Likör oder Rum zugeben und sofort in vorbereitete Gläser füllen. Mithilfe einer Pipette einige Tropfen Alkohol darüberträufeln, anzünden und sofort verschließen. Anstelle von 300 g Frucht 300 ml Wein, Most, Bier oder Fruchtsaft nehmen.

Einige Marmeladenkompositionen

Winterapfel: 700 ml Apfelsaft, 500 g geschälte, entkernte, würfelig geschnittene Äpfel, 500 g Gelierzucker 3:1, 1 aufgeschnittene Vanilleschote, 30 ml Rum, 1–2 TL Lebkuchengewürz, etwas Alkohol (80 %) zum Verschließen der Gläser (ebenso mit Birnen zubereitbar)

Feigen-Birnen-Marmelade: 400 g in Würfel geschnittene Feigen, 600 g Birnenwürfel, 200 ml Rotwein, 50 ml Zitronensaft, 500 g Gelierzucker 3:1, 1 aufgeschnittene Vanilleschote, etwas Alkohol (80 %) zum Verschließen der Gläser, anstelle von Feigen können Preisel-, Brombeeren, Himbeeren oder Heidelbeeren genommen werden.

Weintrauben mit Nüssen: 1 kg kernlose Weintrauben, 30 ml Zitronensaft, 100 g Rohrzucker, 400 g Gelierzucker 3:1, 100 g ganze, geschälte, geröstete Mandeln, Wal-, Peka- oder Haselnüsse, Kürbis-, Pinien- oder Sonnenblumenkerne, 80 ml Weinbrand, etwas Alkohol (80 %) zum Verschließen der Gläser

Kürbis-Physalis-Marmelade mit Walnüssen: 800 g Hokkaidokürbis in kleine Würfel geschnitten, 20 ml Zitronensaft, 150 ml Wasser oder Weißwein, 250 g geviertelte Physalis (Kapstachelbeeren), 500 g Gelierzucker 3:1, 100 g Walnüsse grob gehackt

Kürbis mit Wasser und Zitronensaft ca. 15 Minuten weich kochen, bei Bedarf noch Flüssigkeit dazugeben und länger einkochen, mit den restlichen Zutaten vermischen und ca. 4–5 Minuten wallend kochen, Gelierprobe machen, einfüllen und verschließen. Gläser einige Zeit auf den Kopf stellen, damit sich die Früchte schön verteilen. Anstelle von Physalis können auch Weintrauben verwendet werden.

Hollermarmelade: 1 kg Hollerbeeren, 100 g entkernte Zwetschken, 100 g Birnenwürfel, Zimt und Nelken gemahlen, 500 g Gelierzucker 3:1
Alle Früchte und Gewürze ca. 10 Minuten kochen lassen, mit Gelierzucker vermischen, aufkochen und 4–5 Minuten sprudelnd kochen lassen (Gelierprobe).

Apfelhimbeer-Marmelade: 600 g Äpfel grob geraspelt, 500 g Himbeeren, 50 ml Orangensaft, 1 Packung Gelierzucker 3:1, 20 ml Apfel- oder Himbeerschnaps, je nach Geschmack auch mehr.

Apfelkürbis mit Ingwer: 600 g klein gewürfelter Kürbis, 400 g Apfelwürfel, 40 ml Zitronensaft, 500 g Gelierzucker 3:1, 100 ml Weißwein oder Apfel- oder Traubensaft, 20 g kandierter oder frischer Ingwer klein geschnitten

Alle Zutaten vermengen, aufkochen und 4–5 Minuten wallend kochen lassen.
Ist der Kürbis sehr hart, zuerst vorkochen, damit er weich wird.

Vierfruchtmarmelade: je 300 g entkernte Kirschen, Erdbeeren, rote Ribiseln und Himbeeren

Traubenorangen-Marmelade: 400 g Orangenfilets, 700 g kernlose Trauben, 500 g Gelierzucker 3:1.
Alle Zutaten aufkochen, mixen, mit Gelierzucker vermischen und einkochen.

Apfelzwetschken-Marmelade: 600 g Äpfel, 600 g Zwetschken, 500 g Gelierzucker 3:1, eventuell noch in Rum eingelegte Rosinen oder beliebige Früchte
Probieren sie auch einmal einige Rumtopffrüchte

Zwetschkenmarmelade mit Marzipan: 1200 g entkernte Zwetschken, 100 g Marzipan, 20 ml Zitronensaft, 500 g Gelierzucker 3:1

Alle Zutaten vermischen und aufkochen, noch einige Tropfen Bittermandelöl vor dem Abfüllen einrühren.

Punschmarmelade: 300 ml Rotwein (Bier, Weißwein, Most), 900 g Zwetschken, 20 ml Zitronensaft, 60 g in Rum eingeweichte Rosinen, Prise Zimt und Nelken gemahlen, 50 g Gelierzucker 3:1, 70 ml Rum
Varianten: eventuell mit Orangen- oder Zitronenschalenpulver, mit Kirschen oder einer Mischung aus Himbeeren, Heidelbeeren und Brombeeren zubereiten.

Gelierprobe

- Da der Pektingehalt in Früchten z. B. auch durch Reife oder Witterung sehr unterschiedlich ist, ist eine Gelierprobe bei Marmeladen, Säften und Gelees empfehlenswert. Dazu nehmen Sie kurz vor Ende der Kochzeit einen Löffel Kochgut aus dem Topf und lassen die heiße Marmelade auf einem kalten Teller abkühlen. Ist sie zu flüssig, dann lassen Sie die Marmelade weiterkochen oder rühren mithilfe eines Schneebesens etwas Pektinpulver in die heiße Masse: Die Kochzeit beträgt dann noch eine weitere Minute.
- Vor dem Kochen sollten die grob zerkleinerten Früchte mit Gelierzucker, Pektin, Zitronensaft und eventuell Gewürzen mindestens 5 Stunden, am besten über Nacht zugedeckt mariniert werden. Die Früchte lassen sich so besser verkochen und Sie erzielen dadurch einen intensiveren Geschmack.
- Nicht jede Marmelade muss so stichfest sein wie kommerziell hergestellte. Eine gewisse Streichfähigkeit und Geschmeidigkeit ist nicht zu verachten. Außerdem eignen sich Fruchtpasten und Marmeladen sehr gut zum Vermischen mit Joghurt, Sauerrahm oder Buttermilch als Zwischenmahlzeit.
- Marmelade kann auch mit Malven-, Hibiskus- oder Hagebuttentee eingefärbt werden. Wer hierbei sichergehen möchte, dass der Tee nicht in die Marmelade gelangt, schneidet das Teesäckchen auf und füllt den Inhalt in ein Tee-Ei. Dieses kann zum Schluss problemlos entfernt werden.
- Bei Marmeladekombinationen sollten die Früchte saisonal zusammenpassen: Holler-Zwetschke, Holler-Birne oder Erdbeere-Rhabarber etc.
- Gläser, die mit Marmelade mit Fruchtstücken oder Kräutern gefüllt sind, nach dem Verschließen unbedingt auf den Kopf stellen, damit sich die Einlage gleichmäßig verteilen kann.
- Wenn die Fruchtstücke während oder nach dem Kochen noch zu groß sind, diese einfach mit einem Stabmixer pürieren.
- Einen zusätzlichen Geschmack bzw. ein originelles Aussehen erhält man, wenn man in feine Streifen geschnittene Rosenblüten, Zitronenmelissenblätter, Malvenblüten, Veilchen, Hollerblüten etc. kurz vor Ende der Kochzeit einmengt.
- Marmeladen können auch mit tiefgekühlten Früchten hergestellt werden. So kann man ganzjährig sehr gute Mischungen zubereiten. Früchte hierzu sorgfältig verschlossen einfrieren, damit diese nicht mit allzu vielen Eiskristallen belegt werden. Die dabei zusätzlich entstehende Flüssigkeit würde die Gelierfähigkeit negativ beeinflussen.
- Für weihnachtliche Marmeladen mit Gewürzen wie Vanillestange, Rosenblütenwasser, Zimt, Nelken, Kardamom, Ingwer, Muskatnuss, Chilipulver, Kurkuma (oder selbst hergestellter Gewürzmischung) zusätzlich Geschmack geben.
- Alkohol zum Aromatisieren erst nach dem Kochen und kurz vor dem Abfüllen einrühren.

Tipp: Als Ersatz für Spritzsack Marmelade in Plastikbeutel füllen, eine Klammer verhindert das Ausrinnen beim Nachfüllen. Beidseits verschlossen jederzeit griffbereit zum Befüllen der Kekse.

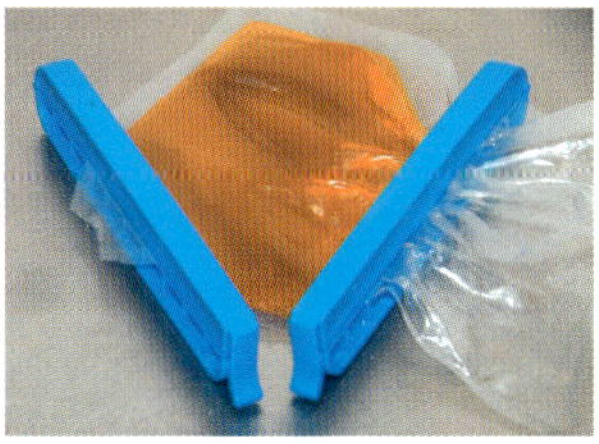

Sirupe · Liköre · Getränke

Eierlikör

Dieses Rezept stammt von Andrea Dechant

Zutaten: 500 ml Milch • 60 g Feinkristallzucker • 6 Dotter • 250 ml Korn (38 %) oder Schnaps

Dotter in eine Schüssel geben. Milch mit Zucker aufkochen, vom Feuer nehmen, Mixstab in die Milch stellen und alle Dotter mit dem Mixstab auf einmal in die heiße Milch einrühren und einige Minuten mixen. Abkühlen lassen, den Alkohol einrühren, abfüllen, verschließen und mindestens 1–2 Wochen reifen lassen. Vor Verwendung aufschütteln.

Zubereitungsvarianten: Milch kann auch mit Obers gemischt werden. Zusätzlich Zimt, Vanillestange oder Koriander beimengen. Oder in der heißen Milch etwas Kakao oder Schokolade auflösen. Korn durch etwas Weinbrand oder Rum ersetzen oder Rumaroma beigeben. Eierlikör kann auch mit etwas Weingeist bereitet werden, er wird dadurch stärker! Eventuell etwas Mohn einrühren und reifen lassen.

Gewürztee (indisch)

Dieses Rezept stammt von Wilfried Scheutz, 4 Xang; www.4xang.at

Zutaten: 2 l Wasser • 3 Stk. Sternanis • 5 Stk. grüner Kardamom 5 Stk. Gewürznelken • 5 große Scheiben frischer Ingwer • 2 Stk. Java-Langpfeffer 1 Zimtstange • etwas Milch • ca. 8 Pkg. Schwarztee

Alles bis auf die Milch aufkochen und bei mittlerer Hitze ziehen lassen. Nach Geschmack mit Honig oder Braunzucker süßen.

Schmeckt ganz toll!

Etwas Tamarindenpaste dazu, wenn man's hat. Von einer Vanilleschote, die kann auch schon ausgekratzt sein, red' ich jetzt gar nicht. Dann den Schwarztee – welche Sorte, is in dem Fall wurscht, schad' um einen teuren, weil es um den Zusammenhang geht – dazugeben, 5 Min. ziehen lassen, abseihen, dann die Milch drauf, Herd abschalten bzw. Topf wegstellen. Nachziehen lassen. Ist kein Tee, sondern ein Gericht. Ohne Urteilsspruch.

Hochecker Glühwein

Dieses Rezept stammt vom Traunseewirt Hans Reisenberger, Altmünster

Zutaten: 4 EL Kristallzucker • 3/4 l Rotwein • 1/4 l Orangensaft • 1/2 Zimtstange 5 Stk. Nelken • 4 Orangenscheiben • 4 cl Hocheck Waldhimbeerbrand

Zucker karamellisieren, mit Rotwein und Orangensaft ablöschen, Zimt und Nelken beigeben und 5 Minuten köcheln lassen, abseihen und mit Orangenscheiben dekorieren. Kurz vor dem Servieren mit ein wenig Hochecker Waldhimbeerbrand aromatisieren.

Hochecker Brennmeister-Beerenpunsch

Zutaten

4 EL Kristallzucker • 1/2 l Rotwein • 1/2 l Orangensaft • 6 cl Himbeersirup 200 g gemischte Beeren • 12 cl Hocheck Beerencuvée • 1 Zimtstange

Zucker karamellisieren, mit Rotwein und Orangensaft ablöschen, Himbeersirup beigeben, 5 Minuten köcheln lassen, Zimtstange herausnehmen, Beerencuvée zugeben. Gemischte Beeren in Tassen verteilen, mit Punsch aufgießen.

Heiße Schokolade in verschiedenen Geschmacksvarianten

Zutaten für ca. 5 Tassen

200 g dunkle Kuvertüre • 400 ml Milch • 400 ml Wasser • 20 g Kakaopulver

Milch und Wasser in einen Topf gießen, mit einem Schneebesen Kakaopulver einrühren und aufkochen, dann die Schokolade dazugeben und bei kleiner Hitze ca. 5–10 Minuten unter gelegentlichem Rühren einkochen, eventuell durch ein Sieb gießen und unter gelegentlichem Rühren abkühlen lassen.
Zum Servieren die Schokolade erwärmen, aber nicht aufkochen.

Geschmackliche Varianten

- In die Milch eine aufgeschnittene Vanilleschote oder eine Zimtstange einlegen und aufkochen.
- Mit Muskatnuss, Chili, Vanille, Bittermandel, Amaretto oder Eierlikör aromatisieren.
- Vor dem Abkühlen noch 100 ml starken Kaffee einrühren.
- Für Rumliebhaber: vor dem Servieren 50 ml Rum (38 % oder 60 %) einrühren.
- Klein geschnittene Aranzini mitkochen, abseihen und mit Orangenlikör aromatisieren.
- Mit Gewürzzucker bestreut servieren.
- Mit 1 TL halb geschlagenem Obers garnieren.
- Mit Kardamom bestreut servieren.
- 1/2 dunkle Kuvertüre und 1/2 Milchkuvertüre verwenden.

Wenn die Schokolade bereits einige Stunden vor dem Servieren zubereitet wird, ist sie cremiger und aromatischer. Schmeckt eiskalt genossen auch im Sommer gut. Eventuell mit Vanilleeis servieren und mit Schlagobers garnieren. Mit Kornschnaps vermengt, erhält man einen Schokoladelikör.
Für meine Enkerl verwende ich gerne Schafmilch anstelle von Kuhmilch. In diesem Fall sollte die Milch aber nicht aufgekocht werden, sondern zuerst Kuvertüre und Kakao mit heißem Wasser auflösen und dann erst die Milch in die etwas überkühlte Mischung einrühren.

Kokosschokoladedrink

Zutaten

80 ml Ananassaft • 20 ml weißer Rum • 40 ml Kokoslikör • 30 ml Schokoladensirup

Alle Zutaten mit etwas Eis in einem Mixbecher mixen (oder mit dem Stabmixer), in ein Glas einfüllen und obenauf Schokoladensirup darübergießen. Hierzu würde auch noch sehr gut Bananenlikör passen.

Schokoladensirup

Lässt sich schnell und unkompliziert herstellen, kann im Kühlschrank bis zu 10 Tage gelagert werden.

Zutaten

250 ml Obers • 40 g Feinkristallzucker • 20 g Kakaopulver • 100 g dunkle Kuvertüre

Obers mit Zucker aufkochen, mit dem Schneebesen Kakao einrühren, von der Kochstelle nehmen und die Kuvertüre darin auflösen. Eventuell durch ein feines Sieb passieren (oder mit dem Mixstab kurz mixen), aber nicht zu flaumig aufschlagen. In ein vorbereitetes Glas füllen und gut verschlossen im Kühlschrank aufbewahren. Dieser Sirup eignet sich auch sehr gut als Beigabe zu Eisbechern, für Palatschinken und Desserts.

Eventuell noch zusätzlich mit Rum, Orangenlikör, Rosenblütensirup, anderen Blüten und Blättersirupen, Cognac oder mit diversen Likören aromatisieren.
Ebenso kann man beim Aufkochen etwas Löskaffee in der heißen Schokolade auflösen.
Lässt sich ebenso mit Milchkuvertüre zubereiten.

Rosensirup

Dieses Rezept stammt von Edith von Payr

Zutaten

150 g ungespritzte Rosenblüten (von den Rosenblüten den unteren Teil wegschneiden)
100 ml Zitronensaft • 1 l Wasser • 1 kg Rohrzucker

Rosenblüten mit Wasser und Zitronensaft aufkochen, vom Herd nehmen und zugedeckt ca. 30 Minuten ziehen lassen. Abseihen, mit Rohrzucker vermischen und auf kleiner Flamme ca. 30 Minuten einkochen lassen (soll sirupartig sein, fast so zähflüssig wie Honig).

Rosensirup ist eine gute Basis zum Aromatisieren von verschiedenen Desserts, Cremen, Eisvariationen, Sorbets, aber auch für Liköre, Punsche oder Dessertsaucen. Die Zitronensaftbeigabe kann auch noch beliebig erhöht werden.

Orangenschokomilch

Sehr gut geeignet für Kinder.

Zutaten

150 ml Milch (Schafmilch) • 20 ml Schokoladensirup • 20 ml Orangensaft oder -sirup

Milch erhitzen (Schafmilch erwärmen, nicht kochen), Schokoladensirup und Orangensirup einmixen und servieren.
Im Sommer zusätzlich noch 1–2 Schokoladeneiskugeln einmixen und eisgekühlt servieren.

Ingwerlikör

Zutaten: 80 g frischer Ingwer, fein würfelig geschnitten • 750 ml Weinbrand (Korn oder Wodka) • 200–250 g Honig (fein zerstoßener Kandiszucker) • 40 ml Wasser

Ingwer mit Weinbrand in ein Gefäß geben und gut verschließen. 1–2 Wochen ziehen lassen und dabei immer wieder aufschütteln. Danach Ingwer durch ein Sieb abseihen und mit Honig und Wasser in einen Topf geben und aufkochen. Diese Mischung abkühlen lassen und wieder zum Weinbrand geben. 2–3 Wochen ziehen lassen. Danach durch ein Sieb (mit Mulltuch oder Kaffeefilter) seihen, damit der Likör möglichst klar ist. Es kann aber sein, dass dennoch etwas Satz bleibt.

Dieser Likör ist für Ingwerliebhaber etwas ganz Besonderes, er wird bei längerer Lagerzeit immer besser.

Variationsmöglichkeiten

- Eventuell noch etwas Ingwersirup dazurühren. Schmeckt auch gut in einem Punsch oder in anderen Heißgetränken. Ebenfalls empfehlenswert als erfrischendes Sommergetränk mit Sodawasser oder Mineralwasser aufgegossen und mit Minzeblättern und Eiswürfeln serviert.
- Auch zum Aromatisieren von Sekt oder Bowlen geeignet.
- Eventuell noch eine aufgeschnittene Vanilleschote oder Zimtrinde einlegen bzw. einige zerstoßene Wacholderbeeren, unbehandelte Zitronen- oder Limettenschalen oder ca. 30 g Walnusshälften.

Nusscremelikör

Dieses Rezept stammt von Familie Schimpl, Kräuterwirt in Hirschbach

Zutaten: 400 g Zucker • 400 g Walnüsse, gerieben • 3 l Milch

1200 g Zucker • 4 Pkg. Vanillezucker • 12 Stk. Dotter

1 l Weingeist • 1/8 l Rum (80 %)

400 g feinen Zucker in etwas Wasser goldgelb erhitzen. Geriebene Walnüsse darin anrösten, mit Milch aufgießen und erneut erhitzen. 10 Minuten zugedeckt ziehen lassen, danach durch ein Sieb seihen.
1200 g Zucker mit Vanillezucker und Dottern schaumig rühren und mit den übrigen Zutaten verrühren. In einem Mixglas ca. 10 Minuten zu einer homogenen Masse mixen.

Tipp: Nach dem Aufgießen und Erhitzen den Topf von der Kochstelle nehmen. Mixer in den Topf stellen und einschalten. Die Dotter auf einmal in die kochende Milch-Nuss-Masse einmixen, abseihen, restlichen Zucker und Vanillezucker dazumengen.

Variationsmöglichkeiten

Mit Kürbiskernen oder Haselnüssen zubereiten. Für ein noch besseres Aroma 1 aufgeschnittene Vanilleschote mitkochen.

Orangen- und Zitronensaft zu Paste einkochen (zum Aromatisieren)

Zutaten: 1 l Orangensaft (aus der Packung) • evtl. 2 Packungen Orangenschalenpulver

Orangensaft aufkochen und ca. 30 Minuten auf ca. 100 ml einkochen. Eventuell Orangenschalenpulver dazurühren (aber nicht mitkochen).

250 ml Zitronensaft, frisch gepresst • 30 g Glukose

Zitronensaft und Glukose in einem Topf ca. 12 Minuten auf ca. 60–70 ml einkochen. Eventuell noch 1 Packung Zitronenschalenpulver dazugeben.

Hierbei ist zu beachten, dass die Paste nicht gesüßt ist, bei Bedarf Zucker mitkochen und nur sparsam verwenden.

Eignet sich sehr gut zum Aromatisieren von Teigen, Füllungen, Cremen, Punschen, Glühwein und Bowlen. Glukose kann auch mit Orangensaft mitgekocht werden. Beide Essenzen bekommen eine geleeartige Konsistenz.

Ersatzweise gibt es sehr gute Pasten im Fachhandel.

Schokolade-Adventslikör

**Zutaten: 150 g Feinkristallzucker • 20 g Vanillezucker • 1 g Zimt
1 g Lebkuchengewürz • Prise Nelkenpulver • 3 Dotter • 250 ml Obers
1 TL (3 g) löslicher Kaffee • 200 g dunkle Kuvertüre oder Schokolade
700 ml Weinbrand oder Korn**

Obers mit Zucker, Gewürzen und Vanillezucker aufkochen, von der Kochstelle nehmen. In die heiße Masse alle Dotter auf einmal mit einem Schneebesen zügig einrühren, nochmals kurz auf den Herd stellen und kurz bis unter den Siedepunkt erhitzen (nicht kochen). Dabei mit dem Schneebesen gut rühren, Kuvertüre und Kaffeepulver darin auflösen, am besten mit einem Mixstab einige Minuten mixen. Abgekühlt mit Weinbrand verrühren und abfüllen. Sollte einige Tage reifen, damit sich das Aroma gut entfalten kann.

Schokolikör: hierfür Gewürze weglassen. Anstelle von Kaffee mit Rum aromatisieren. Mit beliebigen Gewürzmischungen abrunden. Dieser wohlschmeckende Likör weist eine herrlich cremige Konsistenz auf. Zudem lassen sich Eisdesserts hervorragend verfeinern. Gekühlt lagern und vor Gebrauch aufschütteln.

Diese Zubereitung habe ich ausgetestet, damit die Dotter genügend erhitzt werden. Bei Rezepten, die nicht gebacken werden, verwende ich nur abgekochte Dotter oder pasteurisierte Eier.

Quittenlikör

Dieses Rezept stammt von Andrea Dechant

Zutaten: 500 g geschälte und entkernte Quitten • 1 l Kornschnaps (38 %) 1/2 KL Zimt, fein gemahlen • 1/2 unbehandelte Zitrone, in Scheiben geschnitten 180 g Feinkristallzucker • 125 ml Wasser

Quitten sehr klein schneiden und mit Schnaps, Zimt und Zitrone in ein Gefäß füllen und 6 Wochen an einen sonnigen Platz stellen. Mehrmals aufschütteln, abseihen. Zucker mit Wasser aufkochen und überkühlt in den Ansatz rühren.

Zubereitungsvarianten: Eventuell noch eine Prise Nelken, Ingwer oder Koriander hinzufügen. Als Einlage kann man auch noch Rosinen beimengen. Eventuell 1–2 Tropfen Bittermandelöl zugeben, aber nicht mehr, da ein Zuviel den Quittengeschmack übertönen würde.

Traunkirchner Weihnachtspunsch

Dieses Rezept stammt von Familie Gröller, Seehotel „Das Traunsee"; www.traunseewirte.at

Zutaten: 500 ml Wasser • 300 g Feinkristallzucker • 3 Stk. Gewürznelken 1/2 Zimtstange • 1 Pkg. Vanillezucker (oder selbst hergestellter Vanillezucker) 4 unbehandelte Orangen • 2 unbehandelte Zitronen • 1 l Schwarztee 250 ml Rum • 250 ml Weinbrand

3 Orangen und 1 Zitrone dünn schälen (mit dem Sparschäler ohne weiße Schale). Wasser mit Zucker, Gewürznelken, Zimt und Vanillezucker aufkochen und über die Schalen gießen. Zugedeckt auskühlen lassen. Inzwischen Orangen und Zitronen auspressen. Zitrussäfte, den ausgekühlten Zuckersirup, Rum und Weinbrand gemeinsam mit dem zubereiteten Schwarztee vermischen und vorsichtig erwärmen. Nicht mehr aufkochen, nach Bedarf abschmecken und in einem dekorativen feuerfesten Glas servieren.
Als Garnitur eventuell einige Orangenspalten, aber auch Himbeeren (gefroren), einige Rumtopffrüchte oder Mandelblättchen reichen.

Die Klassiker aus meinen anderen Büchern

Grünbergstollen

Zutaten für 2 Stollen: **380 g Nougat • 230 g Milchkuvertüre 120 g dunkle Kuvertüre • 200 g Waffeln, fein gerieben • 270 g fein geriebene Haselnuss-Grillage (siehe unten) • 200–250 g zerlassene Glasurmasse oder Schokolade**

Nougat mit beiden Kuvertüren in einer Metallschüssel oder einem Topf über Dampf schmelzen und gut erwärmen. Waffeln und Grillage gut untermischen.
In mit Klarsichtfolie ausgelegte kleine Terrinen- bzw. Dachrinnenformen füllen, die Formen dabei mehrmals aufklopfen und gut eindrücken, damit die Masse gut zusammenhält und keine Hohlräume entstehen. Kühl stellen, bis die Masse fest geworden, aber noch schnittfähig ist.
Vorsichtig aus der Form nehmen und mit zerlassener Schokoladeglasur überziehen.
Bei Zimmertemperatur in 5 mm dicke Scheiben schneiden. Die Masse darf beim Schneiden nicht zu hart sein, sonst bricht bzw. zerbröckelt sie.
Falls die Masse zu fest geworden ist, nochmals erwärmen. Die Festigkeit hängt von der verwendeten Schokolade ab, eventuell noch etwas Nougat dazugeben.

Grillage

Zutaten: **150 g Kristallzucker • 150 g Haselnüsse, ganz (Mandeln, Cashewnüsse, Para- oder Walnüsse, Kürbiskerne, Erdnüsse, Sonnenblumenkerne, Sesam oder eine Mischung daraus)**

Kristallzucker in einer beschichteten Pfanne karamellisieren, Nüsse zugeben und auf ein mit Backpapier ausgelegtes Blech streichen. Erstarren lassen und je nach weiterer Verwendung brechen, reiben oder in der Küchenmaschine zerkleinern.

Tipp: Übrig gebliebene Grillage etwa mit Butterbröseln vermengen und zu süßen Knödeln servieren oder über Eis, Parfaits etc. streuen.

Kirschbusserl

Für 95–100 Busserl

Zutaten: **180 g zimmertemperierte Butter • 100 g Feinkristallzucker • 1 Ei 80 g Mandeln oder Haselnüsse, fein gerieben • 220 g Mehl, glatt ca. 95–100 Stück eingelegte Amarenakirschen, gut abgetropft • Butter für das Backblech**

Für die Glasur: **100 g Staubzucker, fein gesiebt • 2 TL Vanillezucker ca. 3 cl Rum (38 %) oder erwärmtes Fondant**

Butter und Zucker schaumig rühren. Dann das Ei dazurühren und Mehl sowie Mandeln bzw. Nüsse untermengen. Die Masse in einen Dressiersack mit gezackter Sterntülle füllen und kleine Busserl auf ein gebuttertes oder mit Backpapier belegtes Backblech dressieren (spritzen).
Je eine gut abgetropfte Kirsche auf jedes Busserl legen. Im vorgeheizten Backrohr bei ca. 165 °C 7–8 Minuten backen. Herausnehmen und mit der vorbereiteten Glasur verzieren.
Für die Glasur alle Zutaten verrühren.

Tipp: Man kann die Kirschen auch halbieren oder vierteln (je nach Größe der Kekse) oder mit anderen Dörrfrüchten oder kandierten Früchten (die vorher in Alkohol eingelegt wurden) belegen.

Kletzenbrot

Zutaten für die Fruchtfülle: 100 g Feigen • 40 g Datteln 80 g Kletzen • 180 g Dörrzwetschken • 50 g Rosinen • 20 g Aranzini 20 g Zitronat • 130 g Wal- oder Haselnüsse, grob gehackt 125 g Dörrmarillen • 50 g Powidlmarmelade • 2 g Zimt 2 g Lebkuchengewürz • 5 cl Rum (38 %) • 5 cl Rum (60 %)

Für die Teighülle: 200 g Mehl, glatt • 60 g Butter • 5 cl Milch 1 Dotter • Salz • 20 g Feinkristallzucker • frisch geriebene Zitronenschale oder Zitronenschalenpulver • 1/2 Päckchen Trockenhefe

Zum Verzieren: halbe Mandeln oder kandierte Kirschen

Für die Fruchtmasse alle Früchte bis auf die Rosinen klein würfelig schneiden oder grob faschieren, mit Rum, Rosinen, Powidlmarmelade, den Gewürzen und Nüssen in einem Weidling gut vermischen und über Nacht stehen lassen. Zwei bis vier längliche Striezel formen.

Für die Teighülle alle Zutaten miteinander vermengen, zu einem festen Teig kneten und kurz rasten lassen. Teig in 2 Hälften teilen und auf bemehlter Arbeitsfläche oder zwischen zwei Backmatten ausrollen.
Jeden Striezel mit einem Teigblatt umhüllen und einschlagen. Oberseite mit einer Gabel leicht einstechen, mit verquirltem Ei bestreichen und eventuell mit Mandeln oder kandierten Kirschen verzieren. Im vorgeheizten Backrohr bei 165–175 °C 20–30 Minuten unter Aufsicht backen.

Tipps

- Kletzen generell vor der Verarbeitung mit Wasser aufkochen, einige Stunden ziehen lassen, Wasser ableeren und weiterverarbeiten. Ich zerkleinere die ganze Früchtemenge grob in einer Moulinette und gebe dann Powidlmarmelade etc. dazu.
- Ist die Masse zu trocken, kann noch etwas Kochwasser von den Kletzen beigemengt werden.
- Wer lieber andere Früchte bevorzugt, kann aus der Vielfalt auswählen.

Zwetschkenlebkuchen

Dieses Rezept stammt von meiner Mutter Anna

**Zutaten für den Lebkuchenteig: 330 g Honig
110 g Roh- oder Gelbzucker • 50 ml kalte Milch • 300 g Mehl, glatt
250 g Roggenmehl • 2 Dotter • 1 Ei • 10 g Lebkuchengewürz
8 g Hirschhornsalz in 1 cl kalter Milch auflösen • 3 g Pottasche in 1 cl kalter Milch auflösen**

Für die Fülle: 500 g Dörrzwetschken • 6 cl Rum (60 %) – für Kinder Fruchtsirup, Läuterzucker oder Wasser •50 g Powidlmarmelade

Für die Glasur: 300 g dunkle Kuvertüre • 30 g Kokosfett

Honig mit Zucker in einem Topf erwärmen. In eine Rührschüssel füllen und Milch, aufgelöstes Hirschhornsalz, Mehl, Dotter und Ei dazugeben. Kurz durchmischen und aufgelöste Pottasche untermengen und verkneten. 1–2 Tage rasten lassen.
Den Lebkuchenteig mindestens 5 mm dick ausrollen. Mit einem runden Ausstecher ca. 4 cm große Kreise ausstechen. Auf ein vorbereitetes Backblech setzen und im vorgeheizten Backrohr bei ca. 165 °C ca. 10 Minuten hellbraun backen. (Vorher eventuell eine Probe backen. Wenn der Teig zu weich ist, noch etwas Mehl darunterkneten.)

Tipp: Hirschhornsalz und Pottasche unbedingt getrennt auflösen. Nicht gleichzeitig in den Teig geben, da sich die Treibwirkungen sonst aufheben. Dieser Lebkuchen schmeckt auch ohne Fülle sehr gut.

Grundsätzliches zum Mürbteig

Mürbteig ist eine einfache und die für Kekse wichtigste Teigart. Es gibt mannigfaltige Variationen, die man leicht herstellen kann. Alle Rezepte haben eines gemeinsam: den relativ hohen Fettanteil und die ein wenig gelockerte, aber vor allem mürbe Struktur. Bei dem folgenden Grundrezept handelt es sich um den so genannten

„1-2-3-Teig“:

1 Teil Zucker, 2 Teile Butter, 3 Teile Mehl.

Eine besondere Variante der Mürbteigherstellung ist die Verwendung von feinem Dinkel- statt Weizenmehl. Mitunter muss die Beigabe von Ei oder Flüssigkeit etwas erhöht werden. Mürbteig eignet sich sehr gut für Schnitten (Teig in längliche Streifen schneiden, kurz backen und dann mit der jeweiligen Fülle oder dem jeweiligen Belag versehen), zum Ausstechen von kleinen Kekserln, als Unterlage für Pariser Spitz, aber auch als schneller Teig für kleine Tascherl oder verarbeitet zu kleinen Strudeln mit diversen Füllungen wie Äpfel, Birnen, Topfen, Marmeladen usw.

Durch den hohen Fettanteil der Mürbteige sollten die Zutaten eher rasch zusammengewirkt bzw. nur kurz verknetet werden.

Durch die Beigabe verschiedener Aromastoffe wie gemahlener Gewürze (z. B. Zimt, Nelken, Ingwer, Kardamom, Lebkuchengewürz, Anis), Kakaopulver (auf 500 g Teig 20–25 g Kakao), Löskaffee (diesen in Rum, Likör, Sirup oder Wasser auflösen) oder klein gehackter, kandierter oder getrockneter Früchte (Orangeat, Zitronat, Ingwer, Papaya, Feigen, Marillen; auf 300 g Teig 50–60 g Früchte) können Sie Mürbteig geschmacklich verfeinern.
Lassen Sie Ihrer Fantasie freien Lauf: Nehmen Sie vom Grundteig ein wenig Teig ab, verändern Sie ihn geschmacklich und verleihen Sie so den Keksen Ihre eigene Geschmacksnote.

Einfacher Lebkuchen

Zutaten: **300 g Roggenmehl • 180 g Roh- oder Gelbzucker • 10 g Zimt 10 g Natron • 20 g Lebkuchengewürz • 2 Eier • 80 g Honig**

Zum Bestreichen: **Milch oder Ei**

Alle Zutaten miteinander vermengen, zu einem Teig verkneten und über Nacht bei Raumtemperatur ruhen lassen. Auf einer bemehlten Arbeitsfläche oder zwischen zwei Backmatten den Lebkuchen 3 mm dick ausrollen und beliebige Formen ausstechen (dabei nicht zu viel Mehl verwenden), mit Milch oder Ei bestreichen und bei ca. 165–175 °C 10–12 Minuten hellbraun backen.

Aus dem Backrohr nehmen und noch heiß eventuell mit Lebkuchenglasur oder Gummiarabikum bepinseln oder bestreichen (Lebkuchen erhält eine glänzende Oberfläche).
Nachdem das Gebäck ausgekühlt ist, mit Schokolade-, Eiweiß- oder Zuckerglasur verzieren.
Mit Schokoladestreuseln oder Buntzucker bestreuen.

Würziger Lebkuchen

Für 4–5 Bleche

Zutaten: **400 g Mehl, glatt • 250 g Honig • 130 g Feinkristallzucker 100 g Mandeln, fein gemahlen • 30 g Zitronat, fein gehackt • 30 g Aranzini, fein gehackt • 5 g Pottasche • 5 g Hirschhornsalz • 1 cl Kirschwasser 20 g Vanillezucker • 10 g Lebkuchengewürz (Nelken, Kardamom, Zimt) Zitronenschalenpulver oder 1 frisch geriebene Zitronenschale • 2 Eier Oblaten zum Belegen**

Für die Glasur: **100 g Staubzucker, fein gesiebt • ca. 1 cl Zitronensaft**

In einem Topf den Honig mit Zucker langsam erwärmen, bis sich der Zucker vollständig aufgelöst hat. Vom Herd nehmen und abkühlen lassen.
Pottasche und Hirschhornsalz jeweils getrennt in ganz wenig (jeweils 1 cl) Wasser auflösen.
Dann alle Zutaten miteinander vermengen und die Triebmittel getrennt unter den Teig mischen.
Die Masse in einen Spritzsack füllen und kleine Gupferl auf die Oblaten spritzen. Über Nacht rasten lassen.
Am nächsten Tag im vorgeheizten Backrohr bei ca. 165–175 °C ca. 10–12 Minuten backen.
Herausnehmen und noch warm mit der Glasur bestreichen.

Für die Glasur den Zucker mit Zitronensaft und etwas heißem Wasser zu einer glatten Masse verrühren.

Variationsmöglichkeiten

- Ersetzen Sie Zitronat und Aranzini durch fein gehackte Dörrzwetschken oder andere kandierte Früchte.
- Überziehen Sie den fertig gebackenen Lebkuchen zur Abwechslung mit Schokolade- oder Fondantglasur.

Lebkuchenfüllungen

Zutaten für Füllung 1 (reicht für ca. 900 g Lebkuchenteig)

je 50 g faschierte oder fein gehackte Datteln, Rosinen, Feigen, Dörrzwetschken
20 g Zitronat • 20 g Aranzini • 100 g Ribisel- oder Marillenmarmelade

Zutaten für Füllung 2 (reicht für ca. 900 g Lebkuchenteig)

60 g fein gemahlene oder grob gehackte Nüsse • je 50 g getrocknete Marillen, Ananasstücke, Zitronat, Aranzini, Datteln (faschieren oder fein hacken)
Prise gemahlener Zimt • Prise Nelken, gemahlen • Prise Lebkuchengewürz
1–2 cl Rum • 10 g Vanillezucker • 60 g Ribisel- oder Marillenmarmelade
1 Ei zum Bestreichen

Sämtliche Zutaten der jeweiligen Füllungen vermischen und gut abschmecken.
Lebkuchenteig (Rezept siehe einfacher Lebkuchen Seite 185) rechteckig ausrollen und der Länge nach halbieren. Eine Hälfte auf ein vorbereitetes Backblech legen. Fülle darauf verteilen und mit dem zweiten Lebkuchenteigblatt abdecken. Mit verquirltem Ei bestreichen und mit einer Gabel in gleichmäßigen Abständen einstechen. Im vorgeheizten Backrohr bei ca. 165–175 °C 15–18 Minuten hellbraun backen.
Varianten: Lebkuchenfüllungen zu Kugerln drehen und als Fruchtkugeln in Kokosflocken oder geriebenen Nüssen wälzen. Sehr gut eignet sich auch eine Marzipanfüllung bzw. beliebige Dörrfrüchte.

Andere Verarbeitungsmöglichkeiten

Variante 1 – Lebkuchentaler

Koniglebkuchenteig oder anderen Lebkuchenteig zubereiten, auf einer bemehlten Arbeitsfläche ausrollen und halbieren. Eine Hälfte mit verquirltem Ei bestreichen und mit ausreichend Abstand kleine Häufchen der entsprechenden Fülle auftragen. Mit dem zweiten Teigblatt abdecken. Die Zwischenräume leicht andrücken und mit einem gezackten oder runden Ausstecher Taler ausstechen (siehe Bild Seite 187). Teigreste zusammenkneten und noch einmal wie oben beschrieben verarbeiten.
Auf ein vorbereitetes Backblech legen und im vorgeheizten Backrohr bei ca. 165–175 °C 15–18 Minuten hellbraun backen.

Variante 2 – Lebkuchenrolle

Koniglebkuchenteig oder anderen Lebkuchenteig zubereiten. Entsprechende Fülle unter den Teig kneten und längliche Rollen formen. Auf ein vorbereitetes Backblech legen und im vorgeheizten Backrohr bei ca. 165–175 °C 13–16 Minuten hellbraun backen. Ausgekühlte Rollen in Stücke schneiden und zur Gänze in helle oder dunkle Schokoladeglasur tunken oder tauchen.

Variante 3 – Lebkuchentaler mit Powidl

Lebkuchenteig 5 mm dick ausrollen, rund ausstechen, hellbraun backen. Auf fertig gebackene Lebkuchentaler einen Tupfer Powidl setzen, eine in Rum eingelegte Dörrzwetschke auflegen, andrücken, etwas antrocknen lassen und anschließend in Schokoladeglasur tunken.

Tipp: Aufgeschnittene Lebkuchenstücke, aber auch Früchtebrot immer gut verschlossen lagern, damit sie nicht austrocknen.

Variante 3 – Marillenfülle

Für die Fülle: **500 g Dörrmarillen • 6 cl Rum (60 %) – für Kinder Fruchtsirup, Läuterzucker oder Wasser • 50 g Marillenmarmelade**

Für die Glasur: **300 g dunkle Kuvertüre • 30 g Kokosfett**

Für die Fülle Marillen in der Moulinette zerkleinern oder mit dem Aufsatz der Küchenmaschine faschieren. Mit Rum und Marmelade vermischen und kleine Häufchen auf die noch warmen, aber auch schon gekühlten Lebkuchenplätzchen setzen. Auskühlen lassen.
Für die Glasur Kuvertüre über einem Wasserbad oder in der Mikrowelle schmelzen und mit Kokosfett glatt rühren. Die Lebkuchen darin kopfüber bis zum Kuchenrand tunken, abtropfen

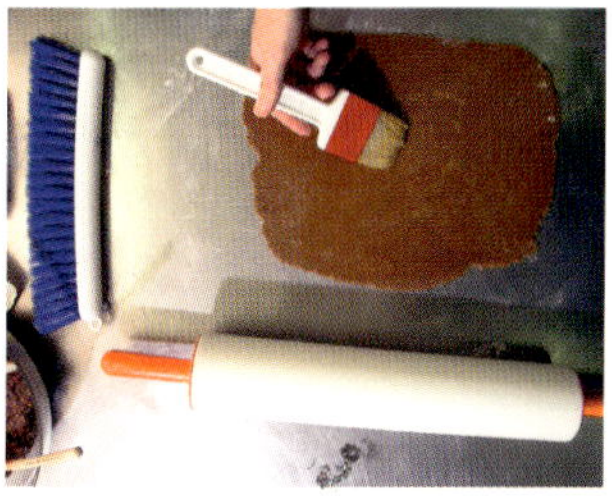

lassen und auf einer Backmatte oder auf Backpapier absetzen und trocknen lassen.
Man kann auch nur Powidlmarmelade verwenden.

Marillenrollen

Zutaten für den Mürbteig: **280 g Mehl, glatt • 180 g Butter • 100 g fein gesiebter Staub- oder Feinkristallzucker • 2 Dotter • Prise Salz • 20 g Vanillezucker etwas abgeriebene Zitronenschale oder Zitronenschalenpulver**

Für die Fülle: **100 g Marillen, getrocknet und fein gehackt • 1 cl Marillenschnaps 100 g Marzipanrohmasse (mit feiner Reibe reiben) • 50 g Staubzucker 1 Ei zum Bestreichen**

Alle Zutaten für den Teig in eine Schüssel oder auf eine Arbeitsfläche geben. Mit den Händen vermischen und rasch zu einem Mürbteig verarbeiten. Abgedeckt im Kühlschrank 2–3 Stunden rasten lassen. Auf der bemehlten Arbeitsfläche oder zwischen zwei Backmatten mit einem Rollholz dünn ausrollen und mit verquirltem Ei bestreichen. Überschüssiges Mehl vor dem Einrollen mit einem Mehlbesen oder Pinsel abkehren.

Für die Fülle alle Zutaten gut vermengen und zwischen zwei Backmatten oder einer Folie ausrollen (sollte 2/3 der Mürbteigfläche abdecken).
Das Marillenrechteck auf die unteren 2/3 des Mürbteigs legen und gemeinsam einrollen. Dabei etwas andrücken, damit die Massen sich verbinden. Kurz tiefkühlen oder kühl stellen und mit dem Sägemesser in Scheiben schneiden. Auf ein vorbereitetes Blech legen und im vorgeheizten Backrohr bei ca. 165–175 °C 10–12 Minuten unter Aufsicht backen.

Tipp: Anstelle von Marillen und Marillenschnaps können Sie im gleichen Verhältnis auch getrocknete Äpfel mit Apfelschnaps oder Granatapfelsirup bzw. getrocknete Ananasstücke mit Kokoslikör oder Sirup verwenden.

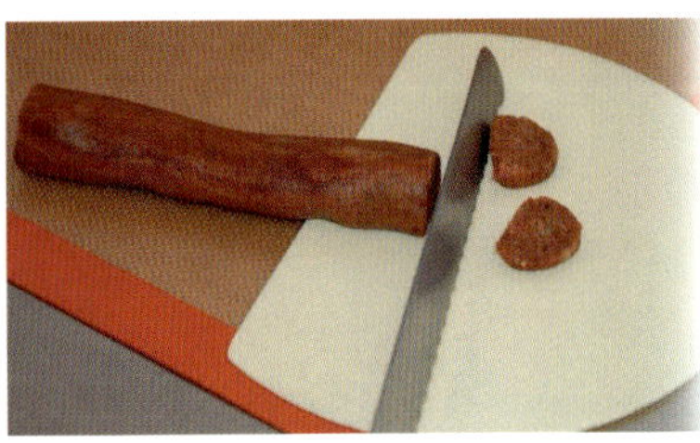

Tipp:
Legen Sie vor dem Schneiden z. B. eine große Teigkarte unter das Schnittgut, sie können dann ohne Bedenken jedes Backgut (Schnitten, Strudel, Kuchen …) schneiden, ohne es von der Matte zu nehmen.

Claudias Schokoladekipferl

Zutaten: **250 g Mehl, glatt • 175 g Butter • 130 g Feinkristallzucker • etwas abgeriebene Zitronenschale oder Zitronenschalenpulver • 1 Ei • 10 g Vanillezucker 150 g Mandeln oder Haselnüsse, fein gemahlen • 50 g Schokolade, fein gerieben Prise Salz • Zum Tunken: helle oder dunkle Schokoladeglasur (s. Seite 14, 222 oder 224)**

Alle Zutaten in eine Schüssel oder auf eine Arbeitsplatte geben. Mit den Händen vermischen und rasch zu einem Mürbteig verarbeiten. Teig zu länglichen, 2 cm dicken Stangen rollen und mit Klarsichtfolie abgedeckt im Kühlschrank ca. 2 Stunden rasten lassen. Mittels einer Teigkarte oder Spachtel kleine Teigportionen von der Rolle abstechen. Teigstücke mit der Handinnenfläche länglich formen und zu Kipferl biegen. Auf ein vorbereitetes Backblech legen und im vorgeheizten Backrohr bei ca. 165–175 °C 12–14 Minuten hell backen. Die Spitzen der ausgekühlten Kipferl in geschmolzene Schokoladeglasur tunken.

Tipp: Zum Bestreuen Buntzucker, geriebene Nüsse oder Kokosflocken verwenden.

Mohnrollen

Zutaten für den Mürbteig: **210 g Mehl, glatt • 130 g Butter • 70 g Staubzucker 1 Dotter • 5 g Vanillezucker • Prise Salz • etwas abgeriebene Zitronenschale oder Zitronenschalenpulver**

Für die Mohnfülle: **100 ml Milch • 140 g Mohn • 1 cl Rum (60 %) 50 g Feinkristallzucker oder Honig • evtl. Prise Zimt • 1 Ei zum Bestreichen**

Für den Mürbteig alle Zutaten in eine Schüssel oder auf eine Arbeitsfläche geben. Mit den Händen vermischen und rasch zu einem Mürbteig verarbeiten. Abgedeckt im Kühlschrank 2–3 Stunden rasten lassen.

Für die Fülle Milch aufkochen, restliche Zutaten unterrühren, mit Rum abschmecken und abkühlen lassen. Gekühlten Mürbteig in vier Portionen teilen. Jedes Viertel rechteckig ausrollen und mit Ei bestreichen. Auf das untere Teigdrittel jeder Mürbteigplatte jeweils ca. 60 g der überkühlten Fülle mittels Tortenschaufel oder einer Winkelpalette dünn auftragen. Mürbteigplatte von der Fülle beginnend zu einem Strudel einrollen. Rolle mit der Hand gut zusammendrücken und kurz kühl stellen. Jede der vier Rollen in kleine Scheiben schneiden. Auf ein vorbereitetes Backblech setzen und im vorgeheizten Backrohr bei 165–175 °C 12–14 Minuten auf Sicht hellbraun backen.

Varianten: Sie können eventuell Rosinen oder Dörrzwetschken fein hacken und unter die Mohnfülle mischen. Anstelle von Mohn können Sie auch gemahlene Nüsse verwenden.

1

2

3

4

5

Vanillekipferl

Einer meiner altbewährten Klassiker. Ein Rezept, viele Varianten.

Zutaten: 300 g Mehl, glatt • 250 g Butter • 120 g Haselnüsse (Mandeln, Walnüsse, Erdnüsse, Kürbiskerne etc. oder eine Mischung daraus), fein gemahlen • 100 g fein gesiebter Staub- oder Feinkristallzucker (Gelb-, Rohr- oder Rohzucker) • 20 g Vanillezucker • Prise Salz fein gesiebter Staubzucker vermischt mit Vanillezucker zum Bestreuen

Alle Zutaten in einer Schüssel oder auf einer Arbeitsfläche von Hand vermischen und rasch zu einem Teig verarbeiten. Mit Klarsichtfolie abgedeckt im Kühlschrank ca. 1–2 Stunden rasten lassen. Längliche Rollen (2 cm dick) formen und mit der Teigkarte kleine Stücke abstechen (1). Mit der flachen Hand ca. 4 cm lange Rollen formen und zu Kipferln biegen (2). Auf ein vorbereitetes Backblech legen und im vorgeheizten Backrohr bei ca. 165–175 °C 10–14 Minuten (je nach Größe) unter Aufsicht hell backen.
Die noch heißen Kipferl auf dem Blech mit dem Staub-Vanillezucker-Gemisch bestreuen (3). Auskühlen lassen, mit einer Palette vorsichtig vom Blech nehmen und gut verschlossen aufbewahren.

Tipp:

- Wenn Sie Nüsse, Kerne, Kokos- oder Haferflocken vor der Verarbeitung in einer Pfanne oder im Ofen rösten, erhalten diese einen intensiveren Geschmack.
- Dieser Teig kann – je nach Vorrat – mit einer Vielzahl von Nüssen oder Nussmischungen bzw. halb Mohn und halb Nüsse zubereitet werden.
- Wenn man die Kipferl ganz heiß besiebt, schmilzt der Zucker und man muss unter Umständen noch einmal darüberzuckern. Abhilfe schafft hier süßer Schnee (im Fachhandel und bei Fa. Süwag erhältlich), der auf heißem Gebäck nicht schmilzt.
- Natürlich können die Kipferl in dem Zuckergemisch auch von Hand gedreht werden, bei großen Mengen nimmt das sehr viel Zeit in Anspruch und die Bruchgefahr ist sehr hoch.
- Probieren Sie einmal eine Ausstecherplatte: Ausstecherplatte auf ein vorbereitetes Backblech legen, ausgerollten Vanillekipferlteig (beliebiger Mürbteig) mit dem Rollholz oder einer Backmatte auf die Ausstecherplatte auflegen. Mit dem Rollholz leicht darüber rollen (4), die Kekse fallen so durch die Öffnung auf das Blech (5), Ausstecherplatte abnehmen, verbliebenen Teig aus den Zwischenräumen klopfen und weiter so fortfahren.
- Teig mit weicher Butter bereiten und in Kipferlblech backen (Zubereitung siehe Seite 146).

Alles aus Vanillekipferlteig …

Im Bild vorne: Vanillekipferlteig ausrollen, in Streifen oder Rechtecke schneiden und auf kleine Röllchen aufwickeln bzw. damit umhüllen, backen, noch heiß von der Form nehmen, ausgekühlt beliebig mit Creme füllen.
vorne rechts seitlich: in kleine runde Kugeln mit einem Kochlöffelstiel oder Fingerhut Vertiefungen drücken, nach dem Backen mit Marmelade füllen.
seitlich links und rechts, Teig zu Rollen geformt (bei Bedarf mit Eiweiß, Dotter oder Eistreiche einstreichen), beliebig in Nüssen, Mandelblättchen, Streu- oder Backzucker wälzen, gut andrücken, in dünne Scheiben schneiden, backen.
dunkle Rolle hinten links: Vanillekipferlteig mit 10 g Kakao einfärben, zu einer Rolle formen oder beliebig verarbeiten.
Hellen oder dunklen Teig in Metallformen (Nussformen) drücken, backen, aus der Form lösen, mit beliebiger Creme jeweils 2 zusammensetzen. Eventuell mit Schokolade verzieren (siehe Rezept „Nüsse in der Form",Seite 136.
hell-dunkle Rolle: hellen Teig rechteckig ausrollen, dunkle Rolle einlegen, zusammenrollen, etwas andrücken und in Scheiben schneiden.

Weitere Zubereitungsvarianten

- Mengen Sie unter den Teig noch zusätzlich Zimt- oder Lebkuchengewürz.
- Die Zuckermenge kann auch etwas reduziert werden. Teig mit 10 g Kakaopulver einfärben.
- Teig in handelsübliche Metallnussformen drücken, backen, aus der Form klopfen und beliebig füllen.
- Vanillekipferlteig oder beliebigen Mürbteig durch die Wiege drücken, etwas davon mit einem Löffel oder einer Palette abnehmen, auf ein ausgestochenes Mürbteigkeks aufbringen und backen.

Taler

Teig auf einer bemehlten Arbeitsfläche 2–3 mm dick ausrollen. Verschiedene Formen ausstechen (eventuell mit Dotter bestreichen). Im vorgeheizten Backrohr bei ca. 165–175 °C 10–13 Minuten unter Aufsicht hellbraun backen. Nach dem Backen jeweils 2 Taler mit Marmelade zusammensetzen.

Varianten: Die Taler vor dem Backen mit buntem Flimmerzucker oder Nonpareilles-Zucker bestreuen. Die ausgerollten Teigplatten mit verquirltem Ei bestreichen, Mandelblättchen aufstreuen, Formen ausstechen und backen. Man kann natürlich auch zuerst die Kekse ausstechen, diese mit Ei bestreichen und dann nach Belieben mit Mandelblättchen etc. dekorieren.

Für Kinder lustige Motive ausstechen, Mini-Smarties eindrücken und backen.

Die Taler nach dem Zusammensetzen mit Schokoladeglasur verzieren, überziehen oder darin tunken.

Scheiben

Teig zu einer 2–3 mm dicken Rolle formen und kühl stellen. Mit Wasser, verquirltem Ei, Dotter oder Eiweiß bestreichen und nach Belieben in grobkörnigem Streuzucker oder Buntzucker oder in grob gehackten Mandeln, Nüssen, Kernen, Krokant etc. wälzen. Backzutaten leicht andrücken, damit sie besser haften. Teig nur bei Bedarf kühl stellen. Mit einem Sägemesser Scheiben abschneiden, auf ein vorbereitetes Backblech legen und backen.

Variante: Wenn Sie etwas für die Optik und Geschmacksvielfalt tun wollen, dann wälzen Sie die Gebäckstücke zur Abwechslung in einer Mischung aus Zucker, Zimt und gemahlenen Nüssen. Oder in einem Gemisch aus Mohn und Zucker, in Ovomaltine oder in einer Kokosflocken-Zucker-Mischung.

Husarenkrapferl

Teig zu Rollen formen, mit einem Sägemesser ca. 4 mm breite Stücke abschneiden und auf ein vorbereitetes Blech legen. Mit einem bemehlten Kochlöffelstiel eine Vertiefung in die Mitte drücken und im vorgeheizten Backrohr bei ca. 165–175 °C 11–12 Minuten auf Sicht hellbraun backen.

Zum Füllen: **evtl. 1–2 Blatt Gelatine • ca. 200 g Ribisel-, Himbeer-, Orangen-, Marillen-, Preiselbeer- oder selbst kreierte und eingekochte Marmelade**

Mit einem Spritzsack oder Löffel die Marmelade in die Vertiefung der heißen Kekse geben und trocknen lassen. (Gelatine verstärkt das Abstocken der Marmelade; dazu Gelatine in Wasser einweichen, ausdrücken und in heißer Marmelade auflösen.)

Tipp: Erst wenn die Marmelade nicht mehr klebt, Kekse in Behälter schlichten. Am besten immer nur eine Lage einlegen, damit diese nicht zusammenkleben.

Mostkekse

Zutaten: 250 ml Most auf 40 ml einkochen • 250 g Mehl, glatt • 200 g Butter 1 Dotter • Prise Salz • Ribisel- oder Himbeermarmelade zum Füllen • 1–2 Eiklar zum Bestreichen • Vanillezucker mit fein gesiebtem Staubzucker vermischt zum Bestreuen

Most auf kleiner Flamme auf 40 ml (zwei Schnapsgläser) einkochen, er wird dadurch geschmacklich intensiver. Restliche Zutaten mit Most in eine Schüssel oder auf eine Arbeitsfläche geben. Von Hand vermischen und rasch zu einem Mürbteig verarbeiten. 2–3 Stunden mit Klarsichtfolie abgedeckt im Kühlschrank rasten lassen. Den Teig am besten zwischen zwei – mit wenig Mehl gestaubten – Backmatten oder Vakuumbeuteln ca. 3 mm dick ausrollen. (Es funktioniert ebenfalls auf einer gut bemehlten Arbeitsfläche, wenn Sie nicht zu große Mengen auf einmal verarbeiten.) Runde Formen mit einem Durchmesser von 4–5 cm oder kleine Rechtecke mit dem Teigrad oder Messer abschneiden. Die Ränder der Kreise oder Rechtecke mit Eiklar bestreichen, in die Mitte etwas Marmelade setzen, zusammenklappen und die Ränder gut andrücken.
Auf ein vorbereitetes Backblech setzen und im vorgeheizten Backrohr bei ca. 165–175 °C 12–14 Minuten unter Aufsicht hell backen. Die warmen Kekse mit dem Vanille-Staubzucker-Gemisch bestreuen.
Tipp: Anstelle von Most können Sie auch 4 cl Essig oder eingekochten Wein verwenden.

Grünberg-Hauskekse

Zutaten: 150 g Mehl, glatt • 100 g Butter • 75 g fein gesiebter Staub- oder Feinkristallzucker • etwas abgeriebene Zitronenschale oder Zitronenschalenpulver 10 g Vanillezucker • 1 Dotter • Prise Salz • 1/2 Mokkalöffel Natron

Alle Zutaten in eine Schüssel oder auf eine Arbeitsfläche geben und von Hand rasch zu einem Mürbteig verarbeiten. Teig abgedeckt ca. 2–3 Stunden im Kühlschrank rasten lassen. Auf einer bemehlten Arbeitsfläche oder zwischen zwei Backmatten mit einem Rollholz den Teig sehr dünn ausrollen. Überschüssiges Mehl vor dem Ausstechen mit Mehlbesen oder Pinsel abkehren. Beliebige Formen ausstechen, auf ein vorbereitetes Blech legen und im vorgeheizten Backrohr bei ca. 165–175 °C 12–14 Minuten auf Sicht hellbraun backen.

Mailänderli

Dieses Rezept stammt von der bekannten Schweizer Sängerin Francine Jordi

Zutaten: 500 g Mehl, glatt • 250 g Butter • 250 g Staubzucker, fein gesiebt • 3 Eier 1 Dotter • Prise Salz • etwas abgeriebene Zitronenschale oder Zitronenschalenpulver 1 Dotter zum Bestreichen

Butter und Zucker in einer Schüssel schaumig rühren. Zitrone, Salz und Eier nach und nach darunterrühren und zuletzt das Mehl beimengen. Kühl stellen. Teig auf einer bemehlten Arbeitsfläche 3–4 mm dick ausrollen. Verschiedene Formen ausstechen und mit Dotter bestreichen. Vor dem Backen nochmals kühl stellen. Im vorgeheizten Backrohr bei 165–175 °C 10–13 Minuten auf Sicht hellbraun backen.

Tipp: Das Rezept ist eindeutig eher schweizerisch als mailändisch. Vielleicht ist es überhaupt das typischste Schweizer „Weihnachtguetzli", es schmeckt natürlich auch zu anderen Anlässen exzellent.

Michis Spitzbübli

Lieblingskekse unseres Sohnes Michael

Zutaten: **360 g Mehl, glatt • 250 g zimmerwarme Butter • 130 g fein gesiebter Staub- oder Feinkristallzucker • 1 Eiklar • Prise Salz • 30 g Vanillezucker Ribisel- oder Marillenmarmelade zum Füllen • eingefärbte Eiweißglasur zum Verzieren**

Alle Zutaten in einer Schüssel oder auf einer Arbeitsfläche von Hand vermischen und rasch zu einem Teig verarbeiten. Mit Klarsichtfolie abdecken und im Kühlschrank ca. 2–3 Stunden rasten lassen. Auf einer bemehlten Arbeitsfläche oder zwischen zwei Backmatten sehr dünn ausrollen. Überschüssiges Mehl vor dem Ausstechen mit einem Mehlbesen oder Pinsel abkehren. Kekse rund ausstechen. Die Hälfte der Kekse für den Boden vorsehen und die Verbleibenden in der Mitte mit einem kleinen Loch versehen. Auf ein vorbereitetes Backblech setzen und im vorgeheizten Backrohr bei ca. 155 °C 10–13 Minuten auf Sicht hellbraun backen. Auskühlen lassen. Ausgestochene Ringe mit Staubzucker bestreuen, Böden mit Marmelade bestreichen und angezuckerte Ringe daraufsetzen.

Tipp: Wenn Sie heiße Marmelade verwenden, trocknet diese an der Lochöffnung besser ab und die Kekse lassen sich dadurch leichter schichten. Bei größeren Mengen verwende ich zum Füllen einen Spritzbeutel.

Kokuskuppeln

Zutaten: **2 Eiklar • 100 g Feinkristallzucker 80 g Kokosflocken • 40 g Mehl, glatt etwas Schokoladebuttercreme (siehe Seite 216 od. 217) zum Füllen • dunkle Schokoladeglasur zum Tunken • Waffelblätter oder gebackene Mürbteigkekse (Grundrezept siehe Seite 117) für die Unterlage**

Eiklar mit Zucker sehr schaumig schlagen. Kokosflocken und Mehl einrühren. Masse in einen Spritzsack mit glatter Tülle füllen und auf ein vorbereitetes Backblech kleine Häufchen spritzen. Im vorgeheizten Backrohr bei ca. 165–175 °C 10–12 Minuten unter Aufsicht goldgelb backen. Waffelblätter (in Busserlgröße) ausstechen oder Mürbteigkekse in der Größe der Busserl backen. Einen Tupfer Schokoladecreme aufdressieren und ein Kokosbusserl daraufsetzen. Kühl stellen.
Kuppeln bis zum untersten Kokosrand in Schokoladeglasur tunken. Auf Backtrennpapier oder Backmatte setzen und trocknen lassen.

Linzer Kipferl oder Stangerl

Eines meiner Lieblingsrezepte

Zutaten: **220 g zimmerwarme Butter • 120 g fein gesieber Staub- oder Feinkristallzucker • 2 Eier • 20 g Vanillezucker • Prise Salz • 1 cl Zitronensaft oder etwas fein geriebene Zitronenschale • 370 g Mehl, glatt • 8 cl Milch • Marillen- oder Ribiselmarmelade zum Füllen • helle, dunkle oder eingefärbte Schokoladeglasur (siehe Seite 14, 222 oder 224) zum Tunken • Kokosflocken, gemahlene Nüsse oder Schokostreusel zum Wälzen**

Butter mit Zucker schaumig rühren. Nach und nach Eier, Vanillezucker, Salz und Zitronensaft dazurühren. Zuletzt Milch und Mehl untermengen. Masse in einen Spritzsack füllen und mit gezackter Tülle kleine Kipferl oder Stangen auf ein vorbereitetes Backblech spritzen. Im vorgeheizten Backrohr bei 165–175 °C etwa 12 Minuten hellbraun backen.

Die Hälfte der Kekse auf der Unterseite mit Marmelade bestreichen und die andere Hälfte daraufsetzen. Die Spitzen in Schokoladeglasur tunken. Die getunkten Spitzen zusätzlich noch mit Kokosflocken, gemahlenen Nüssen oder Schokostreusel bestreuen.

Linzer Kipferl oder Stangerl mit Nüssen

Zutaten: **120 g zimmerwarme Butter • 50 g Staubzucker • 5 g Vanillezucker Prise Salz • etwas frisch geriebene Zitronenschale oder Zitronenschalenpulver Prise Zimt • 1 Ei • 60 g Haselnüsse, gemahlen • 140 g Mehl, glatt • Marillen-, Orangen-, Ribisel- oder Erdbeermarmelade zum Füllen • helle oder dunkle Schokoladeglasur (siehe Seite 14, 222 oder 224) zum Tunken und Verzieren**

Butter mit Zucker, Vanillezucker, Salz, Zitronenschale und Zimt schaumig rühren. Ei dazugeben. Zuletzt Mehl und Haselnüsse untermengen. Masse in einen Spritzsack füllen und mit runder oder gezackter Tülle kleine Kipferl oder Stangerl auf ein vorbereitetes Backblech spritzen.
Im vorgeheizten Backrohr bei 165 –175 °C ca. 12 Minuten hell backen.
Die Hälfte der Kekse auf der Unterseite mit Marmelade bestreichen und die andere Hälfte daraufsetzen. Die Spitzen in Schokoladeglasur tauchen.

Florentiner

Zutaten für den Mürbteig: **140 g Mehl, glatt • 90 g Butter 50 g fein gesiebter Staub- oder Feinkristallzucker • etwas abgeriebene Zitronenschale oder Zitronenschalenpulver • 1 Dotter • 10 g Vanillezucker • Prise Salz**

Für den Belag: **30 g Schlagobers • 30 g Honig • 25 g Butter 75 g Feinkristallzucker • 10 g Vanillezucker • 100 g gehobelte Mandelblättchen (oder Haselnussblättchen) • 50 g rote Cocktailkirschen, klein geschnitten 20 g Orangeat, fein gehackt • 20 g Zitronat, fein gehackt • helle oder dunkle Schokoladeglasur (siehe Seite 14, 222 oder 224) zum Tunken**

Alle Zutaten für den Mürbteig in eine Rührschüssel geben und mit dem Knethaken vermengen oder auf einer Arbeitsplatte von Hand vermischen und rasch zu einem Teig verarbeiten. Mit Klarsichtfolie abgedeckt im Kühlschrank etwa 2–3 Stunden rasten lassen. Auf einer bemehlten Arbeitsplatte oder zwischen zwei Backmatten den Teig 3 mm dick ausrollen. Auf ein vorbereitetes Backblech legen und im vorgeheizten Backrohr bei ca. 165–175 °C etwa 5 Minuten vorbacken.
Für den Belag Schlagobers, Honig, Butter, Vanillezucker und Zucker zusammen aufkochen. Mandelblättchen und Früchte dazugeben. Masse noch heiß auf den vorgebackenen Mürbteigboden streichen (am besten mit einer nassen Tortenschaufel oder einer Winkelpalette).
Im vorgeheizten Backrohr bei ca. 165–175 °C ungefähr 10 Minuten hellbraun backen. Nach dem Auskühlen in kleine Schnitten schneiden und die Enden in Schokoladeglasur tauchen.

Varianten: Probieren Sie einmal eine andere Geschmacksrichtung, indem Sie Dörrzwetschken, Datteln und Feigen klein hacken und im gleichen Verhältnis die oben genannten Früchte ersetzen. Sie können auch eine Mischung aus getrockneten Marillen, Ananas, Apfelscheiben und Cocktailkirschen verwenden. Anstelle von Mandelblättchen können auch Mandelstifte oder halbierte Walnüsse, grob gehackte Haselnüsse oder andere Nusssorten verwendet werden.

Nussduchesse

Meine Lieblingskekse

Zutaten: **2 Eiklar • 200 g Feinkristallzucker • 2 cl Wasser • 90 g Haselnüsse, fein gemahlen • 40 g Mehl, glatt • 40 g flüssige Butter • Prise Salz • evtl. etwas Zimt**

Eiklar mit der Hälfte des Zuckers und Salz zu steifem Schnee schlagen. Restlichen Zucker mit Wasser aufkochen, bis die Masse schäumt. Noch heiß und unter ständigem Rühren in den Eischnee einrühren, kalt rühren. Nüsse, Mehl und nach Belieben etwas Zimt dazugeben. Zuletzt die zerlassene Butter untermengen. Masse in einen Spritzsack füllen und kleine Gupferl auf ein vorbereitetes Backblech spritzen. Im vorgeheizten Backrohr bei ca. 165–175 °C 10–12 Minuten hellbraun backen.

Variante: Einen Teil der Kekse auf der glatten Seite z. B. mit Pariser Creme (siehe Seite 219), Kaffeebuttercreme, Ribisel- oder Marillenmarmelade bestreichen und mit dem anderen Teil zusammensetzen. Auch eine Schokoladeverzierung macht sich gut.
Diese Masse unterliegt bei gleicher Zubereitung oftmals großen Unterschieden im Aussehen. Das kann verschiedene Ursachen haben und hängt u. a. davon ab, wie lange die Masse geschlagen, der Zucker gekocht und die fertigen Kekse angetrocknet wurden. Ebenso, ob sie sofort gebacken wurden. Geschmacklich wissen die Kekse aber immer zu überzeugen!

Diese Masse kann man auch noch zusätzlich mit etwas Lebensmittelfarbe einfärben oder ihr einige Tropfen Bittermandelöl untermengen.

Nussschäumchen

Zutaten: 4 Eiklar • 140 g Kristallzucker 120 g Mandeln, gerieben • 40 g Mehl, glatt • Zimt • Buttercreme, Buttercreme mit Fondant oder Nougatcreme (siehe Seite 218) zum Füllen • Mandel- oder Haselnussblättchen zum Bestreuen

Eiklar mit Zucker sehr schaumig schlagen. Nach und nach alle anderen Zutaten untermengen. Masse in einen Spritzsack füllen und mit runder Tülle kleine Häufchen auf ein vorbereitetes Backblech dressieren. Mit Mandelblättchen bestreuen und im vorgeheizten Backrohr bei 165–175 °C 8–10 hellbraun backen.
Jeweils die Unterseite mit beliebiger Creme füllen und zusammensetzen.

Süße Zungen

Sie sind mehr als eine süße Sünde wert

Zutaten: 210 g zimmerwarme Butter • 210 g fein gesiebter Staubzucker oder Feinkristallzucker • Prise Salz • 1 Ei • 8 Dotter • 10 g Vanillezucker etwas frisch geriebene Zitronenschale oder Zitronenschalenpulver • 1 cl Rum 330 g Mehl, glatt • Marillen-, Himbeer- oder Ribiselmarmelade oder Pariser Creme (siehe Seite 219) zum Füllen • helle, dunkle oder beliebig eingefärbte Schokoladeglasur (siehe Seite 222 oder 224) zum Tunken

Butter mit Zucker, Vanillezucker, Rum, Zitronenschale und Salz schaumig rühren. Nach und nach Dotter und Ei dazugeben, zuletzt Mehl unterheben. Masse in einen Spritzbeutel mit beliebiger Spritztülle füllen, kleine Stangen oder beliebige Formen aufspritzen und im vorgeheizten Backrohr bei ca. 165–175 °C etwa 10 Minuten hellbraun backen.
Die Hälfte der ausgekühlten Zungen auf der Unterseite mit Marmelade oder Creme bestreichen und die andere Hälfte daraufsetzen. Bis zur Hälfte in Schokoladeglasur tunken.

Tipp: Bei diesem Rezept handelt es sich um eine etwas größere Menge, da die süßen Zungen unterschiedlich gefüllt und verziert werden können.

Brunner Schnitten

Dieses Rezept stammt vom österreichischen Musikduo Brunner & Brunner

Zutaten: 100 g zimmerwarme Butter • 150 g Feinkristallzucker • 30 g Honig 125 ml Schlagobers • Prise Salz • 180 g Mandelsplitter • 150 g Kürbiskerne, ganz 60 g Sesam

Butter, Zucker, Honig, Schlagobers und Salz in einer Pfanne vermischen, aufkochen und 5 Minuten köcheln lassen. Mandelsplitter, Kürbiskerne und Sesam hinzufügen und verrühren. Masse auf ein vorbereitetes Backblech leeren und im vorgeheizten Backrohr bei ca. 175 °C 9–11 Minuten hell backen. In kleine Stücke schneiden. Mit beliebigen Nüssen oder Nussmischungen bereiten (grob zerkleinert).

Hausschnitten

Zutaten für den Mürbteig: **250 g Mehl, glatt • 250 g Butter 1 Päckchen Trockenhefe • 50 g Staubzucker • 1 Msp. Natron • 2 Dotter • Prise Salz**

Für die Fülle: **200 g Nüsse, fein gerieben • 100 g Feinkristallzucker 400 g Ribiselmarmelade • 20 g Zimt**

Für die Fondantglasur: **90 g Fondant • 1–2 cl Wasser • 60 g Schokolade oder Kuvertüre**

Alle Zutaten für den Mürbteig miteinander verarbeiten. Mit Klarsichtfolie abgedeckt 2–3 Stunden im Kühlschrank rasten lassen. Anschließend in drei Teile teilen. Auf einer bemehlten Arbeitsplatte oder zwischen zwei Backmatten dünn ausrollen und den ersten Teil auf ein vorbereitetes Backblech legen. Dieses Teigblatt mit der Hälfte der Fülle bestreichen (für die Fülle alle Zutaten miteinander vermengen). Zweites Teigblatt auflegen, restliche Fülle auftragen und mit dem dritten Teigblatt abdecken. Mit einer Gabel einstechen und im vorgeheizten Backrohr bei 165–175 °C etwa 30 Minuten hellbraun backen. Für die Glasur Fondant erwärmen, mit Wasser verdünnen und Schokolade darin schmelzen. Ausgekühlte Masse damit einstreichen und in kleine Stücke schneiden.

Varianten für die Fülle: 400 g Blocknougat zerlassen. Teig in drei Teile teilen. Auf ein ausgerolltes Teigblatt die Hälfte des Nougats streichen und mit Mandel- oder Haselnussblättchen bestreuen. Zweites Teigblatt auflegen, restliches Nougat auftragen und wiederum mit Blättchen bestreuen. Mit dem dritten Teigblatt abdecken. Weitere Verarbeitung wie oben.

- 300 g Mohn, 400 g Weichselmarmelade, 70 g Kirschlikör und Zucker nach Geschmack miteinander vermischen und wie oben auf die Teigblätter aufstreichen.
- 400 g Powidl, 20 g Lebkuchengewürz, 80 g Rum und 200 g Marzipan (eventuell fein reiben oder anwirken) vermischen und wie oben auf die Teigblätter aufstreichen. Kann auch ohne Lebkuchengewürz zubereitet werden.
- 400 g Preiselbeermarmelade, 200 g fein geriebene Haselnüsse und 100 g Zucker vermischen und wie oben auf die Teigblätter aufstreichen.

Tipp: In einem Blech mit höherem Rand backen oder mit Rahmen versehen, da die Masse durch die Hefebeigabe auseinander quillt und ohne Begrenzung herausrinnen würde. Die Füllmengen können gegebenenfalls reduziert werden.

Foto rechts: Links im Bild Hausschnitten, rechts Traunsee-Schnitten

Traunsee-Schnitten

Zutaten: **250 g zimmerwarme Butter • 6 Dotter • 180 g Feinkristallzucker • 4 Eiklar 3 cl Rum (60 %) • 10 g Vanillezucker • 50 g Kuvertüre oder Kochschokolade, gerieben • 250 g Haselnüsse oder Mandeln, fein gerieben • 60 g Mehl, glatt • Prise Salz**

Für die Schaummasse: **2 Eiklar • 120 g Feinkristallzucker grob gehackte Haselnüsse, Mandeln oder Mandelblättchen zum Bestreuen**

Butter, Dotter, Salz, Hälfte des Zuckers, Rum und Vanille schaumig rühren. Eiklar mit restlichem Zucker zu steifem Schnee schlagen. Geriebene Nüsse, Schokolade, Mehl und zuletzt Eischnee in den Abtrieb rühren. Masse auf ein vorbereitetes Backblech streichen und im vorgeheizten Backrohr bei ca. 165–175 °C 13–15 Minuten auf Sicht backen.
Für die Schaummasse Eiklar mit Zucker steif schlagen und auf die Schnitten streichen.
Mit Nüssen oder Mandeln bestreuen und bei ca. 100 °C nochmals etwa 10 Minuten überbacken.

Tipp: Diese können auch unter die Schneemasse gemengt werden.

Ananaskonfekt

Dieses Rezept stammt von Doris Klosterer, Wiener Neustadt

Zutaten für die Konfektmasse: **250 g Marzipan • 250 g getrocknete Ananasstücke (gecuttert, faschiert oder sehr klein geschnitten) • 100 g Staubzucker, fein gesiebt • 2 cl Batida de Coco (Kokoslikör) oder Ananassirup**

Für die Glasur: **ca. 300 g weiße Kuvertüre • 30 g Kokosfett**

Sämtliche Zutaten für die Konfektmasse im Kessel oder von Hand auf einer Arbeitsfläche abmischen. Kleine Stangerl formen.
Für die Glasur Kuvertüre über einem Wasserbad oder in der Mikrowelle schmelzen und mit Kokosfett verrühren. Stangerl zur Hälfte oder zur Gänze mithilfe einer Gabel in die Glasurmasse tauchen und abtropfen, auf ein Pralinengitter absetzen und antrocknen lassen. Bevor die Schokolade zu stocken beginnt, auf Backtrennpapier oder Backmatte setzen.
Als Garnitur genügt ein kleines getrocknetes Ananasstück.

Variante: Diese Marzipanmasse kann man auch – mit oder ohne Ananas – (wahlweise mit grob gehackten Nüssen) in entsteinte, halbierte Datteln füllen und zur Hälfte in Schokolade tunken.
Ananasstück durch beliebige Trockenfrüchte ersetzen.
Mit Bittermandelöl aromatisieren.

Kirschkugerl

Zutaten: **160 g Marzipanrohmasse • 40 g Staubzucker, fein gesiebt**
10 g Vanillezucker • 1 Dotter • 70 g Mandeln, fein gemahlen
ca. 30 Stück Amarenakirschen (zum Abtropfen auf Küchenpapier legen)

Zum Wälzen: **1 Dotter • 2 cl Wasser • 60 g Mandeln, gehobelt**

Marzipan, Zucker, Vanillezucker, Dotter und Mandeln mit dem Knethaken der Küchenmaschine oder auf einer Arbeitsfläche von Hand glatt kneten. Ca. 4 mm dick ausrollen und kleine Kreise von 5 cm Durchmesser ausstechen. Je eine Amarenakirsche in die Mitte setzen und mit dem Teig umhüllen. Dotter und Wasser vermischen und die Kugeln hineintauchen oder damit bestreichen. In den Mandeln wälzen (mitunter leicht andrücken). Danach auf Backtrennpapier oder eine Backmatte setzen. Im vorgeheizten Backrohr bei ca. 165–175 °C ca. 9–12 Minuten auf Sicht so backen, dass die Mandeln goldgelb sind.

Tipps

- Die Amarenakirschen zuerst in ein Sieb leeren und gut abtropfen lassen, dann noch zusätzlich auf einem Küchenpapier auflegen. Befindet sich zu viel Sirup in den Kirschen, tritt dieser beim Backen aus und verformt die Kugeln bzw. weicht die Hülle auf. Der Geschmack ist zwar nicht beeinträchtigt, aber sie sind optisch nicht mehr so ansprechend.
- Die Kugerln können auch in Eiweiß getaucht werden. Wichtig ist, dass es sich um eine Flüssigkeit handelt, damit die Mandelblättchen besser haften bleiben. Hierfür kann man auch überschüssigen Sirup (für Eisparfait, Eisbecher oder Punsch) verwenden.

Rumkugeln

Dieses Rezept stammt von Prof. Gerhard Jagschitz aus Wien

Zutaten: **je 100 g Haselnüsse, Mandeln und Walnüsse, gemahlen • 120 g Staubzucker, fein gesiebt • 150 g helle Kuvertüre oder Schokolade • 150 g dunkle Kuvertüre oder Schokolade • 150 g Ribisel- oder Himbeermarmelade • 6 cl Rum (60 %) 2 cl Zitronensaft • Kristallzucker, Schokoladestreusel oder Kokosflocken zum Wälzen**

Nüsse mit Staubzucker und Marmelade gut vermischen. Rum und Zitronensaft untermischen. Geschmolzene Schokolade unterrühren und von Hand gut durchmischen. Mit der Hand kleine Kugerl formen und in Kristallzucker, Schokoladestreusel oder Kokosflocken wälzen und kühl stellen.

Tipp: Hiervon können Sie getrost auch eine etwas größere Menge zubereiten, da das Konfekt ausgezeichnet schmeckt. Ist die Masse zu weich zum Formen, dann kurze Zeit kühl stellen.

Eisschokolade

Wie sie meine Großmutter zubereitete

Zutaten: **130 g Kokosfett • 30 g Kakaopulver • 170 g Staubzucker, fein gesiebt 20 g Vanillezucker • 1 cl Rum (80 %)**

Kokosfett über einem Wasserbad schmelzen. Nach und nach alle anderen Zutaten untermengen und zu einer glatten Masse verrühren. (Die Masse darf nicht kochen.)
Die flüssige Masse in kleine Silberstanniolförmchen gießen und kalt stellen. (Da meine Großmutter keinen Kühlschrank besaß, stellte sie die Masse im Winter einfach in den Schnee.)
Erst bei Bedarf auf einen bunten Keksteller platzieren, zumal die Schokolade bei Raumtemperatur weich wird und dann nicht mehr ganz so eisig schmeckt.

Tipps: Man kann die Masse auch in einer Schüssel vorkühlen, bis sie etwas stockt, dann aufrühren und mit einem Spritzsack in die Silberstaniolförmchen spritzen. Sie können in die flüssige Masse noch 20 g Mais- oder Weizenstärke einrühren, dies muss aber nicht sein.

Zimtsterne

Zutaten: 3 Eiklar (ich verwende 90 g pasteurisiertes Eiweiß) 250 g Staubzucker, fein gesiebt • 2 cl Kirschwasser oder Zitronensaft • 20–30 g Zimt • 350 g Mandeln (oder Haselnüsse), fein gemahlen

Eiklar mit Staubzucker und Zitronensaft sehr steif schlagen. Bei Verwendung von Kirschwasser dieses erst in die fertig aufgeschlagene Masse einrühren. 1/3 der Schneemasse für die Glasur beiseite stellen. In die verbliebene Menge Zimt und Mandeln untermengen. (Zur geschmacklichen Verbesserung kann man zusätzlich 100 g Rohmarzipan oder 30 g klein gehacktes Orangeat einarbeiten.)

Teig zwischen einem aufgeschnittenen Vakuumsack, zwischen zwei Backmatten oder auf einer mit fein geriebenen Mandeln oder Haselnüssen bestreuten Arbeitsfläche 8–10 mm dick ausrollen. Sterne ausstechen. Dazu den Ausstecher ab und zu in heißes Wasser tauchen, abtropfen lassen, damit sich die Masse leichter ablöst. Mit Eiweißglasur bestreichen und bei Raumtemperatur 5–6 Stunden oder über Nacht antrocknen lassen. (Um die Glasur gleichmäßig in die Ecken zu verteilen, verwende ich einen Holz- oder Metallspieß.)

Auf ein vorbereitetes Backblech setzen und im vorgeheizten Backrohr bei 175–190 °C 5–6 Minuten unter Aufsicht backen. Die Glasur sollte eine weiße Farbe und nur einen leichten Ansatz von Bräune aufweisen, die Sterne sollten innen noch weich sein. Alternativ kann man auch ohne Antrocknen bei ca. 145–150 °C ca. 10–12 Minuten backen.

Tipps für das Glasieren

- Sie können die Sterne auch ohne Glasur backen und noch warm mit Staubzuckerglasur bestreichen.
- Oder Sie bestreichen den ausgerollten Teig gänzlich mit Glasur und stechen Sterne aus. Die Teigreste können Sie dann mit etwas fein gemahlenen Nüssen wieder zusammenkneten und ausrollen, so lange bis der Teig aufgebraucht ist. Wem das Ausstechen zu mühsam ist, der kann auch Stangerl schneiden.
- Eventuell mit Kakao einfärben.
- Mit Bittermandelöl aromatisieren.

Staubzuckerglasur

150 g feiner Staubzucker, 2–3 EL Wasser, etwas Rum, Zitronensaft, Kirschwasser oder Orangensaft gut verrühren, bis eine dickflüssige Glasur entsteht; eventuell mit roter Lebensmittelfarbe oder rotem Rübensaft einfärben. Sie können selbstverständlich auch Fondantglasur verwenden.

1

2

3

4

5

6

Kokosbusserl-Grundrezept

**Zutaten: 3 Eiklar • 150 g Feinkristallzucker • 1 cl Zitronensaft • 30 g Honig
200 g Kokosflocken**

Eiklar mit Zucker, Zitronensaft und Honig sehr schaumig schlagen. Kokosflocken daruntermengen. Masse in einen Spritzsack mit glatter Tülle füllen und kleine Häufchen auf ein vorbereitetes Backblech dressieren. Vor dem Backen 1 Stunde rasten lassen. Im vorgeheizten Backrohr bei 165–175 °C 10–12 Minuten hellbraun backen.
Für fruchtige Kokosbusserl sehr klein gehackte, getrocknete Ananasstücke, Datteln, Feigen etc. unter die Masse mengen.

Kirtagsbusserl

Eine Erinnerung an meine Jugend beim Besuch von Volksfesten und Jahrmärkten.

Zutaten: **300 g Kokosflocken • 250 g Feinkristallzucker • 3 Eiweiß • 50 g Glukose**
2 Eiweiß • 100 g Feinkristallzucker • 50 g Weizenmehl, glatt • etwas Vanillezucker und Zitronenschale

Kokosflocken, Zucker, Eiweiß und Glukose in einen Topf geben, über einem Wasserbad oder auf dem Herd unter ständigem Rühren bis ca. 70 °C (Thermometer) rösten, etwas abkühlen lassen. In der Zwischenzeit restliches Eiweiß mit Zucker zu steifem Schnee schlagen und mit Mehl und Aromen unter die 1. Masse mengen.

Die Masse in einen Spritzbeutel mit glatter oder gezackter Tülle füllen und sofort auf ein vorbereitetes Backblech kleine Busserl aufspritzen. Bei 155 °C ca. 10–12 Minuten hellbraun backen.

Nach Belieben unter die fertige Masse noch fein geschnittene kandierte (oder getrocknete) Früchte mengen. Busserl können auch mit Schokoladeglasur verziert oder darin getunkt werden.

Kokosbusserl mit Marzipan

Zutaten: **150 g Feinkristallzucker • 100 g Staubzucker • 3 Eiweiß**
250 g Kokosflocken • 20 g Honig oder Glukose • 10 ml Zitronensaft oder etwas Zitronenschalenpulver • 30 g Weizenmehl, glatt • 50 g Rohmarzipan (durch die Wiege gepresst, lässt es sich leichter untermengen)

Eiweiß mit beiden Zuckersorten schaumig rühren, aber nicht zu einem festen Schnee schlagen. Kokosflocken, Honig und Zitrone dazurühren und über einem Wasserbad auf 80 °C abrösten. Mehl und Marzipan zuletzt in die Masse einrühren, kurz rasten lassen. Busserl auf ein vorbereitetes Backblech dressieren, etwas antrocknen lassen und bei 165 °C ca. 10–12 Minuten hellbraun backen.
Eventuell könnte man noch einige Tropfen Bittermandelöl untermengen.

Tipp: Zum Einfärben könnte man noch etwas Kakaopulver einrühren (dieses von der Mehlmenge abziehen).

Sehr gut, schmecken wie beim Konditor!

Kokosbusserl

Dieses Rezept stammt von Hans Haas, Restaurant Tantris, München

Zutaten: 5 Eiweiß • 250 g Staubzucker

400 g Marzipan • Schale von 1 Zitrone • 2 EL Rum • 180 g Kokosmehl

Eiweiß mit Staubzucker zu einem festen Schnee schlagen, mit geriebenem Marzipan, Zitronenschale, Rum und Kokosmehl vermengen. Die Masse auf ein Backblech spritzen und bei 140 °C für ca. 20 Minuten goldgelb backen.

Varianten zum Kokosbusserl-Grundrezept, Seite 208

- Kokosbusserlmasse (Rezept Seite 197 oder 208) auf kleine runde Oblaten aufspritzen. 2. Oblatenblatt auflegen und zusammendrücken, sodass flache Taler entstehen (sollen ca. 4–5 mm hoch sein). Bei 165 °C ca. 12–15 Minuten hell backen. Nach dem Backen in Schokoladeglasur oder temperierte Kuvertüre tauchen oder damit verzieren.
- Kokosbusserlmasse mit Zimt aromatisieren und kleine Ringerl auf ein vorbereitetes Backblech dressieren (siehe Foto oben).
- Kokosbusserlmasse mit Kakao einfärben und beliebige Formen aufspritzen.
- Kokosbusserlmasse mit gezackter Tülle in Stangen aufspritzen, backen und jeweils 2 Stück mit roter Marmelade oder Parisercreme zusammensetzen und eventuell mit Schokoladeglasur verzieren.

Nusskonfekt

Zutaten für die Konfektmasse: **250 g Marzipan • 80 g Staubzucker, fein gesiebt • 120 g Walnüsse (oder Wal- und Haselnüsse gemischt), fein gerieben 2–3 cl Orangenlikör (Nussschnaps oder Rum) • etwas Orangenschalenpulver**

Für die Glasur: **300 g helle Kuvertüre • 30 g Kokosfett • Walnusshälften zum Garnieren**

Alle Zutaten für die Konfektmasse auf einer Arbeitsfläche von Hand gut verkneten. Masse zu Rollen formen und kleine Scheiben abschneiden.
Für die Glasur die Kuvertüre über einem Wasserbad oder in der Mikrowelle schmelzen und mit dem Kokosfett verrühren. Scheiben zur Gänze in die Glasur tunken. Auf Pralinengitter (feinmaschiges Gitter) absetzen und kurz vor dem Abstocken auf Backtrennpapier oder eine Backmatte platzieren. Bevor die Schokolade fest wird, eine halbe Walnuss daraufsetzen.

Neros

Zutaten: **200 g zimmerwarme Butter • 90 g fein gesiebter Staubzucker oder Feinkristallzucker • 25 g Kakao, fein gesiebt • 3 Eier • 1 Dotter • 190 g Mehl, glatt Prise Salz**

Zum Füllen: **Ribiselmarmelade oder Pariser Creme (siehe Seite 219)**

Zum Tunken: **helle oder dunkle Schokoladeglasur (siehe Seite 222 oder 224)**

Butter mit Zucker und Salz sehr schaumig rühren. Nach und nach Eier und Dotter dazurühren. Mehl mit Kakao vermischen und untermengen. Masse in einen Spritzsack mit runder Tülle füllen und kleine runde Häufchen auf ein vorbereitetes Backblech dressieren. Im vorgeheizten Backrohr bei 165–175 °C 8–10 Minuten nicht zu dunkel backen, bis sie sich leicht fest anfühlen. Die Hälfte der ausgekühlten Kekse auf der Unterseite mit Marmelade oder Creme bestreichen und die andere Hälfte daraufsetzen. Bis zur Hälfte in Schokoladeglasur tunken oder mit Schokoladefäden verzieren.

Orangenbusserl

Zutaten: **250 g zimmerwarme Butter • 250 g fein gesiebter Staubzucker oder Feinkristallzucker • 8 Dotter • 1 Ei • etwas frisch abgeriebene Orangenschale oder Orangenschalenpulver (oder 2 EL Orangenpaste, im Fachhandel erhältlich) 400 g Mehl, glatt • Prise Salz**

Zum Füllen: **Marillenmarmelade (evtl. mit Orangenpaste, -likör oder -saft abgeschmeckt), Orangenmarmelade oder Orangenpuddingcreme (siehe Seite 219)**

Zum Tunken: **helle oder dunkle Schokoladeglasur (siehe Seite 222 oder 224)**

Butter mit Zucker und Salz sehr schaumig rühren. Nach und nach Dotter und Ei untermengen. Orangengeschmack einrühren und Mehl untermischen. Masse in einen Spritzsack füllen und mit glatter Spritztülle kleine Busserl auf ein vorbereitetes Backblech spritzen. Im vorgeheizten Backrohr bei 165–175 °C 8–10 Minuten hell backen. Die Hälfte der ausgekühlten Busserl auf der glatten Seite mit Marmelade bestreichen und die andere Hälfte daraufsetzen. Bis zur Hälfte in Schokoladeglasur tunken.
Sie können eine Orangenpaste auch selbst herstellen. Hierfür 250 ml Orangensaft mit 1–2 Pkg. Orangenschalenpulver oder mit frisch geriebener unbehandelter Orangenschale auf ca. 40–50 ml dick einkochen. Abgekühlt daruntermischen.

Vollkorn-Vanillekipferl

Zutaten: **150 g feines Dinkelmehl • 150 g Butter • Prise Salz • 80 g Rohrzucker 2 Dotter • 10 g Vanillezucker • 150 g Haselnüsse oder Mandeln, gerieben und geröstet • Staubzucker mit Vanillezucker vermischt, zum Bestreuen**

Alle Zutaten in eine Schüssel oder auf eine Arbeitsplatte geben und von Hand zu einem Mürbteig verarbeiten. Teig kurz kühl stellen. Zu einer Rolle formen und mit einer Teigkarte kleine Stücke abnehmen, zu Kipferln formen und auf ein vorbereitetes Backblech setzen. Im vorgeheizten Backrohr bei etwa 165 °C 10–13 Minuten auf Sicht hell backen. Noch warm mit Staubzucker-Vanillezuckergemisch bestreuen.

Tipps: Dieser Teig lässt sich kurz nach der Herstellung am besten verarbeiten. Man kann ihn auch ausrollen und beliebige Formen ausstechen. Bei längerer Lagerzeit zieht er durch und lässt sich nicht mehr so leicht formen (bei Bedarf einen Dotter bzw. ein Eiklar untermengen). Der Teig eignet sich ebenso als Unterlage für Schnitten. Sie können ihn wahlweise mit Zimt, Nelken, Lebkuchengewürz, Ingwer oder anderen Gewürzen aromatisieren.

Käsespritzgebäck

Zutaten: 200 g zimmerwarme Butter • 1 Ei • 1 Dotter • 200 g Käse, fein gerieben 150 g Topfen • 200 g Mehl, glatt • 1 gestr. TL Backpulver • 6 cl Milch • Prise Salz Prise Paprika, edelsüß

Butter mit Salz, Dotter und Ei schaumig rühren. Topfen und Milch dazurühren und die restlichen Zutaten untermengen. Masse in einen Spritzsack füllen und kleine Gupferl auf einem vorbereiteten Backblech in kleine Silikonformen oder Papierkapseln spritzen. Im vorgeheizten Backrohr bei 165–175 °C etwa 15 Minuten hellbraun backen.

Tipp: Dieses Käsegebäck ist ein hervorragendes „Fingerfood", das Sie entweder warm oder kalt genießen können. Das Gebäck kann auch in der Mitte aufgeschnitten und mit einem Aufstrich bestrichen werden. Kann ebenso als Einlage für klare Suppen verwendet werden.

Topfenfülle für Käsemürbteig

Zutaten: 80 g zimmerwarme Butter • 200 g Topfen • Prise Salz • 20 g Zwiebel, fein gehackt • etwas Pfeffer, frisch gemahlen • Prise Paprikapulver, edelsüß 15 g Essiggurkerl, fein gehackt • 15 g grüne oder rote Paprikawürfel, fein geschnitten

Butter und Topfen schaumig rühren. Die restlichen Zutaten untermengen, würzig abschmecken und Käsemürbteiggebäck damit füllen.

Varianten: Anstelle von Gurkerln, Paprikapulver und Paprikawürfeln können auch frische Kräuter wie Schnittlauch, Bärlauch, Petersilie, Basilikum oder Dille beigemengt werden.

Sie können den Grundzutaten ebenso folgende Ingredienzien beimengen

- fein geschnittenen Räucherlachs mit etwas frisch geriebenem Kren (mit Zitronensaft beträufeln)
- gehackte Eier und Thunfisch
- fein gehackte Salami, Schinkenwürfel und Essiggurkerl
- feine Speckwürfel
- Mischung aus Currypulver und fein gehackten Eiern
- Mischung aus fein gehackten Oliven, Kapern, Sardellen, Salbei und Knoblauch
- fein gehackte, in Öl eingelegte Tomaten
- faschierte Wurst und Essiggurkerl

Tipp: Zwiebel in heißem Wasser kurz blanchieren (abkochen), kalt abschrecken und abtropfen lassen. Schmeckt so bekömmlicher, da der scharfe Zwiebelgeschmack gemildert wird. Eignet sich auch für alle Salate mit Zwiebeln.

Grünberg-Weihnachtspudding

Dies ist der Lieblingspudding meiner Kinder am Heiligen Abend. Die Rezeptur ist für eine etwas größere Menge bemessen, zumal der Pudding auch am Christtag noch vorzüglich schmeckt.

**Zutaten: 1 kg ganze oder geschnittene Pfirsiche (aus der Dose)
10–15 Stück Biskotten (oder auch mehr, je nach Geschmack) • Mandelblättchen
125–250 ml Rum (38 % oder 60 %) – für Kleinkinder Rum durch Fruchtsaft ersetzen
300 g Himbeeren oder gemischte Waldbeeren • 330 g Feinkristallzucker
300 ml Pfirsichsaft • 10 Blatt Gelatine • 2 l Milch • 160 g Vanillepuddingpulver
(4 Päckchen) • 500 ml Schlagobers**

**Für den Mandelblätterkrokant: 50 g Butter • 160–200 g Feinkristallzucker
200–250 g Mandelblättchen**

Ganze Pfirsiche in Spalten schneiden und in eine hohe Glasschüssel (Fassungsvermögen mindestens 3,5 l) füllen. Biskotten und Mandelblättchen dazugeben und mit Rum begießen. Für das Gelee Himbeeren mit 130 g Zucker aufkochen und passieren. Mit dem Pfirsichsaft vermischen und die eingeweichte Gelatine (ca. 10 Minuten in kaltem Wasser einweichen) in der noch warmen Mischung auflösen.

Das flüssige Gelee über die Biskotten-Mandel-Masse gießen und ein wenig vermengen, aber nur so viel, dass die Struktur erhalten bleibt. Mit Klarsichtfolie abdecken und in den Kühlschrank stellen (am besten über Nacht).

Für den Vanillepudding 0,3 l Milch mit dem Puddingpulver verrühren (4 Packungen). 1,7 l Milch mit dem restlichen Zucker aufkochen und angerührtes Puddingpulver mithilfe eines Schneebesens in die kochend heiße Milch einrühren. Ca. 1 Minute kochen lassen. Den Pudding unter Rühren etwas abkühlen und danach über die erkaltete Geleemasse verteilen, mit Klarsichtfolie abdecken und abermals kalt stellen. Vor dem Anrichten das Schlagobers steif schlagen und auf der kalten Puddingmasse verstreichen.

Für den Mandelblätterkrokant Butter schmelzen und Zucker darin hellbraun zu Karamell schmelzen. Mandelblättchen darin rösten (man kann hier nach und nach etwas Zucker dazumengen, falls die Blättchen zu wenig mit Zucker überzogen sind). Vorsicht: Zucker darf nicht zu sehr bräunen, sonst bildet sich Colour oder der Zucker schmeckt verbrannt und ist evtl. gesundheitsschädigend.

Masse auf ein mit einer Backmatte ausgelegtes Backblech leeren. Eine zweite Matte auf die Masse legen und mit dem Rollholz oder mit der Hand (Vorsicht: heiß!) gleichmäßig verteilen. Abkühlen lassen, in Stücke brechen und auf dem Schlagobers verteilen.

Varianten: Statt der Himbeeren können auch andere Früchte wie rote oder schwarze Ribisel, Heidelbeeren, Brombeeren oder eine Beerenmischung verwendet werden. Die Pfirsiche können durch Ananas, Birnen, Äpfel, Orangen, Mandarinen etc. ersetzt werden. Auch Weihnachtsfrüchte wie gedörrte Zwetschken, Aranzini, Zitronat, Feigen, Datteln, Rosinen (unbedingt vorher in Rum, Läuterzucker oder Fruchtsaft einweichen) eignen sich gut. Zusätzlich können Sie Zimt, Nelken und Lebkuchengewürz zur Aromatisierung verwenden.

Tipp: Am besten kühlen Sie den Pudding unter ständigem Rühren (sonst bilden sich Klumpen) über einer mit kaltem Wasser und Eiswürfeln versehenen Schüssel ab. Der abgekühlte Pudding wird mit einer Teigkarte auf dem Gelee verstrichen.

Foto links: Käsegebäck

Füllungen

Buttercreme-Grundcreme

große Rezeptur

Zutaten: **2 dl Milch • 150 g Feinkristallzucker • 25 g Puddingpulver (Geschmack nach Belieben) • 400 g zimmerwarme Butter**

Milch mit Zucker aufkochen. Etwas Milch zurückbehalten und mit dem Puddingpulver verrühren. Diese Mischung in die kochende Milch einrühren und zu Pudding kochen. Heißen Pudding in eine Rührschüssel geben und unter Rühren mit dem Schneebesen etwas überkühlen. In die noch nicht ganz kalte Puddingmasse die klein geschnittenen Butterstückchen bzw. das Kokosfett dazugeben und schaumig aufschlagen. Zuletzt gewünschte Geschmacksrichtung beigeben.

Diese Buttercreme kann mit diversen Geschmacksträgern zubereitet werden und eignet sich auch sehr gut als Füllcreme für Torten und Schnitten. Als Geschmacksträger eignen sich u. a.: Kirschschnaps • Rum • geschmolzene Schokolade oder Kuvertüre in verschiedenen Geschmacksrichtungen (Erdbeer, Limette, Karamell, Kaffee, Orange) • geschmolzenes Nougat, Haselnusspaste • Orangenpaste mit Grand Marnier • Erdbeermark oder -marmelade, geriebenes Krokantpulver • Kaffeepaste oder Kaffeelikör • Nougat- oder Nusslikör • Marillenmarmelade und -brand • Kokosflocken • klein gehackte, kandierte Ananas • Orangenmarmelade mit Cointreau • Amarenakirschsauce mit klein geschnittenen Amarenakirschen • Preiselbeermarmelade • Pfefferminzlikör oder -paste • Löskaffee mit Kaffeelikör • Weichselmarmelade mit Kirschschnaps • gemahlener Zimt • Powidlmarmelade mit Zwetschkenschnaps • getrocknete Apfelringe mit Apfellikör oder -schnaps • Himbeermarmelade mit Himbeerschnaps • fein gesiebter Kakao oder Fruchtsirup aus dem Barbereich (Kokos, Limette, Mango, Ananas etc.)

Auf 150 g Grundcreme kommen ca. 1–2 cl Alkohol oder Sirup.

Tipp: Statt Butter können Sie auch erweichtes Kokosfett verwenden.
Je nach Bedarf die Zutatenmengen reduzieren!

Buttercreme mit Fondant und Kaffee

Zutaten: **130 g zimmerwarme Butter • 100 g Fondant (über Wasserbad erweicht) – im Fachhandel oder beim Bäcker erhältlich • 2 cl Baileys • 1 Mokkalöffel Löskaffee 10 g Vanillezucker**

Butter und Vanillezucker schaumig rühren. Nach und nach Fondant dazugeben. Löskaffee in Baileys auflösen und ebenfalls gut einrühren.

Tipp: Kaffee und Kaffeelikör können durch beliebige Alkohol- oder Fruchtsirupbeigaben geschmacklich verändern werden.

Buttercreme mit Fondant und Schokolade

Zutaten: **140 g zimmerwarme Butter • 80 g Fondant (über Wasserbad erweicht) – im Fachhandel oder beim Bäcker erhältlich • 200 g helle Kuvertüre oder Schokolade 1 cl Rum (60 %)**

Butter schaumig rühren. Nach und nach Fondant dazurühren. Geschmolzene Kuvertüre untermischen und mit Rum abschmecken.

Füllcreme

Auch für Kokoskuppeln

Zutaten: **40 g Schokoladepuddingpulver • 250 ml Milch • 130 g weiches Kokosfett oder Butter • 150 g Schokolade oder Kuvertüre • evtl. Rum (60 %)**

Schokolade über einem Wasserbad oder in der Mikrowelle schmelzen. Aus Schokoladepuddingpulver und Milch Pudding zubereiten. Überkühlen und die geschmolzene Schokolade in den Pudding einrühren. Mit Klarsichtfolie abdecken und auskühlen lassen. Weiches Kokosfett schaumig rühren und in den überkühlten Schokoladepudding einrühren. Eventuell mit Rum abschmecken.
Je nach Bedarf die Zutatenmengen reduzieren!

Kokosfett-Grundcreme

Zutaten: **200 g Kokosfett • 300 g weicher Fondant (im Fachhandel oder beim Bäcker erhältlich) • 2–3 cl Alkohol als Geschmacksverstärker (z. B. Kirschschnaps)**

Kokosfett erweichen, aber nicht verflüssigen. Das gelingt am besten unter Aufsicht in der Mikrowelle oder über einem Wasserbad. (Es ist ratsam, das Fett vorher in kleinere Stücke zu schneiden.)
Etwas Kokosfett in eine Rührschüssel geben und dann – immer abwechselnd – Fondantstückchen und Fett unter ständigem Rühren beigeben, bis alle Zutaten aufgebraucht sind und die Creme weiß und schaumig ist.

Tipps: Unbedingt weichen Fondant (ich verdünne ihn mit etwas Wasser, Sirup oder Alkohol) verwenden, da harter oder angetrockneter sich nicht mehr mit der Fettmasse verbindet und die Creme deshalb nicht gelingt. Als Alternative bietet sich Wiener Fondant (siehe Seite 233) an. Statt Fondant kann man auch fein gesiebten Staubzucker dazugeben und schaumig rühren. Dieses Rezept braucht etwas Übung, damit die Creme beim Aufschlagen nicht gerinnt. Falls dies doch passiert, noch einmal einen Ansatz zubereiten und die geronnene Creme langsam einrühren. Die Creme kann auch – je nach Verwendung – mit Lebensmittelfarbe eingefärbt werden oder mit anderen Aromen abgeschmeckt werden.
Je nach Bedarf die Zutatenmengen reduzieren!

Canache- oder Kuvertürecreme

Ein Grundrezept

Zutaten: 160 ml Schlagobers • 320 g klein gehackte Kuvertüre (helle, weiße, dunkle, mit Orangen-, Erdbeer-, Limetten-, Karamell- oder Kaffeegeschmack – es eignen sich alle Sorten, die im Handel erhältlich sind)

Schlagobers aufkochen, vom Herd nehmen und Kuvertüre darin auflösen. Falls sich die Schokolade nicht gänzlich löst, weil die Masse zu kalt ist, nochmals kurz auf den Herd stellen. Aber nur kurz erwärmen, nicht kochen. Wenn ein Stabmixer vorhanden ist, diesen auf den Topfboden stellen und die Masse mixen. Den Mixer aber nicht bewegen, damit keine Blasen entstehen. Dies soll nur zur besseren Vermischung der Fettanteile geschehen. Nicht schaumig rühren. Sie können die Masse auch mit dem Schneebesen kurz glatt abrühren.

Diese Grundmasse kann nun zum Beispiel durch Zugabe von Honig, Instant- oder Löskaffee, Mokkapaste, Marzipan, Nougat, Vanilleessenz oder Rosenöl abgeschmeckt werden. Ebenfalls sind diverse Aromen aus dem Barbereich, z. B. Ananas, Mango, Kokos (auf die oben angegebene Menge 3–5 cl) möglich. Diese Zutaten aber vor dem Mixen oder Abrühren beimengen. Im Gegensatz dazu werden fein geriebener Krokant oder klein gehackte kandierte Früchte erst nach dem Mixen dazugegeben.

Verwendet man die Masse als Füllcreme für Kekse, dann die Masse so lange kühl stellen, bis sie fast gestockt ist. In einen Rührkessel füllen und mittels Schneebesen kurz aufrühren, bis sie etwas an Volumen zugenommen hat. Creme in einen Spritzsack füllen und wie bei Pariser Spitz oder Kastanienkonfekt auf klein gebackene Kekse spritzen und tunken. Sie können auch längliche Rollen aufspritzen, die in gesiebtem Kakao gänzlich gewälzt und dann in 1,5 cm lange Stücke geschnitten werden.

Die Creme eignet sich ebenso zum Füllen von bereits halbfertigen Schokoladehohlkörpern (im Fachhandel oder bei Fa. Fessler erhältlich).
Hierfür nur leicht erwärmte Füllung mit einem Spritzbeutel (oder mit einer Spritze von 200 ml Inhalt – in Apotheken erhältlich – bis 2 mm unter den Rand der Hohlkugeln einfüllen). Füllung darf aber nicht zu warm sein, da sonst die Hohlkörper schmelzen. Abstocken lassen. Schokoladeglasur (siehe Seite 224) erwärmen und die Öffnung der Hohlkugeln damit auffüllen bzw. verschließen. Abermals abstocken lassen und die Kugeln dann zur Gänze in zerlassene Schokoladeglasur eintauchen. Auf einem Pralinengitter (feines Drahtgitter), auf Backtrennpapier oder einer Backmatte absetzen und trocknen lassen. Die Kugeln nach Belieben kurz vor dem Festwerden der Schokolade in geriebenen Nüssen, gesiebtem Kakao, Schokoladestreuseln, Schokoladeflocken oder Kokosflocken wälzen.
Je nach Bedarf die Zutatenmengen reduzieren!

Nougatcreme

Zutaten: 200 g Buttercreme (Grundcreme, siehe Seite 224)
70 g Block- oder Stangennougat

Nougat vorsichtig schmelzen und Grundcreme mit einem Schneebesen einrühren.

Marzipanfüllung

Zutaten: **330 g Marzipan • 30 g Staubzucker, fein gesiebt • 3 cl Cointreau (Orangenlikör) • 90 g Orangenmarmelade**

Sämtliche Zutaten gut miteinander vermischen. Eignet sich sehr gut sowohl für Lebkuchen als auch für Mürbteiggebäck.

Variante: 250 g Marzipan, 5 cl Eierlikör, 50 g Vanillezucker vermischen.

Tipp: Zusätzlich 90 g Nutella untermengen. Sie können statt Orangenmarmelade und Cointreau auch Powidlmarmelade mit Rum oder Weichselmarmelade mit Kirschschnaps verwenden.

Orangen-Puddingcreme

Zutaten: **1 dl Orangensaft • 10 g Vanillepuddingpulver • 60 g Staubzucker 200 g Kokosfett • Cointreau oder Grand Marnier zum Verfeinern**

Etwas Orangensaft mit dem Puddingpulver glatt verrühren. Restlichen Orangensaft mit Zucker aufkochen, mit dem angerührten Puddingpulver eindicken und einmal kurz aufkochen lassen. In einen Rührkessel leeren, Staubzucker beimengen, mit dem Schneebesen verrühren und in den warmen Grundansatz stückchenweise das Kokosfett einrühren. (Durch die Wärme löst es sich und man kann die Masse dann sehr schaumig aufschlagen.) Mit Cointreau oder Grand Marnier (Orangenlikör) verfeinern.

Tipp: Wenn Sie andere Geschmacksrichtungen bevorzugen, verwenden Sie Fruchtsäfte nach Belieben.

Parisercreme

Zutaten: **300 ml Schlagobers • 180–250 g dunkle Kuvertüre oder Kochschokolade 20 g Butter • 3 cl Rum**

Schlagobers aufkochen und Kuvertüre darin zerlassen. Überkühlt Butter und Rum ein- bzw. unterrühren. Vor der Verwendung einen Tag kühl stellen (nicht im Kühlschrank). Je nach weiterer Verwendung kurz cremig aufschlagen oder aufrühren.

Tipp: Wenn die Creme zu fest geworden ist, kurz erwärmen, aufrühren und erst dann aufspritzen. Wenn sie ausflockt, Creme nochmals aufkochen und kühl stellen.
Diese Creme eignet sich ebenfalls zum Füllen von Pralinenhohlkugeln.

Schokolade-Marzipan-Füllung

Zutaten: **80 g zimmerwarme Butter • 70 g Honig • 50 g Marzipan 100 g weiße Kuvertüre oder Schokolade • 100 g helle Kuvertüre oder Schokolade 10 g Vanillezucker**

Marzipan fein reiben. Butter mit Marzipan und Honig sehr schaumig rühren. Beide Kuvertüren klein hacken, über einem Wasserbad oder in der Mikrowelle schmelzen und unter die Grundmasse rühren.

Teecreme

Zutaten: 1 dl Schlagobers • 5 Beutel Schwarztee • 120 g helle Kuvertüre

Schlagobers aufkochen, Tee darin 5 Minuten ziehen lassen. Teebeutel gut ausdrücken und beiseite geben. Teeobers nochmals kurz erwärmen, vom Herd nehmen und die Kuvertüre darin auflösen. Kühl stellen, bis die Masse angezogen hat. Mit dem Schneebesen aufrühren.

Weiße Schokoladefüllung

Zutaten: 1 dl Schlagobers • 20 g Glucose • 10 g Butter oder Kokosfett 240 g weiße Kuvertüre oder Schokolade • 2 cl Likör (Pfirsich, Marille, Erdbeer, Apfel, Orange etc.), Schnaps oder Sirup

Schlagobers mit Glucose, Butter oder Kokosfett aufkochen. Vom Herd nehmen, klein gehackte Kuvertüre dazugeben, darin auflösen und gut abrühren. Etwas abgekühlt in Hohlkörper füllen oder ausgekühlt leicht schaumig schlagen.

Glasieren & Garnieren

Tipps

- Glasuren verzieren nicht nur das Gebäck, sondern verhindern auch dessen Austrocknung.
- Zuckerglasuren sollten nicht zu dick aufgetragen werden. Diese Glasuren können ohne Bedenken auch einen Tag aufbewahrt werden. Dazu decken Sie das jeweilige Geschirr mit einem feuchten Tuch ab. Zusätzlich können Sie noch eine Klarsichtfolie darübergeben.
- Wenn Sie dem Zuckerguss etwas Milch, Butter oder Kokosfett zufügen, erhöht sich der Glanz.
- Verwenden Sie stets sehr feinen Staubzucker, damit sich keine Klumpen bilden und diese keinesfalls die dünnen Spritztüten verstopfen.
- Bevorzugen Sie eine dünne Glasur, so streichen Sie die Glasur auf das noch warme Gebäck.
- Glasuren können je nach Konsistenz mit einem Messer, Pinsel, einer Palette oder einer Spritztüte aufgetragen werden.
- Glasuren, die erwärmt werden müssen, bereite ich in einem Topf über direkter Hitze zu. Dabei muss man aber die Glasur ständig rühren und immer wieder von der Hitze wegnehmen, damit sie sich nicht am Topfboden anlegt.
- Bereiten Sie Dotter- oder Eiweißglasuren aus gesundheitlichen Gründen nicht mit rohen Eiern zu. Verwenden Sie stattdessen pasteurisierte Eier oder Eiweißpulver. Beides ist im Fachhandel erhältlich.
- Als Garnitur eignen sich helle oder weiße Schokostreusel, Zuckerperlen in verschiedenen Farben, kleine Gummibären, Schokoladekaffeebohnen, kandierte Veilchen oder andere Blütenblätter, Orangeat, Zitronat und andere kandierte oder getrocknete Früchte etc.

Butterschokoladeglasur

Zutaten: 160–190 g dunkle oder helle Kuvertüre oder Kochschokolade
100 g Butter

Schokolade über einem Wasserbad oder in der Mikrowelle schmelzen. Butter dazugeben und glatt rühren. Noch warm auf das Gebäck auftragen. Eignet sich für Mürbteiggebäck, Spritzgebäck, aber auch für Lebkuchen.

Einfache-Zuckerglasur

Zutaten: 200 g Staubzucker, fein gesiebt • ca. 4 cl Wasser, Milch, Fruchtsaft oder Alkohol • 1 cl Zitronensaft

Staubzucker mit z. B. Wasser und Zitronensaft zu einer glatten und streichfähigen Masse verrühren und auf das Gebäck aufstreichen. Glasur kurz vor dem Auftragen etwas erwärmen. Eignet sich für Mürbteiggebäck, Spritzgebäck und Schnitten.

Tipp: Diese Glasur kann mit Karottensaft, rotem Sirup oder Lebensmittelfarbe eingefärbt werden. Sie ist zwar sehr schnell zubereitet, glänzt aber weniger. Man kann auch noch 10 g flüssiges Kokosfett daruntermischen.

Eiweißglasur

Zutaten: 30 g pasteurisiertes Eiklar (= 1 Eiklar) • ca. 200 g Staubzucker, fein gesiebt
1 cl Zitronensaft

Zutaten zusammen in ein Gefäß geben und aufschlagen, bis die Masse sehr fest und schaumig ist. Eignet sich hervorragend zum Verzieren von Lebkuchen. Sie kann zudem mit Lebensmittelfarbe eingefärbt werden.

Eiweißglasur mit Schokolade

Zutaten: 30 g pasteurisiertes Eiklar (= 1 Eiklar) • ca. 200 g Staubzucker, fein gesiebt
1 cl Rum (38 %) • 60 g helle oder dunkle Schokolade oder Kuvertüre

Schokolade über einem Wasserbad oder in der Mikrowelle schmelzen. Eiklar mit Zucker aufschlagen, bis die Masse ganz fest und schaumig ist. Rum und geschmolzene Schokolade unterrühren. Eignet sich für gefüllte und ungefüllte Mürbteigkekse, Spritzgebäck und Lebkuchen.

Tipps: Wer die Glasur dünnflüssiger möchte, kann 1–2 cl Wasser oder Rum beimengen. Wenn Sie die Glasur ein wenig erwärmen, wird sie feinporiger und geschmeidiger.

Eiweißglasur mit Kaffee

Zutaten: **30 g pasteurisiertes Eiklar (= 1 Eiklar) • ca. 200 g Staubzucker, fein gesiebt 3 cl Rum • 1–2 Mokkalöffel Kaffeepulver (in 1 cl Wasser aufgelöst)**

Eiklar und Zucker in ein Gefäß geben und aufschlagen, bis die Masse ganz fest und schaumig ist. Aufgelöstes Kaffeepulver und Rum untermischen. Glasur vor dem Auftragen etwas erwärmen. Eventuell noch 10 g Kokosfett darin auflösen. Eignet sich für Mürbteigkekse, die mit Kaffeefüllung gefüllt werden, und für Kaffeekugerl.

Tipp: Glasur in einem Wasserbad warm halten.

Fondantglasur

Fondant selbst herzustellen, ist im Haushalt nicht so effizient, da es sehr arbeitsintensiv ist. Besorgen Sie sich Fondant im guten Fachhandel oder bei Ihrem Bäcker oder Konditor.

Fondant wird in einem Topf auf kleiner Flamme unter ständigem Rühren erwärmt und bis zur gewünschten Dickflüssigkeit mit Wasser, Sirup, Rum, Himbeersaft, Löskaffee, Schokolade, Kakao, Vanille, Zitronensaft, Limetten, Grenadinesirup, Kirschwasser, Orangenlikör, Kokossirup, Ananassirup, Läuterzucker etc. geschmacklich variiert und bei Bedarf etwas verdünnt. Die Verarbeitungstemperatur liegt bei etwa 35 °C.

Die Glasur kann mit Lebensmittelfarbe eingefärbt werden, wobei anfangs nicht zu viel beigemengt werden darf, da die Farbe sehr intensiv ist. Ich verwende diese Glasur sehr gerne, weil sie in geschmacklicher Hinsicht mannigfaltige Nuancen zulässt und einen schönen Glanz aufweist. Aber Vorsicht: Fondantglasur darf nicht gekocht oder zu sehr erhitzt werden! Eignet sich für alle Kekse und Schnitten, die man verzieren bzw. glasieren möchte.

Fondantglasur mit Kuvertüre oder Schokolade

Zutaten: **200 g Fondant (im Fachhandel oder beim Bäcker erhältlich) 100 g weiße, helle, dunkle Kuvertüre oder Schokolade • 20 g Kokosfett**

Alle Zutaten in einen Topf geben und unter ständigem Rühren auf Körpertemperatur erwärmen, bis die Glasurenmasse schön bindet. Eignet sich für alle Kekse und Schnitten.

Tipps: Wenn die Glasur zu dick geraten ist, mit Wasser oder Alkohol verdünnen. Für Kürbiskernkekse weiße Kuvertüre und anstelle von Kokosfett Kürbiskernöl verwenden. Das ergibt eine interessante Farbe sowie eine geschmackliche Variation.

Kakaoglasur

Zutaten: **ca. 200 g Staubzucker • 20 g Kakao • 40 g Kokosfett • 5 cl Wasser oder Rum (oder 2 cl Wasser und 3 cl Rum)**

Staubzucker mit Kakao und heißer Flüssigkeit glatt rühren. Das flüssige, aber nicht heiße Kokosfett darunterrühren. Etwas erwärmen. Eignet sich für Mürbteig- und Spritzgebäck.

Fruchtglasur

Zutaten: 200 g Staubzucker • 2 Blatt Gelatine • 10 g Kokosfett
4 cl Erdbeer-, Kokos-, Limetten-, Zitronen- oder Kirschsirup

Gelatine ca. 10 Minuten in kaltem Wasser einweichen. Sirup oder Flüssigkeit mit Kokosfett in einem Topf erwärmen. Gelatine darin auflösen. Staubzucker sieben und unterrühren. Masse glatt rühren und warm auf dem jeweiligen Gebäck verteilen.
Eignet sich sehr gut für Kekse mit fruchtiger Fülle.

Schokoladeglasur

Das ist jene Glasur, die ich am meisten verwende. Die unten angeführte Rezeptur ist für kleine Mengen berechnet. Man kann sie aber je nach Bedarf entsprechend vervielfachen.

Zutaten: 100 g helle oder dunkle Kuvertüre oder Schokolade
5–10 g Kokosfett oder Butter

Kuvertüre bei ganz milder Hitze über einem Wasserbad oder in der Mikrowelle schmelzen. Sie soll nur leicht warm sein. Kokosfett oder Butter darin auflösen und unterrühren. Eignet sich bestens zum Tunken von allen Keksen und Konfektstücken.

Tipp: Die Fettbeigabe kann bis auf 40 g erhöht werden (je nach Fertigkeit).

Gekochte Schokoladeglasur 1

Zutaten: 200 g Zucker • 125 ml Wasser • 150 g dunkle oder helle Kuvertüre

Zucker mit Wasser aufkochen. Kuvertüre darin auflösen und ca. 8 Minuten auf kleiner Flamme kochen.

Varianten: Sie können die Glasur mit einem Schuss Rum aromatisieren. Kaffeeliebhaber rühren zusätzlich noch 1 Mokkalöffel aufgelöstes Instant-Kaffeepulver unter.

Gekochte Schokoladeglasur 2

Zutaten: 4 cl Milch • 10 g Glucosesirup • 40 g Staubzucker • 20 g Kokosfett
130 g helle oder dunkle Schokolade oder Kuvertüre

Milch mit Glucose, Zucker und Kokosfett aufkochen. Schokolade darin schmelzen und glatt rühren. Noch warm auftragen. Eignet sich für Mürbteiggebäck, Spritzgebäck und Lebkuchen.

Tipps: Diese Glasur eignet sich – mit Schlagobers oder Läuterzucker verdünnt und mit Rum aromatisiert – sehr gut als Schokoladesauce für Mohr im Hemd, Eispalatschinken, Eisbecher usw. Für Nougatsauce verwenden Sie anstelle von Schokolade die gleiche Menge Blocknougat. Glucosesirup mit nassen Fingern entnehmen, dann klebt die Masse nicht und man kann sie gut portionieren bzw. abwiegen.

Nougatglasur

Zutaten: 200 g Fondant • 100 g Blocknougat • 20 g Kokosfett

Alle Zutaten in einen Topf geben und unter ständigem Rühren auf Körpertemperatur erwärmen, bis die Glasurmasse schön bindet. Für Kekse mit Nougatfüllungen oder für Teige, die Nüsse oder Mandeln enthalten.

Karamellglasur

Zutaten: 40 g Feinkristallzucker • 1 cl Wasser • 100 g Fondant • 1 cl Rum evtl. 10 g Kokosfett

Zucker in einem Topf hellbraun karamellisieren. Mit Wasser aufgießen und Zucker darin vollständig auflösen. Fondant beigeben und mit Rum und eventuell mit Kokosfett bei geringer Hitze glatt abrühren. Warm auftragen. Eignet sich für gefülltes Mürbteig- und Spritzgebäck.

Lebkuchenglasur

Zutaten: 20 g Feinkristallzucker • ca. 2 dl Wasser • 2 cl Rum • 10 g Maisstärke oder Weizenpuder

Zucker in einem Topf hellbraun karamellisieren. Mit etwas Wasser ablöschen und aufkochen, sodass der Zucker gänzlich aufgelöst ist. Vom Herd nehmen. Restliches Wasser dazugeben und abkühlen lassen. Rum zugeben und mithilfe eines Schneebesens die Maisstärke unterrühren und unter ständigem Rühren erhitzen. Wenn die Masse zu sehr eindickt, mit Wasser verdünnen. Glasur noch warm auf die frisch gebackenen Lebkuchen mit einem Pinsel dünn auftragen. Trocknen lassen. Ergibt einen schönen Glanz am Lebkuchen.
Eignet sich ausschließlich für Lebkuchen zum Abglänzen nach dem Backen.

Staubzuckerglasur

Zutaten: 150 g feiner Staubzucker • 2–3 EL Wasser • etwas Rum • Zitronensaft, Kirschwasser oder Orangensaft

Alle Zutaten gut verrühren, bis eine dickflüssige Glasur entsteht; eventuell mit roter Lebensmittelfarbe oder 2 EL rotem Rübensaft einfärben.

Glossar

Thermometer
Teigheber
Teigkarte
Silpat-Mappe
SILPAT
Ausstecher
Mehlbesen
feine Reibe
Rollholz
Zimtsternstecher
Messer
Bischof
Schneebesen
feines Sieb
Spritztülle und Teigrad
Ausstecher
Kochlöffel

Geräte & Werkzeuge

Ausstecher-Sets: Vielzahl an Formen und Mustern aus Metall oder Plastik. Eher kleine Formen wählen, nach jedem Gebrauch gründlich reinigen und trocknen. Metalldosen oder Metallausstecher mit etwas Stärke ausstauben, damit sie nicht rosten.
Backblech: auch mit einer speziellen Beschichtung erhältlich, muss somit nicht mehr gefettet werden
Backmatten aus Silikon: erhältlich im gut sortierten Handel. Durch ihre große Hitze- und Kältebeständigkeit vielseitig einsetzbar. Nach Gebrauch die Matten unbedingt waschen und trocknen (die meisten Backmatten sind spülmaschinenfest). Niemals mit einem Messer auf einer Backmatte schneiden.
Backpapier: zum Belegen von Blechen, zum Schneiden von Schablonen für Lebkuchenhäuser sowie Stanitzel etc. Backpapier verrutscht nicht auf dem Blech, wenn die Ecken oder der Boden des Bleches zuvor mit etwas Fett, Öl oder Trennfett bestrichen werden.
Backtrennpapier: aus Pergamin oder anderen geeigneten Materialien, bei sorgfältiger Handhabung kann es auch mehrmals verwendet werden. Für alle Gebäckarten geeignet.
Blechrahmen: rechteckige oder quadratische Rahmen aus Blech oder Edelstahl zum Backen und Einfüllen von Massen, die sonst auseinanderrinnen würden
Dressiersack oder Spritzbeutel: aus Kunststoff, Plastik oder aus Silikon (die ich persönlich bevorzuge) erhältlich. Einwegspritzsäcke aus Plastik eignen sich zum Auftragen von Marmeladen und nicht für feste Massen. Reinigung: Nach jedem Gebrauch innen und außen mit etwas Spülmittel reinigen, Spritztülle unbedingt entfernen, denn es können sich im Zwischenraum Keime bilden, was zu Schimmelbefall führen kann. Metalltüllen können evtl. rosten; Spritzsäcke innen und außen gut abtrocknen und eventuell mit Wäscheklammern aufhängen. Silikonspritzbeutel sind einfach in der Handhabung, fast unzerstörbar, das Material ist sehr hitzebeständig, kann auch im Geschirrspüler keimfrei gereinigt werden. Bei neuen Spritzsäcken die vordere Spitze etwas abschneiden, damit die Spritztüllen vorragen. Bitte beachten Sie beim Silikonspritzsack, dass er etwas nachgibt und sich speziell beim Dressieren von sehr warmen oder festen Teigen und Massen ausdehnen kann. Niemals zusammen mit spitzen Gegenständen reinigen. Vor dem Befüllen mit einer Verschlussklammer oberhalb der Tülle zusammenzwicken, damit die Masse nicht ausrinnt.
Einwegdressiersäcke: besonders praktisch für leichte Massen (Butter, Marmelade oder Füllungen). Wenn Sie sorgfältig damit umgehen, können diese auch mehrmals verwendet werden.
Ersatznudelholz: eine saubere Flasche mit glatter Oberfläche verwenden und Teig damit ausrollen
Gießtrichter: spezieller Trichter zum Befüllen von Hohlkörpern, ersatzweise große Spritze verwenden
Großes Lineal: zum Einteilen und Abmessen von Teigstücken sowie zum Schneiden oder zum Abdecken (wenn z. B. nur die Hälfte der Kekse angezuckert wird)
Holz- oder Metallleisten: eignen sich (in verschiedenen Höhen) sehr gut zum Ausrollen von Teigplatten oder Marzipan, um eine genaue und gleichmäßige Höhe zu erzielen. Das gleiche Ergebnis erzielt man durch Rollholze mit verschiedenen Beilagscheiben, welche die Teigstärke vorgeben.
Kartoffelpresse oder Wiege: einfaches Gerät zum Durchdrücken von gekochten Kartoffeln, Marzipan, Maronipüree oder Schimmelkäse
Kammteigkarte: spezielle, gezackte Teigkarte zum Eindrücken von Mustern bzw. zum Formen von Wellen
Kastenform: längliche rechteckige Kuchen- oder Backform
Küchenwaage und Küchenwecker: digitale Küchenwaage ist zu bevorzugen, wiegt auch kleine Mengen genau. Mit Küchenwecker oder Kurzzeitmesser (am besten mit Sekundenzeiger) können Sie die angegebenen Backzeiten einstellen.
Lebensmittelfaserstifte: in vielen Farben im Fachhandel erhältlich
Likörtrichter mit Handauslösung oder Trüffelfüller: Spezialfülltrichter, erleichtert das Befüllen von Hohlkugeln mit Canache, aus Edelstahl oder Kunststoff erhältlich. Ersatzweise eine große Spritze verwenden (in Apotheke erhältlich).
Margaritentülle: spezielle Spritztülle (Fachhandel), die beim Aufspritzen der Masse in der Mitte eine kleine Einkerbung hinterlässt, in die dann Marmelade eingefüllt werden kann (vor bzw. nach dem Backen). Sieht sehr gut aus. Diese Einkerbung kann auch mit Fingerhut oder Kochlöffelstiel eingedrückt werden.
Mehl- oder Backbesen: zum Abbürsten von überschüssigem Mehl

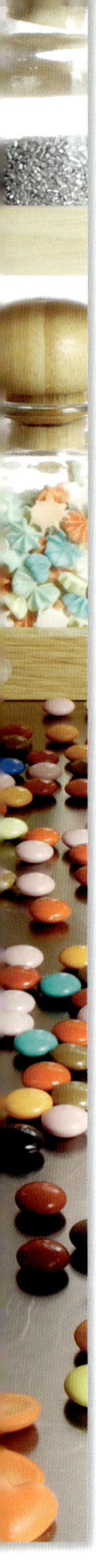

Metall- und Pralinenkapseln: im Fachhandel erhältlich zum Einfüllen und Präsentieren von Konfekt und Pralinen
Nadelprobe: Wenn Sie nicht sicher sind, ob Kuchen oder Torten durchgebacken sind, mit einer Stricknadel (oder einem Spieß) anstechen. Bleibt der Spieß teigfrei, ist das Backgut fertig.
Nüssli- oder Nussformen: kleine Förmchen, in die der Teig eingedrückt wird; brauchen nicht gefettet werden. Nach jedem Gebrauch nur mit heißem Wasser ausspülen und trocknen, niemals Geschirrspülmittel verwenden.
Palette: flaches, dünnes, vorne rundes, nicht schnittfähiges Messer (oder auch längliches, spachtelförmiges Instrument mit Messergriff) zum Aufstreichen von Cremen und Glasuren. In verschiedenen Längen und Formen erhältlich.
Papierkapseln: kleine Behälter aus Papier oder Pergamin, weiß oder braun, auch bunt erhältlich. Zum Einsetzen für Schokoladepralinen, Konfekt und kleine Mehlspeisen.
Pralinengabel: längere dünne Gabel mit zwei bis drei Zinken, kreisrund oder spiralförmig zum Tunken von Konfekt
Rollholz (mein besonderer Tipp): über das Rollholz einen neuen Damenstrumpf (vorzugsweise Stützstrumpf) ziehen, mit Gummiringen beidseits befestigen (siehe Bild Seite 118). Ebenfalls empfehlenswert: ein Silikonrollholz verwenden.
Rollholz mit Abstandhalter (Profittipp): Hier wird eine Scheibe mit einem bestimmten Millimeter-Abstand eingelegt, um beim Ausrollen immer dieselbe Teigstärke zu erhalten.
Auch aus Kunststoff oder Silikon erhältlich. Bei besonders klebrigen Teigen Silikonmatte mit wenig Mehl bestreuen, Teig auflegen, nochmals mit Mehl bestauben, zweite Silikonmatte auflegen und dazwischen dünn ausrollen. Silikonmatte vorsichtig abziehen, den unteren Teig mit einer langen, bemehlten Winkelpalette ablösen, damit der Teig leicht abgeht und die ausgestochenen Kekse beim Abnehmen nicht zerstört werden.
Savarinformen: kleine oder große Formen zum Backen von Hefekuchen (Savarins), die an der Oberfläche in der Mitte eine runde Einkerbung haben. Sowohl in Silikon als auch in Metall erhältlich. Nach dem Backen kann man in die Vertiefung Marmelade oder beliebige Füllungen einspritzen.
Schaber-Set: Gummischaber, sehr praktisch zum Rühren, aber auch zum Herausnehmen von Teigen und Massen
Schablonen: ausgeschnittene Vorlagen aus Karton, Blech, Gummi oder Plastik zum Aufstreichen von Massen oder zum Verzieren. Gibt es in beliebigen Größen fertig zu kaufen. Können auch aus dünneren Restsilikonmatten (die ich auch zum Auslegen von Tortenreifen und Formen verwende) selbst zurechtgeschnitten werden (vorher mit Papier probieren). Ersatzweise können Schablonen auch aus einem dickeren Karton mit dem Stanleymesser geschnitten werden. Kleine Ornamente nimmt man auch zum Anzuckern von Gebäck-, Torten- und Kuchenstücken.
Schokolade reiben: meist sehr statisch-elektrisch, mit einem speziellen Kunststoffhobel kann man das vermeiden (siehe Einkauftipps, Silke Bethäußer)
Schöne Muster: erhalten Sie nicht nur durch Schablonen, Sie können auch Zierdecken (Tortenspitzen) oder auch einmal selbst gehäkelte Sterne oder Topfdeckelchen auflegen und mit Zucker bestreuen.
Silikonmatten: Spezielle Backfolie aus Kunststoff, die dort Verwendung findet, wo gefettete Bleche oder Backtrennpapier verwendet werden. Kann sowohl erhitzt als auch tief gekühlt werden. Halten sehr lange, es darf nur nicht darauf geschnitten werden (Siehe Bild Seite 190). Bevorzuge ich deshalb, weil klebrige Teige wie Zimtsterne oder sehr zarte Mürbteige (hoher Fettanteil) ohne bzw. mit wenig Mehl oder Staubzucker ausgerollt werden können. Bei Zimtsternen gebe ich gerne gemahlene Haselnüsse oder Mandeln auf die Matten. Tipp: möglichst dünne und sehr biegsame Matten kaufen.
Spachtel: zum Umdrehen oder Abheben von Gebäckstücken
Spezielle Spritztülle: siehe Margaritentülle
Spritztüten: lassen sich auf einfache Weise aus Papierstanitzeln selbst herstellen. Am besten Backpapier diagonal falten.
Stempel für Muster: im Fachhandel erhältlich. Viele Muster und Dekore können auf diese Weise aufgetragen werden. Ebenfalls möglich: Stempelformen aus dem Spielwarengeschäft: Stempel in Lebensmittelfarbe tauchen oder noch besser mit dem Pinsel aufmalen und auf Marzipan usw. aufdrücken (siehe Foto rechte Seite).
Teig ausstechen: Beim Ausstechen des Teiges so wenig Zwischenraum wie möglich lassen, damit nicht zu viel Teigreste übrig bleiben. Sehr hilfreich sind so genannte Ausstecherplatten, mit denen

man gleich mehrere Kekse auf einmal (ohne Zwischenraum) ausstechen kann. Im Fachhandel erhältlich (siehe Bilder Seite 192).
Thermometer: Für gewisse Zubereitungen notwendig, befindet sich zum Schutz in einem Drahtgestell. Bei kleineren Flüssigkeitsmengen aus dem Gestell herausnehmen und Glasbehälter vorsichtig (Bruchgefahr) in die Flüssigkeit eintauchen. Gibt es mit Celsius- und Reaumurskala, ich verwende Celsiusgrade, erspart das Umrechnen.
Tüllen: zum Dressieren bzw. Aufspritzen von gerührten Massen, in vielen Größen und Formen erhältlich, aus Metall oder Kunststoff. Die Nummer (4, 5, 6, 7, 8, 9, 10, 12, 14,15) bezieht sich auf den Durchmesser (in mm). Nach Gebrauch gut reinigen, kleine Öffnungen am besten mit einer kleinen Bürste säubern. Sind Nuss- oder Früchteteilchen im Teig, dann eine entsprechend große Tülle wählen, damit der Teig auch durchgedrückt werden kann.
Zimtsternausstecher: aus Metall oder Kunststoff erhältlich. Hiermit kann man die eher klebrige Masse problemlos ausstechen und entnehmen (werden nicht verdrückt). Vor dem Ausstechen Ausstecher in heißes Wasser tauchen und auf einem Mulltuch abtrocknen.

Warenkunde & Produkte

Ahornsirup: Saft vom Ahornbaum, Alternative zu Honig
Alkohol: können Sie durch Fruchtsirup, Zitronen- oder Orangensaft ersetzen. Sehr gerne verwende ich selbst angesetzte Liköre, hausgebrannte Schnäpse von unserem Wirtekollegen Hans Reisenberger aus Altmünster sowie von „unseren" Bauern. Hochprozentigen Rum kaufe ich bevorzugt bei der Fa. Spitz in Attnang Puchheim.
Alkoholkonzentrat: im Fachhandel erhältlich, hat einen höheren Alkoholanteil, in Österreich „Weingeist" (96 %)
Aranzini: kandierte Orangenschalen, als Beigabe von Lebkuchen, Früchtebroten, Stollen etc.
Armagnac: Weinbrand aus Frankreich
Aromen: künstliche oder natürliche Extrakte und Geschmacksauszüge
Aromaöl oder ätherisches Öl: leichtes, flüchtiges Öl, das aus Blüten, Früchten, Pflanzen oder Wurzeln gewonnen wird. Gut verschlossen aufbewahren. Zum Verfeinern von Cremen, Canachen und Backwaren. Erhältlich im Reformhaus oder Fachhandel.
Arrak: Edelbranntwein aus vergorener Reismaische, Arekanüssen, Pflanzen und Zuckerrohrsäften
Backaromen: in verschiedenen Geschmacksrichtungen wie Vanille, Zitrone, Orange oder Bittermandel erhältlich. Da sehr intensiv, nur tropfenweise verwenden.
Backoblaten: hauchdünnes Dauergebäck, in verschiedenen Größen erhältlich, aus Mehl und Weizenstärke hergestellt. Dienen als Unterlage für Busserl, Makronen, Lebkuchen usw.
Backpulver: setzt durch Hitzeeinwirkung und Feuchtigkeit Kohlenstoffdioxid frei, welches das Backgut lockert und aufgehen lässt. Am besten das Backpulver mit Mehl vermengen, dann unter die restliche Masse mischen. Sparsam dosieren.
Baiser: Schaummasse aus luftig geschlagenem Eischnee und Zucker, mehr getrocknet als gebacken; mit einer Prise Maisstärke oder Stärkepulver vermengt, wird sie fester. Eventuell mit Löskaffee oder Lebensmittelfarbe einfärben. Bei niedrigerer Temperatur trocknen und im ausgeschalteten, leicht geöffneten Backrohr nachtrocknen lassen. Auf Vorrat backen, gut verschlossen mehrere Wochen haltbar.
Belegkirschen: mit Zucker kandierte, meist eingefärbte Kirschen
Bittermandelaroma: ätherisches Öl von Bittermandel-, Pfirsich- oder Marillenkernen. Zum Aromatisieren von Kuchen, Stollen, Marzipan, Likören, Cremen und Gebäck. Sparsam verwenden.
Block- oder Haushaltsschokolade: enthält weniger Kakaobutter, daher beim Backen stabiler, zerfließt nicht so leicht
Bunt- oder Streuzucker: in verschiedenen Farben und Körnungen erhältlich. Mein Favoritengeschäft ist hierbei die Fa. Süwag, ein wahres Zuckerbäckerparadies.
Butter: ist zu bevorzugen. Anstelle von Butter kann man auch Butterschmalz oder Schweineschmalz (mit Butter vermischt) verwenden.
Canache: gerührte Schokoladecreme aus aufgekochtem Obers und Schokolade oder Kuvertüre
Cocktailkirschen: gefärbte, in Zuckersirup eingelegte Kirschen, mit Bittermandelöl aromatisiert
Cointreau: Fruchtaromalikör aus Frankreich, hergestellt aus Orangen
Cornflakes: Maisflocken, die mit Zucker und Malz hergestellt werden
Cremen oder warme Puddingcremen: bilden an der Oberfläche eine Haut, daher entweder mit Klarsichtfolie abdecken, ein angefeuchtetes Pergamin- oder Backtrennpapier auflegen, mit Zucker bestreuen oder etwas Rum oder Sirup auf der Oberfläche verteilen; ich gebe die heiße Creme zumeist in eine Rührschüssel und rühre sie kalt.
Dekorationen aus Teig: Mürbteig einfärben, beliebige Formen ausstechen, Kekse damit verzieren
Dextrose: auch Glucose oder Traubenzucker genannt, ist in chemischer Hinsicht ein Einfachzucker
Dinkel: eine Weizenart. Dinkelmehl kann auch bei manchen Formen der Weizenallergie verwendet werden. Nicht aber bei Zöliakie.
Dinkelmehl (fein): kann man anstelle von Weizenmehl verwenden, nimmt aber mehr Flüssigkeit auf als Weizenmehl. Somit muss die Butter- bzw. Flüssigkeitsmenge evtl. etwas erhöht werden.
Dotter: kann man einen Tag im Kühlschrank aufbewahren, wenn diese mit einer Ölschicht oder Klarsichtfolie luftdicht abgedeckt werden
Eibumin oder Albumin: getrocknetes Eiweißpulver, gibt es bei Fa. Süwag, evtl. auch bei Ihrem Bäcker und Konditor. Aufschlagfähige Mischung für die rasche und sichere Herstellung sämtlicher Eiweißschaummassen.

Grundrezept für Eiweißschaummasse von Frau Reimer, Fa. Süwag:
13 g Eibumin, 80 g Feinkristallzucker, 100 g Wasser (ca. 30 °C)
Eibumin (in Wasser gelöst) unter portionsweiser Zugabe des Zuckers zu steifem Schnee aufschlagen, in die steife Masse einen zum Kettenflug gekochten Zucker nach und nach eingießen und fertig kalt schlagen. *Kettenflug:* Ausdruck für eine bestimmte Konzentration des gekochten Zuckers: 160 g Zucker mit 40 ml Wasser vermischt und so lange gekocht, bis die Temperatur von 119 °C erreicht ist.

Eier: möglichst frisch verwenden. Die Rezepte basieren auf einem Eigewicht von ca. 50 g für 1 ganzes Ei (ohne Schale), 20 g für 1 Dotter und 30 g für 1 Eiweiß. Für Cremen ausschließlich pasteurisierte Eiprodukte verarbeiten. Bei größeren und kleineren Eiern das Ei abwiegen und auf das angegebene Rezeptgewicht abstimmen. Niemals ein rohes Ei in einem nicht gebackenen Teig (oder in Füllungen) weiterverarbeiten (siehe Tipp Buttercreme). Für Massen, die ungebacken verarbeitet oder nicht über 75 °C erhitzt werden, verwende ich pasteurisiertes Ei oder pulverisiertes Trockeneiweiß (Eibumin oder Albumin). Dieses wird in Wasser aufgelöst und wie frisches Eiweiß weiterverarbeitet. Gerade für aufgeschlagene Schaumfüllungen besonders geeignet.

Eischnee: schaumig geschlagenes Eiweiß (mit Zucker und evtl. einer Prise Salz). Kann beim Aufschlagen auch mit Zitronensaft oder Essig angereichert werden. Für Füllungen kann man unter den schaumig geschlagenen Schnee gekochten Zucker (z. B. 100 g Zucker mit 40 g Wasser gekocht) einschlagen und kalt rühren; sehr stabil. Wird Eiweiß ohne Zucker aufgeschlagen (gerade bei pikanten Teigen), bekommt der Schnee wenig Bindung und kann ausflocken. Abhilfe: Durch Beigabe von Salz und etwas Stärke wird der Schnee beim Aufschlagen fest. Ein größeres Volumen erreicht der Eischnee, wenn beim Aufschlagen dem Eiweiß zuerst wenig Zucker (bei mittlerer Geschwindigkeit) beigegeben wird, dann nach und nach mit übrigem Zucker ausschlagen. Mit Dotter oder Fett vermengtes Eiweiß lässt sich nicht zu Schnee schlagen.

Elisen: Lebkuchenspezialität aus Makronenmasse, die meist auf Oblaten gebacken wird.

Eistreiche: Ei oder Dotter kann man zum Bestreichen von Gebäckstücken mit einigen Tropfen Öl, Wasser Milch oder Obers verdünnen. Mischt man zusätzlich Zucker unter die Glasur, erhält das Gebäck mehr Glanz. Bei Salzgebäck kann der Eistreiche auch Salz beigemengt werden.

Feinkristallzucker: verwende ich bei fast allen Teigen, außer es ist Staubzucker erwähnt.

Fertige Dekorationen: kandierte Veilchen-, Rosen-, Fliederblüten, bunte Zuckerperlen, Streuzucker, Schokoladelinsen, Kaffeebohnen aus Schokolade etc. – im Fachhandel oder bei Fa. Süwag erhältlich. Fertiges Lebkuchengewürz: Gewürzmischung aus Zimt, Nelkenpulver, Muskatnuss, Piment, Fenchel, Anis, Sternanis, Kardamom, Ingwer, Koriander und Pfeffer.

Fettglasur: Kakaoglasurmasse, für die neben Kakaopulver und Zucker statt Kakaobutter andere (gehärtete) Fette Verwendung finden. Muss nicht aufwändig zubereitet bzw. temperiert werden. Geschmacklich nicht mit Kuvertüre vergleichbar. In verschiedenen Geschmacks- und Farbvariationen erhältlich.

Fondant: weich-pastöse weiße Zuckermasse, die zur Herstellung verschiedener Süßwaren verwendet wird. Nicht zu sehr erhitzen, bei Bedarf mit Wasser oder Fruchtsaft verdünnen. Über Wasserbad erwärmen, geübte Köche können es aber auch direkt auf der Herdplatte oder in der Mikrowelle erwärmen. Vor dem Auftragen sollte man das zu überziehende Gebäck mit Marmelade bestreichen. Etwa auf Körpertemperatur erwärmen, beliebig mit Sirup, Alkohol, diversen Aromaölen einfärben und abschmecken.

Fondant Marke „Wiener Zucker oder Wiener Fondant“: im Fachhandel erhältlich. Pulverisiertes Trockenfondant zum Herstellen von Fondant, Glasurmassen, Tunkmassen und Füllmassen. Besteht aus Zucker und Glucosesirup, ist einfach in der Handhabung, gut lagerfähig, leicht zu dosieren, ideal zum Tunken, Glasieren, Spritzen. Trocknet gleichmäßig ab, wird nicht brüchig, kann jederzeit wieder verwendet werden.

Frucht- oder Aromapulver: aus getrockneten Früchten oder Schalen hergestelltes Pulver

Fruchtsirup: wird durch Erhitzen und Einkochen verschiedener Fruchtsäfte hergestellt. Er ist dickflüssig und eignet sich zum Aromatisieren und Abschmecken von Cremen, Massen und Teigen.

Gebrannte Mandeln, Kerne und Nüsse: Gute Qualität erkennt man daran, dass diese nicht kleben, trocken lagern. Grob zerkleinert können sie anstelle von selbst hergestelltem Krokant verwendet werden. Unter Teige mengen oder zum Belegen von Keksen (vor dem Backen) verwenden.

Gelatine: geschmacksneutrales, durchscheinendes Geliermittel. Kann auch eingefärbt werden, in Blattform oder pulverisiert erhältlich. Gelatineblätter immer kalt einweichen und warm auflösen.

Gelatinepulver: kann anstelle von Blattgelatine eingesetzt werden

Gelbzucker: siehe Zucker
Gewürznelken: getrocknete Blütenknospen des Gewürznelkenbaumes
Gewürzzucker: verschiedene Gewürze vermengen und mit Kristallzucker fein reiben
Gianduja: Schokolade mit hohem Anteil an sehr fein gemahlenen Haselnüssen. Mitteldinq zwischen Schokolade und Nougat. Im Fachhandel erhältlich.
Glucosesirup oder Stärkesirup: transparente, zähflüssige und klebrige Masse, verhindert ein Auskristallisieren von Zucker und dient zur Weichhaltung von Füllungen. Ersatzweise kann auch Honig verwendet werden.
Grand Marnier: französischer Orangenlikör, ersatzweise Cointreau verwenden
Griffiges Mehl: Teige mit griffigem Mehl steifen nach bzw. werden fester, da die Wasseraufnahme durch die gröberen Mehlteile nur langsam vor sich geht. Sie können bei Mürbteigen etwas glattes Mehl durch griffiges ersetzen. Einige Rezepte sind mit griffigem Mehl angegeben.
Grillage: siehe Krokant
Gummiarabikum: hergestellt aus der Rinde verschiedener Akazienarten, zum Abglänzen von Früchten, Bonbons, Makronen und Lebkuchen geeignet. Trocken oder flüssig erhältlich, ich bevorzuge die pulverisierte Variante. Auf 1 Teil Gummiarabikum 5 Teile Wasser nehmen, verrühren, aufkochen bis ca. 100–105 °C (Thermometer) und mittels Pinsel heiß auftragen.
Hagelzucker: gepresster kugeliger, in kleiner, mittel- oder grobkörniger Form erhältlicher Zucker für Dekorationen; schmilzt nicht beim Backen
Hirschhornsalz: Triebmittel für flache Backwaren (ungefüllte Lebkuchen, evtl. auch Mürbteig)
Hohlkörper oder Hohlkugeln: auch Trüffelkugeln genannt, vorgefertigte Schokoladeschalen, die im Fachhandel (Fa. Fessler, Fa. Süwag) erhältlich sind und die zum Füllen mit diversen Canache-Cremen verwendet werden, erhältlich in verschiedenen Geschmacksrichtungen und Größen.
Kaffeearoma: entweder Löskaffee in wenig Flüssigkeit oder Ei auflösen oder starken Kaffee einreduzieren (einkochen) lassen. Oder Mokka- oder Kaffeepaste einmengen.
Kakao: zum Einfärben von Teigen und Massen, vorher sieben
Kandierte oder Trockenfrüchte: im Handel nicht nur Aranzini, Zitronat oder Orangeat, sondern, auch Ananas, Erdbeeren, Himbeeren, saure Äpfel, Mango, Papaya, Pamelo (Kreuzung zwischen Pampelmuse und Grapefruit), Mandarinen, Kumquats, Melonen, Birnen, Kürbis, Kirschen, Kiwis, Cocktailkirschen, Ingwer, Zwetschken, Datteln, Feigen, Marillen, Pfirsiche, Preiselbeeren, Kletzen etc.
Karamell: Feinkristallzucker in einer beschichteten Pfanne so lange schmelzen, bis er hellbraun karamellisiert. Danach auf Silikonmatte oder geöltes Blech leeren, ausgekühlt grob zerstoßen oder in einer Küchenmaschine fein mahlen. Gut verschlossen lagern, zieht leicht Feuchtigkeit an, wird fest und klebt dadurch zusammen.
Kardamom: aromatisches Gewürz für Lebkuchen oder Spekulatius, würzige Mürbteige, Punsche, Chutneys etc.
Kekse: werden unterschiedlich in Größe und Gewicht gefertigt, sie wiegen zwischen 8 und 20 g. Um die Stückzahl zu errechnen, addieren Sie alle Mengenangaben und dividieren sie die Summe durch das Gewicht der Kekse.
Kletzen: getrocknete Birnen. Vor der Verwendung unbedingt in Wasser oder Flüssigkeit einmal aufkochen und über Nacht ziehen lassen.
Kokosbusserl, Kokosmakronen: können durch Beigabe von fein gehackten kandierten Früchten (Orangeat, Zitronat, Ananas, Datteln etc.) variiert werden.
Kokosfett oder Kokosbutter: wird oft unrichtig als „Nussfett" bezeichnet. Raffiniertes Kokosöl, reinweiß, angenehmer nussartiger Geschmack. Bei normaler Temperatur ziemlich fest, nicht streichfähig. Gekühlt gelagert lange haltbar. Zum Kochen, Backen und Braten bzw. für spezielle Cremen geeignet.
Kokosflocken: in einer Küchenmaschine zusätzlich zerkleinern oder cuttern, werden dann besonders fein.
Krokant: Mischung aus hell geschmolzenem und karamellisiertem Zucker mit Mandeln oder Nüssen. In einer beschichteten Pfanne Zucker zu Karamell schmelzen, beliebige Nüsse (oder Mandeln, Sonnenblumenkerne, Kürbiskerne etc.) im Verhältnis 1:1 zum Karamell geben, mit einem Kochlöffel gut unterrühren, bis alle Nüsse überzogen sind. Danach auf eine Silikonmatte (oder geöltes Blech) leeren, ausgekühlt grob zerstoßen oder in einer Küchenmaschine fein mahlen. Anstelle von Krokant können auch gebrannte Mandeln verwendet werden. Wird Krokant mit zerkleinerten Nüssen etc. hergestellt und noch heiß zwischen zwei Backmatten mit dem Rollholz dünn ausgerollt, erhält man eine dünne Platte, die beliebig in Stück zerteilt zu Eis oder Desserts gereicht werden kann.

Kuchen- oder Keksreste: können zu Rumkugerln verarbeitet werden, dienen auch als süßer Bröselersatz

Kuvertüre oder Tunkmasse: dunkle „Bitterkuvertüre", die sich durch ihre zart schmelzende Eigenschaft auszeichnet. Im Handel erhältlich ist auch dunkle, weiße und Milchtunkmasse mit unterschiedlicher Fließfähigkeit. Es gibt sie auch mit diversen Fruchtgeschmacksrichtungen (Erdbeer, Limette, Karamell, Kaffee, Orange etc.). Die Tunkmasse sollte beim Überziehen nicht wärmer als 31–33 °C (je nach Qualität und Herstellerangabe, das ist die so genannte Temperier-Temperatur) sein, da sonst die Kuvertüre nicht rasch genug erstarren kann. Vermeiden Sie beim Tunken eine zu warme Umgebungstemperatur. Die genaue Handhabung bzw. das richtige Temperieren wird auf Seite 18 und 19 erklärt.

Kuvertürelinsen: sind kleine Schokoladenaps, im Fachhandel erhältlich, sehr praktisch, schmelzen schnell. Können auch im Ganzen unter Teige und Massen gemischt werden.

Läuterzucker: mit Wasser gekochter Zucker. Wasser und Zucker im Verhältnis 1:1 aufkochen. Zum Tränken von Gebäckstücken, zum Pochieren von Obst, für Glasuren, zum Einmachen bzw. Beizen von Früchten, zum Herstellen von Eis, zum Verdünnen von Fondant etc.

Lebkuchen: Teig vor dem Backen mindestens 1–2 Tage lagern. Erst dann bilden sich die typischen Geschmackstoffe. Einige Konditoren (Lebzelter) bereiten spezielle Grundteige schon Monate vorher zu, um sie optimal rasten zu lassen. Lebkuchen haben eine jahrhundertealte Tradition, die ersten Rezepte stammen bereits aus dem 11. Jahrhundert. Es gibt daher dementsprechend viele Rezepte. „Leb" kommt vom mittelalterlichen Ausdruck für „süß".

Mandelblättchen: geschälte, in feine Blätter geschnittene Mandeln

Mandelsplitter: in Stifte geschnittene Mandeln

Maraschino: aromatischer Fruchtlikör aus einer Sauerkirschenart

Margarine: hat je nach Margarinequalität (Back-, Creme- oder Ziehmargarine) einen anderen Schmelzbereich (Schmelztemperatur). Bei manchen Teigen oder Massen kann sie die Struktur beeinflussen, bei manchen Rezepten habe ich auf die eventuelle Verwendung von Margarine hingewiesen.

Marmelade zum Füllen: unbedingt mit dem Schneebesen glatt rühren. Sie lässt sich mittels Spritzsack leichter und glatter auftragen bzw. einfüllen. Eventuell zusätzlich mit diversen Alkoholika abschmecken.

Maronipüree: Fertigware, tiefgekühlt oder als Dosenware erhältlich

Marzipan: besteht aus geschälten Mandeln und Zucker. Am besten auf einer glatten Arbeitsfläche verarbeiten. Zum Ausrollen Weizenstärke oder fein gesiebten Staubzucker verwenden (oder zwischen zwei Backmatten ausrollen). Marzipanrohmasse: Verhältnis 2/3 Mandeln und 1/3 Zucker. Geschmacklich auch meist mit Rosenwasser angereichert.

Massa Ticino (auch Rollfondant genannt): eignet sich sehr gut für Torten und Kuchen, kann aber auch für Stückgebäck verwendet werden (Konsistenz ähnlich wie Marzipan). Gut durchkneten und zwischen zwei Silikonmatten (oder auf einer mit Stärke oder Stärke-Staubzucker leicht bestaubten Fläche) gleichmäßig nach allen Seiten hin ausrollen. Oberfläche glatt streichen, polieren und glätten. Massa Ticino wie Marzipan kühl und gut verschlossen lagern, damit die Oberfläche nicht antrocknet. Eventuell mit Lebensmittelfarbe einfärben und diverse Verzierungen oder Dekor herstellen.

Mehl: erhält man durch Mahlen und Sieben aus verschiedenen Getreidekörnern. Neben dem eigentlichen Brotgetreide wie Weizen und Roggen werden auch Gerste, Reis, Hirse, Dinkel und Mais, aber auch Kartoffeln zu Mehl verarbeitet. Roggenmehl wird unter anderem zur Herstellung von Lebkuchen, Honigkuchen- und Brotteigen verwendet.

- Helles Mehl ist der gemahlene reine, feine Mehlkörper.
- Dunst (auch Dunstmehl) enthält gröbere Mehlteilchen, doppelgriffiges Mehl
- Grieß: enthält grobe Mehlteilchen
- Schrot: der nur wenig zerkleinerte Mehlkörper einschließlich der Schalen; alle Schalenbestandteile zusammen werden als Kleie bezeichnet, dazu gehören auch die Keimlinge. Je schalenfreier das Mehl ist, umso heller ist es. Gutes Mehl soll gleichmäßig weiß und etwas elfenbeinfarben getönt, locker und griffig sein und einen frischen, aromatischen Geruch aufweisen. Überlagertes Mehl riecht leicht muffig und hat einen sauren, kratzenden Geschmack. Mehl kühl und trocken lagern, Wärme begünstigt die Entwicklung von Ungeziefer, Feuchtigkeit das Dumpfwerden.

Mohn: wird leicht ranzig, am besten tiefgekühlt (oder kühl), dunkel und unter Luftabschluss aufbewahren. Man unterscheidet zwischen Grau-, Blau- und Weißmohn. Ist sehr fetthaltig.

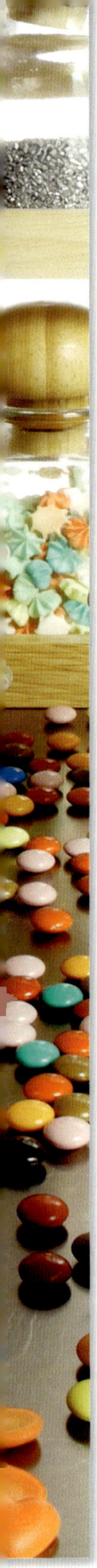

Mokkapaste: zum Aromatisieren von Cremen und Füllungen mit Mokka-Aroma, bestehend aus Erdnussöl, Röstkaffee und Soja.
Natron: chemisches Triebmittel. Sparsam wie Backpulver verwenden, da es einen laugenartigen Geschmack hinterlässt.
Nougat: wird aus gerösteten Haselnüssen oder Mandeln, Zucker und Kakaoerzeugnissen hergestellt.
Zum Füllen: Nougat nicht zu heiß schmelzen und Kekse damit füllen. Oder unter diverse Buttercremen oder Füllungen rühren. Kann mit Preiselbeer, Ribisel, Orangen etc. verlängert werden
Nussbutter: Herstellung siehe Seite 121
Nuss- und nussähnliche Kerne und Samen:
Erdnüsse: *geschält und ungeschält, roh, geröstet oder gesalzen konsumierbar. Verwendung: wie alle anderen Nüsse, sehr würzig, haben ein besonderes Aroma.*
Erdnussbutter: *ist eine Bezeichnung für Erdnussmus, verwende ich auch ganz gerne anstelle von etwas Butter. Erdnussfett ist hart und weich erhältlich, wird auch für Gebäckteig verwendet.*
Kokosnuss: *die Frucht der Kokospalme, harte Steinschale, innen mit der so genannten Kokosmilch gefüllt, sehr fettreich. Die vielseitige Verwendung macht die Kokosnuss zu einem wichtigen Nahrungsmittel. Im Handel sind Kokosflocken, Kokoslikör, Kokosbrand, Kokosmilch, Kokosfett und Kokosöl erhältlich. Ebenso kann Kokoskrokant hergestellt werden.*
Kürbiskerne: *werden grob zerkleinert oder fein gemahlen unter Teige gemischt*
Macadamia-Nüsse: *wohlschmeckender als fast alle anderen Nüsse, haben einen sehr hohen Fettgehalt*
Mandeln: *Samen der Steinfrüchte des Mandelbaumes, Einteilung in süße oder bittere Mandeln. Bittere Mandeln enthalten das blausäurehaltige (giftige) Glykosid Amygdalin und werden in geringer Menge zur Verstärkung des Aromas mitverarbeitet. Größere Mengen würden gesundheitsschädlich sein. Zum Aromatisieren auch in Form von Bittermandelöl erhältlich. Mandeln kommen geschält, ganz, halbiert, gehobelt, geschnitten, gestiftelt, grob gehackt oder gemahlen in den Handel.*
Paranüsse: *große längliche, ölhältige Samen mit nussartigem Geschmack, hoher Fettanteil*
Pekannüsse: *nahe Verwandte der Walnüsse, längliche Form, glatte Schale, Geschmack ist noch etwas milder als das Walnussaroma. Meine Lieblingsnüsse.*
Pinienkerne: *auch Piniolen, Pignolen, Pignoli oder Piniennüsse genannt, sind die Samenkerne der Pinie. Schmecken mandelartig.*
Pistazien: *Kerne der Steinfrüchte des Pistazienbaumes, ölreich, Geschmack süß und mandelartig; zur Herstellung von Feingebäck, Zuckerwaren und Pralinen geeignet.*
Sesam: *Samen der Sesampflanze, zum Bestreuen von Gebäckstücken. Sowohl süß als auch pikant verwendbar. Kann auch geröstet und fein gemahlen unter Teige gemengt werden.*
Sonnenblumenkerne: *als Belag, aber auch gemahlen verwendbar*
Walnüsse: *Steinfrüchte, die leicht Gerüche annehmen und durch den hohen Fettgehalt schnell verderben (ranzig werden). Sorgfältig lagern.*
Aus allen Kernen, Samen und Nüssen wird auch Öl gewonnen, ersetzen Sie ein wenig Butter durch etwas Öl, um den Geschmack zusätzlich noch zu verstärken.
Nussmarmeladenmischung: *Belag zum Mitbacken. Mengenverhältnis: 10 g Nüsse grob gehackt und 10 g Marmelade nach Belieben vermischen. Bereiten Sie diesen Belag in beliebiger Menge zu. Durch die Marmelade bleibt die Nussmischung beim Backen kompakt. Diese Mischung auf ausgestochene Mürbteigkekse mit einem Löffel aufbringen. Anstelle der Nussmischung kann man auch Buntzucker in verschiedenen Farben und Körnungen sowie Smarties auftragen. Kekse zusätzlich vor dem Backen mit verquirltem Ei bestreichen. Falls Sie einmal zu wenig Nüsse im Haus haben: einen kleinen Teil der Nüsse durch Semmel-, Biskuit- oder Kuchenbrösel ersetzen.*
Oblaten: dünnes weißes Backwerk, als Unterlage von Makronen oder Lebkuchen. In verschiedenen Größen und Formen (z. B. rechteckig oder rund) auch als Vollkornprodukt erhältlich.
Orangeat und Zitronat: die in Zucker eingekochte Schale von Orangen und Zitronen. Füllung für Lebkuchen, klein gehackt auch für Pralinenfüllungen und Konfekt verwendbar. Orangeat und Zitronat kann man auch zuvor mit Wasser (ich gebe meist noch etwas Alkohol dazu) weich kochen. Nachdem das Wasser verdampft ist, lässt es sich leichter verarbeiten.
Palmzucker: Blütensaft der Zuckerpalme und der Attapalme. Schmeckt etwas nach Karamell, braune Farbe; kann anstelle von jeder anderen Zuckersorte verwendet werden. In kleinen Blöcken erhältlich (Asiageschäfte), die in einer Küchenmaschine oder Kaffeemühle gerieben werden. Gemahlen gut verschlossen (Schraubglas) aufbewahren, zieht Feuchtigkeit an und klumpt dadurch. Verwende ich sehr gerne für Spekulatius und würzige Mürbteigkekse, unbedingt einen Versuch wert!

Paste: eingekochte oder stark eingedickte, streichfähige Masse aus Fruchtmark oder Fruchtsaft mit Zucker

Pasteurisierte Eier: unbedingt dann verwenden, wenn die Masse ungebacken verwendet wird; im Fachhandel (Fa. Süwag) erhältlich. Durch einfache Technik auch selbst herstellbar (siehe Kochsendungen und Rezepte in meinem Kochbuch „Die oberösterreichische Küche" zusammen mit Christoph Wagner).

Persipan: Wird aus Marillen oder Pfirsichkernen und entbitterten Bittermandeln hergestellt. Verhältnis im Roh-Persipan: Kerne zu Zucker 2:1. Persipan erhält man durch Vermischen mit Staubzucker zu gleichen Teilen. Ist preislich günstiger als Marzipan.

Punsch: Sirup mit Alkohol, der zum Tränken von Süßspeisen, aber auch als Heißgetränk angeboten wird. Vorwiegend mit Rum und verschiedenen Früchten und Gewürzen aromatisiert.

Rohzucker: erhältlich in grober und feiner Form, von hell- bis dunkelbraun. Auch als Reformprodukt auf dem Markt. Gelblich bis brauner Zucker, der nicht vollständig gereinigt bzw. raffiniert ist, enthält viele aromatische Stoffe; aus Zuckerrübe oder Zuckerrohr.

Rosenblütenwasser oder Rosenwasser: aromatische Lösung als Aromastoff bei Marzipan, Weihnachtsgebäck, Cremen etc.

Rosinen: mit Rum in ein verschließbares Glas füllen, bleiben so für längere Zeit saftig und behalten ihr Aroma. Verwende ich auch für Kaiserschmarren, Apfelstrudel etc. Auf 100 g Rosinen kommen ca. 30 ml Rum.

Rum: auch als Kirschrum erhältlich, hier wird Inländer-Rum mit Kirscharoma versetzt, können Sie auch selbst durch Beigabe von Kirschlikör herstellen.

Saftbinder: wird als Bindemittel für Flüssigkeiten verwendet, Mischung aus modifizierter Stärke und Trennmittel E 170 (Calciumcarbonat). Saftbinder mit Zucker mischen und in den Saft geben, so lange rühren, bis festes Gelee entsteht (ca. 1–2 Minuten), die Früchte unterziehen.

Schokolade: ist der Tunkmasse ähnlich, hat aber einen höheren Zucker- und geringeren Kakaofettanteil. Zudem sind meist Zusätze wie Geschmacksaromen (Vanille), Nougat, Obers, Nüsse, Früchte usw. beigemengt. Wird als Speise- oder Kochschokolade angeboten und eignet sich zum Überziehen und Tunken. Schokolade kann über Wasserbad oder kurz in der Mikrowelle geschmolzen werden. Zum besseren Verarbeiten zur geschmolzenen Schokolade immer etwas Kokosfett oder Butter beigeben. Schokolade sollte idealerweise bei 18–20 °C gelagert und verschlossen aufbewahrt werden.

Schokostreusel: für Dekorationen oder zum Einstreuen in Teige und Massen, Fertigfabrikat

Schweineschmalz: Meine Großmutter verwendete früher immer Schweinefett, es verändert jedoch den Geschmack und macht den Teig mürber als Butter. Ich nehme gerne eine Mischung aus Schweineschmalz und Butter.

Sirup: stark zuckerhältige, eingedickte Flüssigkeit

Stärkemehl: wird u. a. aus Weizen, Mais, Reis oder Kartoffeln gewonnen. Eiweiß und Schalenteile wurden dabei entfernt.

Stärkesirup: siehe Glucose

Steinsalz: wird im Salzkammergut gewonnen, verwende ich gerne als Würzmittel, da es nicht so „salzig" schmeckt. Es enthält neben Speisesalz eine Vielzahl an Mineralien (siehe Einkauftipps).

Süße Brösel: stelle ich aus Keksbruch, Mürbteig- oder Biskuitresten her.

Süßer Schnee: spezielles Zuckergemisch, das auf warmen Gebäckstücken nicht schmilzt. Im Fachhandel oder bei Fa. Süwag erhältlich.

Tragant: wird für Zuckermassen bzw. Dekorationsmassen verwendet

Traubenzucker: auch Dextrose genannt, ist ein Einfachzucker, in vielen süßen Früchten und Honig enthalten. Ist wesentlich weniger süß als Rohr- und Rübenzucker (z. B. zum Wälzen von süßem Speck).

Triebmittel: wie Natron (Speisesoda, Natriumhydrogencarbonat), Hirschhornsalz und Pottasche; nur unter lauwarme (handwarme) oder abgekühlte Teige mischen. Hitze außerhalb des Backofens macht ihre Wirkung zunichte bzw. verringert den Ofentrieb deutlich.

Vanillezucker selbst hergestellt: Vanilleschote halbieren, mit einem Messer das Mark herausschaben. Schale einige Zeit in Feinkristall- oder Staubzucker legen, damit sich das Vanillearoma entfalten kann; danach Schale entfernen und Vanillezucker gut verschlossen aufbewahren. Die Schote (Schale) noch für Punsch, Glühwein oder Liköre weiterverwenden. Meine Variante: Die leicht getrocknete Schote mit Zucker in einer Küchenmaschine fein cuttern bzw. zerreiben. Dies ergibt zusätzlich einen herrlich intensiven Geschmack des Vanillezuckers. Für Diabetiker- oder zuckerreduzierte Kekse mixe ich die getrocknete Schote mit griffigem Mehl.

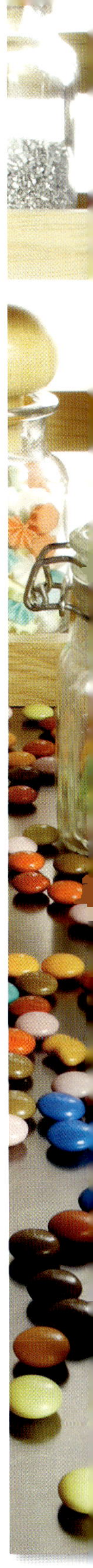

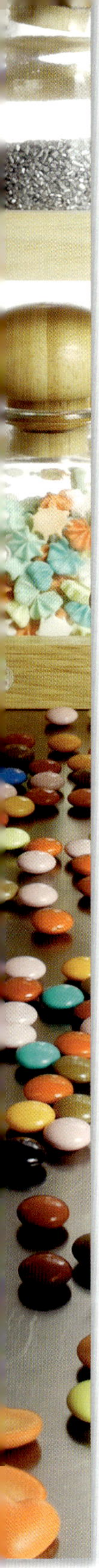

Vanilleextrakt: auch in flüssiger Form erhältlich (im Fachhandel oder bei Fa. Süwag)
Weißer Zucker (Staub- oder Feinkristallzucker): kann ganz oder teilweise durch Honig, Birnendicksaft, braunen Rohr-, Roh-, Braun- oder Gelbzucker, gelben Palm- oder Karamellzucker ersetzt werden. Gebäck erhält dadurch einen besonderen Geschmack.
Weizenvollmehl: naturbelassenes Produkt aus gereinigtem Weizen, beinhaltet sämtliche Bestandteile des ganzen Weizenkornes (einschließlich Schalen und Keimlinge sowie Kohlenhydrate, Eiweiß, Mineralstoffe und Vitamine, Fett und Spurenelemente). Es ist ballaststoffreich und sehr „nussig" im Geschmack. Wird es anstelle von glattem Mehl verwendet, muss die Flüssigkeitsmenge erhöht werden. Fein ausgemahlenes Dinkelvollmehl ist ebenfalls erhältlich.
Zimt: in Stangenform oder gemahlen erhältlich
Zitronenschale: unbedingt unbehandelte Zitronen verwenden. Nehme auch gerne Zitronenpulver sowie frisch gepressten Saft.
Zuckerblumen: aus Gelatinezucker selbst hergestellt oder im Fachhandel erhältlich

Die fachliche Überprüfung des Glossars erfolgte durch Dipl.-Ing. Alfred Mar, HTL für Lebensmitteltechnologie Wels, www.htllmt.at.

Verarbeitungshinweise

Abtrocknen lassen: glasiertes Gebäck bei mäßiger Hitze oder Wärme trocknen lassen. Glanz bleibt erhalten.
Anwirken: einzelne Zutaten oder Rohstoffe kurz zu einem Teig vermengen (Mürbteig, Marzipan)
Aprikotieren: Bestreichen der Gebäckoberfläche mit heißer passierter Marillenmarmelade (evtl. mit Alkohol abgeschmeckt). Verhindert ein Austrocknen der Glasur. Mandelblättchen oder andere Streugüter haften besser; Schokoladeglasur kann hernach besser aufgetragen werden.
Aromatisieren: durch Zugabe von Aromen, Alkoholika, Essenzen und Ölen Geschmack geben
Aufbewahrung: ausgekühltes Gebäck sortenrein in gut schließende Behälter schlichten, einzelne Schichten mit Papier (Trennpapier) abdecken. Schokoladekonfekt wie Maroniherzen, Pralinen oder Pariser Spitze bewahre ich kühl bei ca. 16–18 °C in Schachteln aus Karton oder Papier auf. Kunststoffbehälter sind eher weniger geeignet. Getrennt von geruchsintensiven Lebensmitteln aufbewahren.
Aufschlagen: Lockerungsvorgang bei der Zubereitung von Abtrieben, Eischnee, Obers, Biskuits, Saucen oder Cremen. Hierfür in einer Schüssel mit dem Handmixer (oder in einer Küchenmaschine) mit dem Schneebesen die Masse locker und luftig aufschlagen.
Auskühlen bzw. Ausdünsten: heiße Teige oder Gebäckstücke vor dem Glasieren auskühlen lassen. Entweder mit der Backmatte sofort vom heißen Blech ziehen oder auf einen Gitterrost platzieren.
Auslegen: Formen oder Bleche mit einem Teig auslegen oder auskleiden
Ausrollen: Teig mithilfe eines Rollholzes auf einer leicht bemehlten (oder mit Nüssen ausgestreuten) Arbeitsfläche gleichmäßig durch Darüberrollen auseinandertreiben. Auch zwischen zwei Backmatten oder einem aufgeschnittenen Plastikbeutel möglich.
Ausstechen von klebrigen Teigen: Ausstecher dazwischen immer wieder in heißes Wasser tauchen, abgetropft bzw. getrocknet weiter ausstechen oder mehrmals in Mehl tauchen
Backdauer: hängt u. a. von Form und Größe des Gebäckstückes, der Zusammensetzung des Teiges, der Heizleistung des Ofens, vom Ofenmodell bzw. von der Backart (Ober- und Unterhitze, Umluft) ab. Gebäckstück ist fertig gebacken, wenn es in der Mitte durchgebacken ist. Für größere Kuchen muss man eine längere Backzeit und keine zu hohe Temperatur berechnen. Ist die Temperatur und die Backzeit zu lange, kann die Masse „speckig" werden. Die angegebenen Backzeiten und Temperaturen in diesem Buch sind Durchschnittswerte – bitte unbedingt auf Ihren Ofen abstimmen und beim jeweiligen Rezept vermerken. Geschlossener Zug bedeutet, dass die Feuchtigkeit nicht entweichen kann und so ein Überdruck im Ofen entsteht, der auf das Gebäck drückt. Offener Zug: Dampf kann entweichen. Moderne Öfen haben dafür bereits eine Vorrichtung (Zugklappe). Falls nicht vorhanden, ein dünnes Holzstück (Kochlöffel) im oberen Bereich der Backofentür einklemmen. Immer einen Blick auf das Backgut werfen, also auf Sicht backen. Bei unterschiedlicher Bräunung das Blech mitunter wenden (Vorderseite nach hinten und umgekehrt). Backofen generell vorheizen (außer anders angegeben). Zum Belegen muss das Blech kalt sein, da sonst der Teig weich wird und die Kekse ihre Form verlieren.

Größere Mengen auf Trennpapier oder Backmatten setzen, diese dann auf vorhandene Bleche ziehen und nach und nach backen. Sind Kekse schon eher dunkel gebacken, sofort vom heißen Blech nehmen und auf eine kalte Unterlage ziehen (oder setzen), sie dunkeln dann nicht mehr nach. Meine angegebenen Backtemperaturen sind eher niedrig bemessen, weil mein Backrohr eine sehr gute Heizleistung hat. Zum Ausprobieren Ihrer optimalen Temperatur einige Versuche vornehmen und ohne Heißluft eine ca. 15–20 °C höhere Temperatur einstellen.
Backen mit Abstand: durch eine eher weiche Teigbeschaffenheit können manche Teige auseinanderrinnen, daher mit genügend Abstand auf dem Blech platzieren. Eher kleine Gebilde formen oder aufspritzen, da kleine Kekse viel ansprechender aussehen. In kleinen Silikonformen gebacken, behalten sie ihre Form.
Bei Bedarf kühl stellen: Mürbteig ist bei der Zubereitung zu weich geworden oder die Butter war zu weich. Teig eher flach (kühlt schneller durch) auf einen Teller legen und abgedeckt im Kühlschrank anziehen lassen. Kann danach besser ausgerollt werden und klebt beim Ausrollen nicht.
Beizen oder Einlegen von Früchten: Trocken- oder Dörrobst in Läuterzucker (Zuckerlösung) mit oder ohne Alkohol und Gewürzen (Zimt, Nelken, Zitrone, Orangen) einlegen. Geschmackstoffe entfalten sich und Früchte werden weich.
Blätterteig tourieren:

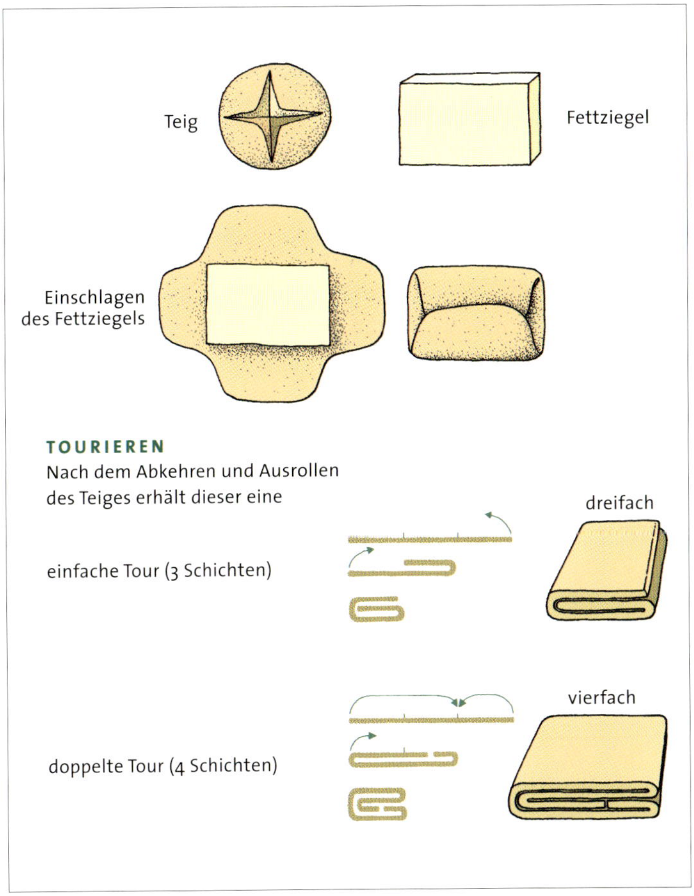

Brösel selbst herstellen: Semmeln oder Weißbrot in Stücke schneiden, einige Tage trocknen lassen, in einer Küchenmaschine oder mit der feinen Reibe fein reiben. Eventuell vorher entrinden. Bruchkekse oder zu trocken gewordene Kekse ebenfalls zu Bröseln reiben.
Deckeln: Fachausdruck für das Abdecken, Zustreichen oder Zuspritzen von gefüllten Hohlkörpern
Dekorieren: Verzieren von Gebäckstücken mit verschiedenen Materialien, aber auch mit selbst hergestellten Spritzmustern und Ornamenten
Dotter abkochen: von mir für Gerichte entwickelt, die nicht gebacken werden. Bei Zubereitung von Puddingcremen rühre ich die Dotter in den heißen Pudding ein (siehe Rezept Schokolade-Adventslikör).

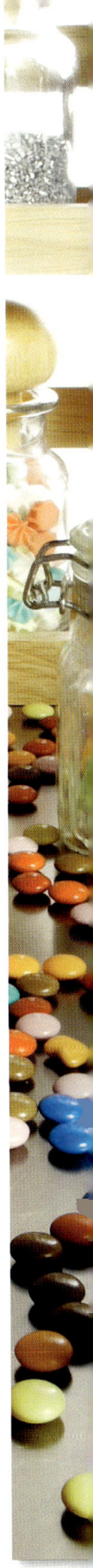

Dressieren: Aufspritzen einer luftigen oder flaumigen Masse (oder Creme) mithilfe eines Spritz- bzw. Dressiersackes (mit glatter oder gezackter Tülle). Teigbeschaffenheit sollte eher weich sein, keine zu großen Teigmengen zubereiten und sofort aufdressieren, denn zu lange Rastzeiten verändern die Konsistenz und es bedarf einer große Anstrengung, den Teig aufzuspritzen.
Einfärben: Zucker- oder Fondantglasur mit rotem Rübensaft oder Kirschsaft einfärben. 125 ml Saft in einem Topf auf 30–40 ml einkochen lassen, dies ergibt eine intensivere Farbe.

Einfrieren: Teige sowie auch fertige Gebäckstücke kann man einfrieren, Folgendes ist zu beachten:
- Gebäck muss gut ausgekühlt sein.
- Je frischer ein Gebäck eingefroren wird, desto besser ist die Qualität des aufgetauten Gebäcks.
- Kleine Gebäckstücke einzeln auf einem Blech verteilen, einfrieren und in gefrorenem Zustand in verschließbare Dosen schichten. Einzelne Lagen mit Papier auslegen. Keine zu großen Mengen in einen Behälter füllen.
- Behälter mit Datum versehen.
- Die Lagertemperatur sollte bei ca. –18 °C liegen.
- Gebäckstücke am besten ungefüllt einfrieren und erst vor dem Verzehr mit Creme füllen und glasieren.
- Zum Auftauen am Vortag herausnehmen und über Nacht im Kühlschrank auftauen lassen.

Einmelieren, untermengen, unterheben, unterrühren: vorsichtiges Mischen von Zutaten mit unterschiedlicher Konsistenz mithilfe eines Schneebesens, einer Spachtel oder eines Kochlöffels; z. B. Schaummassen dürfen hierbei nicht an Volumen verlieren, deshalb luftige Massen unter die schwereren mischen bzw. Mehl (mit anderen trockenen Zutaten versiebt) unter die fertig aufgeschlagene Masse mengen.

Eistreiche: zum Bestreichen von Mürbteigen. Eier mit Milch (und/oder mit Wasser/Obers) verrühren und Gebäckstücke vor dem Backen damit bestreichen oder besprühen. Für süße Mürbteige mit Zucker oder Vanillezucker aromatisieren (hier kann man Zimt, Nelken und andere Gewürze oder Aromaessenzen einrühren). Für pikante Mürbteige mit Salz (evtl. auch mit Gewürzen und Paprika) vermengen.

Formen einfetten oder buttern: mit Butter einpinseln, um den Kuchen nach dem Backen besser lösen zu können. Klappt besonders gut, wenn die Formen kurz kühl gestellt werden. Mit zerlassener Butter, Kokosfett, Öl auspinseln, je nach Verwendung mit Bröseln, Zucker, Mehl, Nüssen, Mandeln usw. ausstreuen.

Glasieren: Überziehen von Gebäckstücken mit beliebigen Glasurmassen

Haselnüsse schälen: im vorgeheizten Backrohr leicht rösten, durch die Hitze lässt sich die Schale vom Kern lösen. Die heißen Nüsse in ein Geschirrtuch geben und von außen mit den Händen gut verreiben, in ein großlöchriges Sieb geben und die Schalenteile absieben.

Kalt schlagen: warm geschlagene Masse vom Wasserbad nehmen, so lange weiterschlagen, bis sie kühl ist (für Schaumrollenfüllungen oder Biskuit)

Klebrige Teige: lassen sich besser ausrollen, wenn sie zwischen festeren Gefrierbeuteln, Vakuumsäcken oder Backmatten ausgerollt werden.

Kokosflocken: saugen Flüssigkeit auf bzw. verdicken die jeweilige Masse. Bei Zubereitung Masse nie zu lange stehen lassen, da sie dann meist sehr schwer oder gar nicht mehr dressiert werden kann. Masse in diesem Fall mit einem Löffel formen.

Kuttern oder cuttern: rasches und hochtouriges Zerkleinern und Mahlen von Gewürzen, Zucker, Nüssen, Krokant, getrocknetem Brot (Brösel) etc. Kleine Mengen in Kaffeemühle mahlen.

Lagerung von Gebäck: nach Sorten getrennt, in flachen, gut verschließbaren Plastikbehältern. Wenn Sie mehrere Schichten einlagern, dazwischen Papier einlegen. Lagern sie niemals stark würzige mit eher neutralen Sorten, die Gebäckstücke nehmen den anderen Geruch stark an. Erst wenn die Marmelade nicht mehr klebt, in Behälter schichten. Kekse halten ungefüllt länger, ich backe daher auf Vorrat und fülle sie nach Bedarf.

Makronen oder Busserl sollte man vor dem Backen etwas antrocknen lassen, damit die Oberfläche fest wird und nicht auseinanderläuft.

Modelliermarzipan: auf 500 g Rohmarzipan kommen 200–350 g Staubzucker und evtl. 20–30 ml Kirschwasser (oder andere Alkoholika). Bei der Herstellung und Verarbeitung von Modelliermarzipan müssen die Hände und die Arbeitsfläche absolut fett- und mehlfrei sein, da andernfalls das Marzipan beim Abtrocknen Sprünge bekommen kann.

Melieren: verschiedene Zutaten wie Mehl, Nüsse etc. leicht unterziehen bzw. unterheben

Mise en place: alles Erforderliche für die Arbeit bzw. Zubereitung schon vor Arbeitsbeginn bereitstellen

Mit Ei bestreichen: den ausgerollten Teig am besten vor dem Ausstechen mit Ei bestreichen

Mürbteig: verbindet sich zumeist deshalb in der Küchenmaschine mit dem Knetarm nicht so leicht, weil die Teigmenge zu gering oder die Butter zu kalt ist; kurz mit der Hand zusammenkneten.

Mürbteig: Butter erst kurz vor der Zubereitung aus der Kühlung nehmen, alle Zutaten zusammenmengen, rasch und sehr kurz zu einem kompakten Teig kneten, eine zu lange Teigbearbeitung macht den Teig „brandig", d. h., das Fett tritt ölig aus.

Nüsse rösten: im Backrohr – lose auf dem Blech verteilt – bei ca. 165 °C unter Aufsicht rösten (auch möglich mit Kokosflocken, Sesam, Kürbiskernen, also mit allen fettreichen Samen, Kernen und Körnern)
Offener Zug: Backen ohne Dunst (Wasserdampf), das Backrohr ist einen Spalt geöffnet, bei vielen Öfen ist hierfür bereits eine Vorrichtung vorgesehen.
Pralinen: Herstellung ist sehr zeit- und arbeitsaufwändig und erfordert Erfahrung. Kaufen Sie im Fachhandel die fertigen Hohlkörper (z. B. bei Fessler Luis GmbH oder bei Fa. Süwag in Wien). Hohlkörper füllen Sie mithilfe eines Spritzbeutels oder eines Spezialtrichters mit einer so genannten „Canache". Zum Tauchen oder Tunken, Absetzen und Dekorieren der Pralinen sind spezielle Pralinengabeln (zweizinkig) von Vorteil sowie ein Pralinen- oder feinmaschiges Gitter. Pralinen kurz vor dem Abstocken der Glasur umsetzen (auf Backtrennpapier) – sie bleiben sonst am Gitter kleben und man erhält keine schöne Oberfläche.
Besondere Verarbeitungshinweise:
• Schokolademassen und Canachefüllungen noch warm mit Klarsichtfolie abdecken, eine Hautbildung wird somit vermieden.
• In temperierte und geschmolzene Kuvertüre darf nie Wasser oder Wasserdampf gelangen, sie wird sonst sofort fest und stockt.
• Je nach Verarbeitungshinweis Canache über Nacht kühl stellen. Keinesfalls im Kühlschrank, da die Masse dann zu fest wird und nur schwer weiterverarbeitet werden kann.
• Statt Kuvertüre können Sie ebenso Haushaltsschokolade verwenden. Pro Hohlkörper benötigt man ca. 8 g.
Die Haltbarkeit von Pralinen beträgt je nach Füllung ca. 14 Tage. Die Raumtemperatur (15–18 °C) sollte hierbei gleich bleiben. Bei Temperaturschwankungen würde die Schokolade zu „schwitzen" beginnen, und die Oberfläche eine Graufärbung bekommen (durch ausgeschmolzene, wieder langsam erstarrte Kakaobutter). Dies gilt übrigens für alle Kekse, die mit Schokolade verziert werden.
Pudding ohne Haut: heiß mit Staubzucker bestreuen, mit Alkohol beträufeln, Klarsichtfolie auf die Oberfläche legen oder gleich in einer Küchenmaschine kalt rühren
Reduzieren: Einkochen von Flüssigkeiten bzw. Verringern der Flüssigkeitsmenge durch Kochen
Riffen: auf rohem Teig oder Marzipan mit dem Riffholz, Strukturroller oder einem Teigkartenkamm Muster ziehen
Rührteig: hierfür nur weiche Butter verwenden, diese rechtzeitig aus dem Kühlschrank nehmen, bei Raumtemperatur erweichen oder kurz in die Mikrowelle geben. Lässt sich so besser schaumig schlagen und schont somit auch Ihren Schneebesen. Flockt der Rührteig bei der Eizugabe aus – etwas Mehl einmengen.
Schokoladeglasur bleibt übrig: Glasur schmelzen und z. B. Rumkugerl, Punschkugerl oder Schokoladebissen zubereiten. Hierfür die vorgeschriebene Schokolademengenangabe durch geschmolzene Glasur ersetzen. Oder mit Läuterzucker und Obers (oder Milch) für eine Schokoladensauce aufkochen.
Sorgfältiges Arbeiten: Grundvoraussetzung für gutes Gelingen. Richten Sie alle benötigten Zutaten und Utensilien schon vor Backbeginn her.
Stupfen: Mürb- oder Blätterteig mit einer Gabel mehrmals einstechen, verhindert beim Backen die Blasenbildung, der Teig liegt somit plan (eben) auf und schlägt keine Wellen.
Vollwertgebäck: Hier wird statt weißem Auszugsmehl frisch gemahlenes oder gekauftes Vollkornmehl verwendet. Süßungsmittel wird durch Honig oder Vollrohrzucker ersetzt. Vollkornmehl kann nicht nur aus Weizen oder Dinkel hergestellt werden, sondern auch aus Roggen, Hafer, Mais und Hirse. Generell können sämtliche Mürbteige und Spritzgebäcke auch mit Vollkornmehlen zubereitet werden. Die Ei- oder Flüssigkeitsmengen müssen hierbei jedoch erhöht werden.
Wasserbad: Einen Topf ca. zur Hälfte mit Wasser befüllen, einen Rührkessel daraufstellen, das Gefäß soll das Wasser nicht berühren, sondern nur durch den Dampf erhitzt werden. Zum Warmschlagen von Eiermassen sowie zum Schmelzen von Schokoladen, Kuvertüren, Glasurmassen, Fondant etc.

DOTTER BLEIBEN ÜBRIG BEI:

1 Dotter: Thomas Bernhards Lieblingskekse, Schokoladeplätzchen, Karamellbutterkekse, Linzer Schokoladefinger, Pignolikipferl, Butttergewürzkekse, Tomatenmürbteig, Schokolade-Dinkeltaler, Vollkorn-Schokoladekekse; bei Eiweißglasuren, wenn Sie kein pasteurisiertes oder pulverisiertes Eiweiß verwenden.

2 Dotter: weißer Nougat, Rezept für Tragant, Baisermasse Grundrezept mit gekochtem Zucker, Baiservariante ohne gekochten Zucker, Kürbiskernbusserl, Mandelhörnchen, Mandelringe, Spritzgebäck mit Marzipan, Kokoskuppeln, Nussduchesse.
3 Dotter: Kokosmakronen (Diabetiker), Gmundner Schokoladeschnitten, Haselnussmakronen, Kokosbusserl mit Marzipan, Kokosspritzgebäck, Mandelbögen, Napoleonbusserl, Nussovale, Patience, Schmetterlinge (Hippenteig), Zimtsterne (Klassiker), Kokosbusserl (Klassiker).
4 Dotter: Helldunkle Kokosschnitten, Zimtsterne (Hans Haas), Pikanter Mürbteig, Nussschäumchen.
5 Dotter: Kirtagsbusserl, Kokosbusserl von Hans Haas, Königsbusserl, Schokoladewindgebäck, Walnuss-Stangen, Elisenlebkuchen.
Ca. 6 bis 7 Dotter: Spiegelei.
8 Dotter: Nice Choco Slice.

EIWEISS BLEIBT ÜBRIG BEI:
1 Eiweiß: Walnussplätzchen (Diabetiker), Savarins, Glühweinkuchen, Nussbeugerl, Zwetschkenstrudel, Kastanienspritzteig, Orangenlaibchen, Würzige Nussbusserl, Heidesand, Linzer Augen, Nougatmürbteig, Schoko-Walnusstaler, Spekulatius II, Vanillekipferl vom Blech, Weinbrandringe, Zarter Mürbteig mit Kuvertüre, Vollkornmürbteig mit Topfen, Kletzenbrot, Grünberg-Hauskekse, Mohnrollen, Michis Spitzbübli, Käsespritzgebäck.
2 Eiweiß: Mürbteig mit Nussbutter, Mürbteig mit Ideen (1:2:3-Teig), Weihnachtlicher Früchtekuchen, Linzer Spritzgebäck, Grüne Kekse, Kakaomürbteig (evtl.), Orangentaler, Sandteig, Zimtkarten, Christstollen, Zwetschkenlebkuchen, Marillenrollen, Hausschnitten, evtl. bei Kirschkugerl, Vollkornvanillekipferl.
3 Eiweiß: Feiner Mürbteig, Dattel-Feigenkuchen, Butterbrote, Kokosmürbteig, Karotten- Lebkuchen, Schokolade-Adventslikör.
4 Eiweiß: Schokoladeparfait.
6 Eiweiß: Eierlikör.
8 Eiweiß: Süße Zungen, Orangenbusserl (Klassiker).
12 Eiweiß: Nusscremelikör.

Fehlerquelle & Abhilfe

Der Mürbteig hat keine Bindung: Das Fett war zu weich oder der Mürbteig wurde zu lange geknetet („brandig": Fett tritt ölig aus).
Mürbteig ist zäh: Das Gebäck verliert die Form beim Backen, es wurde zu viel Flüssigkeit beigemengt.
Mürbteig rinnt oder fließt beim Backen stark auseinander: zu geringe Backtemperatur, der Ofen war nicht vorgeheizt, das Fett war zu schaumig oder der Fettanteil zu hoch
Mürbteig reißt beim Ausrollen: zu wenig Bindung, zu große Aufarbeitungsmengen, die Verarbeitungstemperatur ist zu hoch, zu wenig gekühlt gelagert
Beim Backen bilden sich Blasen: Der Mürbteig wurde nicht gestupft (mit Gabel mehrmals eingestochen), es wurde beim Verarbeiten zu viel Mehl in den Teig eingearbeitet.
Fertig gebackenes Gebäck ist brüchig: zu hoher Fettanteil oder ein zu geringer Flüssigkeitsanteil
Der Teig ist zu trocken: eventuell etwas Milch, Obers oder Sauerrahm bzw. Ei, Dotter oder Eiweiß zugeben, nur mehr kurz bearbeiten.
Die Glasur ist nicht gleichmäßig glatt geworden: Mit einem Fön oder Bunsenbrenner nochmals erwärmen, durch die Hitze wird die Glasur gleichmäßig glatt. Werden Garnituren (Verzierungen, Dekor) aufgetragen, Glasur vorher etwas antrocknen lassen.
Kekse wurden zu lange gebacken: Sofort vom Blech lösen und auf eine kalte Unterlage setzen; sie dunkeln zusätzlich nach, da das Blech noch Hitze abgibt.
Lebkuchen oder Kekse sind hart geworden: Legen Sie den Boden eines größeren Behälters (der gut verschließbar ist) mit einer feuchten Serviette aus. Darauf nun (auf einem flachen Geschirr) die Gebäckstücke verteilen, abdecken und so lange lagern, bis sie weich sind; öfters kontrollieren. Auch die Beigabe eines Apfels kann mitunter sehr hilfreich sein.
Lebkuchenreste können zu Bröseln verrieben werden. Damit lassen sich leckere Desserts wie Auflauf

oder Eisparfait herstellen. Wird der Lebkuchen zusätzlich mit Glasur verziert, verzögert dies das Austrocknen. Eine luftdichte Verpackung gewährleistet das Weichbleiben des Lebkuchens sowie den Aromaschutz.
Lebkuchenteig ist zu weich und klebt beim Ausrollen: ist noch nicht gänzlich durchgekühlt oder es wurde zu viel Flüssigkeit zugegeben. Mit Mehl stauben und zwischen zwei Silikonmatten (oder Plastikbeuteln) ausrollen oder Mehl unterkneten; vermerken Sie die zusätzliche Mehlbeigabe aber unbedingt im Rezept.
Kuchenglasur ist zu schnell fest geworden: mittels Fön oder Bunsenbrenner nochmals erwärmen
Mürbteig ist zu fest: mit Ei, Dotter, Eiweiß, Obers oder Sauerrahm nachträglich kurz verkneten
Mürbteig ist zu weich: Hat man den Teig ausgerollt und er lässt sich nur schwer ausstechen, dann ist er sehr weich geworden (oft durch die Umgebungstemperatur). In diesem Fall die ausgerollte Teigplatte mit einer Silikonmatte in den Kühlschrank legen und kurz kühlen. Auf fein gemahlenen Nüssen ausrollen (muss nicht untergeknetet und nochmals bearbeitet werden). Durch die Nüsse bekommt der Teig eine bessere Bindung.
Der Rührteig flockt bei der Eizugabe aus: etwas Mehl einmengen
Spritzgebäck zerrinnt oder läuft auseinander: Es ist zu wenig Mehl in der Masse – noch etwas Mehl untermengen.
Die Masse ist zu weich und warm: die aufdressierten Kekse vor dem Backen kühl stellen.
Abhilfe bei weichen Teigen oder Massen: in kleine Silikon- oder Metallformen füllen und darin backen
Zimtsterne: Damit die Glasur besonders schön weiß bleibt, eventuell nur mit Unterhitze backen. Falls das in Ihrem Backrohr nicht möglich ist, einfach ein Backblech über die Zimtsterne schieben, dies hält die Hitze etwas ab (Alternative: Die Glasur erst nach dem Backen auftragen).

Österreichisch · Deutsch

Biskotten: österreichische Bezeichnung für Löffelbiskuit
Busserl: kleine halbrunde Kekse, österreichische Bezeichnung für Makronen, Marzipan-Eiweiß- oder Spritzgebäck, werden glatt oder gezackt aufdressiert
Germ: österreichische Bezeichnung für Hefe
Eidotter: Eigelb
Eiklar: Eiweiß
Gupferl: Häufchen, Busserl
Kekse: österreichische Bezeichnung für Kleingebäck
Kipferl: österreichische Bezeichnung für Hörnchen
Kletzen: getrocknete Birnen
Marillen: österreichische Bezeichnung für Aprikosen
Meringue: anderer Name für Baiser
Nudelwalker: Rollholz (siehe Glossar Seite 230)
Obers oder Schlagobers: österreichische Bezeichnung für süße Sahne oder Schlagsahne
pomadig: weiche, nicht flüssige Butter, bei Raumtemperatur weiterverarbeiten
Powidl: Pflaumenmus
Preiselbeeren: Moosbeeren
Puderzucker: Staubzucker, fein gemahlener Zucker
Ribisel: Johannisbeeren
Rosinen: getrocknete Weinbeeren
Sauerrahm: österreichische Bezeichnung für saure Sahne oder Schmand
Schlagobers: Schlagsahne
Semmelbrösel: österreichische Bezeichnung für Paniermehl
Striezel: längliches Gebäckstück, häufig in typischer Flechtform aus 2, 3, 4 oder 6 Strängen geflochten; dann auch „Zopf" genannt
Topfen: österreichische Bezeichnung für Quark
Weichseln: Sauerkirschen
Weitling: schüsselartiges Küchengeschirr

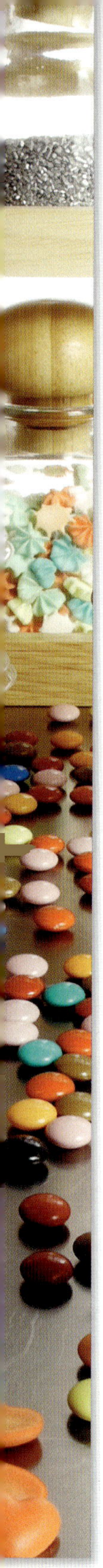

Register

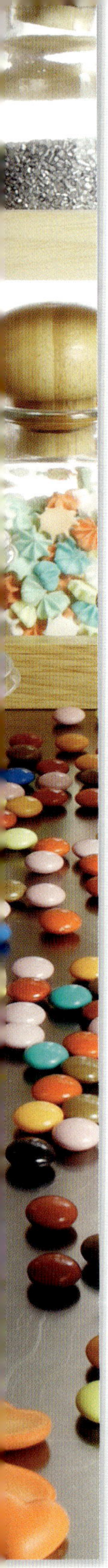

Adressenverzeichnis

Freunde, Firmen, Geschäfte sowie Bestelladressen rund ums Backen vom Landhotel Grünberg am See
Traunsteinstraße 109, 4810 Gmunden
Tel.: 0043 07612 77700, Fax 0043 07612 7770033
www.gruenberg.at, hotel@gruenberg.at

Die Produkte werden von einigen Firmen auf Wunsch auch zugesandt

Alfons Schuhbeck, 80331 München, Tel.: +49 (0) 89 21 66 90-26, www.schuhbeck.de
Charly und Jogl Brunner, www.brunner-brunner.at
Bachhalm Schokoladenmanufaktur, 4560 Kirchdorf an der Krems, Tel.: +43 (7582) 62066-11, www.bachhalm.at
Bäckerei und Konditorei Hinterwirth, 4810 Gmunden, Tel.: 43 (0) 7612/67921, www.hinterwirth.konditorei.cc
Berggasthof Edelweiß, Familie Neubacher, Feuerkogel , 4802 Ebensee, Tel.: 06133 5490, www.feuerkogel.at

Dipl. Ing. Alfred Mar, HTL für Lebensmitteltechnologie, 4600 Wels, Tel.: 07242/47174, www.htllmt.at

Edith von Payr, Dorfstraße 9, D 84574 Taufkirchen, Tel.: 0049 08638 98870 edithvonpayr@aol.com; *Ist vielen bekannt für ihre Handwerkskunst, mit der sie traumhafte Röcke und Jacken anfertigt, dekoriert und mit Perlen bestickt. Widmet sich in ihrer Freizeit mit großer Leidenschaft ihrer Bäckerei, die sie in jungen Jahren von ihrer Oma erlernt hat. Ihre Rezeptsammlung wird ständig mit seltenen Funden aus alten Adelsschlössern erweitert. 2007 hat sie ihr Backbuch „Dem Tortenhimmel kann man nicht entkommen" herausgegeben.*
Ein herzliches Dankeschön für die vielen Rezepte und den unermüdlichen Einsatz.

Fa. Lothring, viele Koch- und Backartikel, 4848 Vöcklabruck und 4810 Gmunden, +43 (0) 76 72 / 737 - 0, www.lothring.at

Fa. Süwag, GesmbH, Fam. Reimer,1150 Wien, ein „Paradies für Zuckerbäcker", Tortendekor, Konditoreibedarf uvm. Tel.: 01/8932 376, www. suewag.at

Fackelmann GmbH + CO. KG, 91217 Hersbruck, viele Geräte rund ums Backen, Vanillekipferlbleche, Formen, uvm.,....erhältlich im gut sortierten Fachhandel, www.fackelmann.com, www.zenker-backformen.de

Familie Bergthaler, Gasthof Engelhof, 4810 Gmunden, Tel.: 07612 64892, www.engelhof.at

Familie Schimpl, Kräuterwirt, 4242 Hirschbach, Tel.: 07948 390, www.kraeuter-wirt.at

Fa. Fessler, Backmatten, Silikonformen, Spritzsäcke, Pralinenhohlkörper, Kuvertürelinsen uvm., 6840 Götzis, Tel.: 0043 (0) 5523 51500, www. fessler.at

Francine Jordi, www.francinejordi.ch

Friedl Würcher, www.nockalmquintett.com

Galerie Schloß Weyer Gmunden, Kom. Otto und Renate Schober, 4810 Gmunden, Tel.: 07612/650180

Gasthof Windlegern, Familie Grashäftl, 4814 Neukirchen, Tel.: 07617 2844, www.windlegern.at

Expert GEG- Elektrofachgeschäft, 4810 Gmunden, Tel.: 07612/795 500, www.geg.co.at

Gmundner Keramik Manufaktur GmbH, 4810 Gmunden, Tel.: 07612/786-0, www.gmundner.at

Gmundner Molkerei reg.GenmbH. Salzkammergut Käse, 4810 Gmunden, Tel.: 07612/782-0, www.gmundner-milch.at

Hans Haas, Restaurant Tantris in München, Tel.: +49 89 3619590, www.tantris.de

Helmut Wenschitz, Maître Chocolatier, 4511 Alhamming, Tel.: 07227/7115, www.wenschitz.at

Hochland Imker, 4142 Pfarrkirchen im Mühlkreis, Tel.: 07285/24609 www.diehochlandimker.at,

Hois'n Wirt, Fam. Schallmeiner, 4810 Gmunden, Tel.: 07612 77333, www.hoisnwirt.at

Hotel 3 Sonnen, 6534 Serfaus, Tel.: 05476/6207, www.dreisonnen.com

Hotel Castel, 6534 Serfaus, Tel.: 05476 6131, www.castel.at

Kolkmann, Weingut, A-3481 Fels am Wagram, Tel.: +43 (0) 2738-2436, www.kolkmann.at

Konditorei Baumgartner, Gmunden, www.konditorei-baumgartner.at

Landgasthof Hocheck, Traunseewirteschnapsbrenner, Fam. Reisenberger, Kalvarienbergweg 4, 4813 Altmünster, Tel.: 07612 87461, www.hocheck.at

Lichteneggers gebrannte Mandeln und Nüsse, in München auf dem Oktoberfest sowie Auer Dult, Tel.: 0049 (0) 89 68800 759, Deutschland

Lubinger der Zuckerbäcker, Cafe Konditorei Lebzelterei, 4240 Freistadt, Tel.: 07942 72686, www.konditorei.lubinger.at, www.eismaenner.com

Mag. Dr. Karin Kirchschlager, ORF-Redaktionen „Guten Morgen Oberösterreich" und „Arcimboldo" 4021 Linz, Tel.: +43 732 6900 http://ooe.orf.at

Robert Oppeneder, 81541 München, Ihr Partner der süßen Kunst, Tel.: +49 (0) 89 - 69 56 36, www.sweetart.de

Olga und Wladimir Kaminer, Bestsellerautor aus Berlin, www.russendisko.de

Restaurant Orther Stubn, Fam. Parzer, 4810 Gmunden, Tel.: 07612 62499, www.ortherstube.at

Österreichische Bergkräuter reg. Gen.m.b.H, Tees, Gewürze, Gewürzmischungen, 4192 Hirschbach, www.bergkraeuter.at

Pfannen Harecker, Pfannen, Koch- und Backutensilien, D- 85661 Forstinning, Tel.: 0049 (0)8121 40038, www.harecker.de

Biogärtner Karl Ploberger, Radio OÖ Marketingleiter, www.biogaertner.at

Fa. Rechberger GmbH & Co KG, Geschirr, Töpfe, Kochutensilien, uvm. 4021 Linz, Tel.: 0732/6925-0, www.rechberger.at

Restaurant 's Schulhus, Strahammer Herbert und Gabi, 6942 Krumbach, Tel.: 05513/8389, www.schulhus.com

Salzkammer, Produkte rund ums Salz, Natursalz aus Österreich, 4820 Bad Ischl, Tel.: 06132/23832, www.salzwelten.at, www.salzkammer.net

Sassy, Sängerin der „Seer", www.dieseer.at

Seehotel „Das Traunsee", Familie Gröller, 4801 Traunkirchen, Tel.: 07617 2216, www.dastraunsee.at

Silke Bethäußer, Schokolade- und Gemüsehobel mit Zubehör, D-72393 Burladingen, Tel.: 0049(0)15111905027, silke.bethaeusser@freenet.de,

Änis-Paradies,Springerleformen in großer Auswahl zum Bestellen, über 850 verschiedene Model mit den unterschiedlichsten Motiven zu jedem Anlass, Herr Linus Feller, CH-5013 Niedergösgen, Tel./Fax: ++41 (0) 62 / 295 01 62, www.springerle.com

Stocker Lotte, Keramikerin, D-83083 Riedering, Tel.: 0049 8036 7253, fertigt auf Wunsch Keramikformen zum Backen an

Thomas-Bernhard-Archiv, Villa Stonborough-Wittgenstein, A-4810 Gmunden, Tel.: +43-76 12-708 37 http://archiv.thomasbernhard.at

Traunseewirte, seit 1994 eine Vereinigung von 16 befreundeten Wirten rund um den Traunsee. www.traunseewirte.at
Wir Traunseewirte bereiten traditionelle Gerichte aus regionalen Produkten zu. Nach dem Motto „natürlich regional – die beste Art, unsere Landschaft zu erhalten" werden viele Zutaten für die abwechslungsreichen Spezialitäten direkt bei den Landwirten gekauft. Und das schmeckt man!

Einige Kooperationen, denen wir angehören:
www.kultiwirte.at
www.boeg.at
www.salzkammergut.fischrestaurants.at
www.genussland.at
www.landhotels.at
www.traunsee.at
www.traunseeschifffahrt.at